NARRATIVAS LITERÁRIAS NA EDUCAÇÃO INFANTIL E NOS ANOS INICIAIS DO ENSINO FUNDAMENTAL

NARRATIVAS LITERÁRIAS NA EDUCAÇÃO INFANTIL E NOS ANOS INICIAIS DO ENSINO FUNDAMENTAL

Teresa Colomer
Mireia Manresa
Lucas Ramada Prieto
Lara Reyes López

Tradução
Judith Nuria Maida

1ª edição
São Paulo
2024

© Teresa Colomer, Mireia Manresa, Lucas Ramada Prieto,
Lara Reyes López, 2023
Título original em espanhol: *Narrativas literarias en
educación infantil y primaria*
Editorial Síntesis, S. A., Madrid, 1ª edición, 2018

1ª Edição, Global Editora, São Paulo 2024

Jefferson L. Alves – diretor editorial
Flávio Samuel – gerente de produção
Jefferson Campos – analista de produção
Judith Nuria Maida – tradução
Marina Itano – projeto gráfico e capa
Equipe Global Editora – produção editorial e gráfica
Jorm Sangsorn/Shutterstock – imagem de capa

Dados Internacionais de Catalogação na Publicação (CIP)
(Câmara Brasileira do Livro, SP, Brasil)

Narrativas literárias na Educação Infantil e nos anos iniciais do
Ensino Fundamental / Teresa Colomer... [et al.] ; [tradução Judith
Nuria Maida]. – 1. ed. – São Paulo : Global Editora, 2024.

 Outros autores: Mireia Manresa, Lucas Ramada Prieto, Lara
Reyes López
 Título original: Narrativas literarias en educación infantil
y primaria
 ISBN 978-65-5612-543-5

 1. Educação infantil 2. Ensino Fundamental 3. Leitores - Formação
4. Narrativa (Retórica) I. Colomer, Teresa. II. Manresa, Mireia.
III. Ramada Prieto, Lucas. IV. Reyes López, Lara. V. Nuria Maida,
Judith.

24-189231   CDD-370

Índices para catálogo sistemático:
1. Formação de leitores : Educação   370

Cibele Maria Dias - Bibliotecária - CRB-8/9427

Obra atualizada conforme o
NOVO ACORDO ORTOGRÁFICO DA LÍNGUA PORTUGUESA

Global Editora e Distribuidora Ltda.
Rua Pirapitingui, 111 – Liberdade
CEP 01508-020 – São Paulo – SP
Tel.: (11) 3277-7999
e-mail: global@globaleditora.com.br

grupoeditorialglobal.com.br   @globaleditora
/globaleditora   @globaleditora
/globaleditora   /globaleditora
blog.grupoeditorialglobal.com.br

Direitos reservados.
Colabore com a produção científica e cultural.
Proibida a reprodução total ou parcial desta
obra sem a autorização do editor.

Nº de Catálogo: **4622**

Narrativas literárias na Educação Infantil e nos anos iniciais do Ensino Fundamental

SUMÁRIO

Introdução. O que as crianças aprendem sobre literatura? **13**

1. A familiarização com a literatura **23**

Sentir-se leitor 26

Tornar-se um leitor mais experiente 28

Ter o hábito de ler 30

Entender uma história: desenvolvendo a compreensão narrativa 32

    O que acontece? O esboço de uma narrativa 33

    Com quem isso acontece? As expectativas quanto aos personagens 35

    Do que se trata? Do cotidiano às novas experiências 36

O contato da escola com as narrativas 38

    Professores que narram ou leem em voz alta 39

    Um universo de histórias 41

    Os convidados para a festa: a resposta pessoal e compartilhada 44

As histórias que vão e vêm: a família e a escola 46

Atividades de aprendizagem 49

Para saber mais 52

2. A literatura como objeto material 55

Um objeto comercial que é vendido e apresentado 59

Atrair o leitor 59

Apresentar-se ao leitor 63

Um objeto literário no qual "tudo conta" 65

O formato 67

A página, a página dupla e a folha 72

Capas, folhas de guarda e páginas de rosto 74

O novo tema. A literatura digital e suas novas formas virtuais 75

O que as crianças aprendem 78

Atividades de aprendizagem 80

Para saber mais 83

3. A circulação cultural das obras 85

Traduções e adaptações 88

Versões e mudanças de formato 92

O circuito cultural das obras 96

A produção das obras 97

Onde moram os livros 98

A direção das indicações 100

O que as crianças aprendem 106

Atividades de aprendizagem 108

Para saber mais 110

4. A literatura como produto artístico 111

O valor expressivo da linguagem 113

    O autor escolhe suas próprias notas, melodias e tons 114

    Transformar a palavra em vida: levantar o bastão 116

    Criar ressonâncias externas e internas 119

Compreender a imagem na literatura infantil 123

    Traço e cor: as palavras da ilustração 123

    Composição da imagem: a sintaxe da ilustração 125

    Técnica e estilo: o tom e a intencionalidade discursiva 131

A relação entre texto e imagem 134

    A composição na página 134

    As relações de significado 137

A expressiva explosão nos meios digitais 139

    É novidade ler histórias assim, mas será que toda essa música e esses sons
são realmente necessários? 140

    Pode ser divertido, mas será que a interatividade na literatura realmente
serve a algum propósito? 141

O que as crianças aprendem 143

Atividades de aprendizagem 145

Para saber mais 149

5. Os tipos de narrativa 151

Tipos de livro 153

As regras dos gêneros 160

    Histórias de detetives 161

    Contos folclóricos 164

Livros comerciais 167

O que as crianças aprendem 170

Inventar e escrever de acordo com as regras 172

Atividades de aprendizagem 176

Para saber mais 180

6. As histórias e os valores morais 181

Histórias educativas 182

A experiência literária 185

Três séculos de discussão entre Pedagogia e Literatura 186

Se didático, *vade retro*? 190

A recepção dos leitores infantis 192

A evolução dos valores sociais 194

Os esconderijos da ideologia 199

O que as crianças aprendem 201

Atividades de aprendizagem 203

Para saber mais 206

7. A herança de todos 209

O que são os clássicos? 210

Clássicos da literatura infantil 214

Por que prestar atenção nos clássicos? 216

Tecendo sociedades: um elo 217

Entendendo o mundo: um instrumento 218

Conceder um senso de perspectiva: um mapa 222

O que as crianças aprendem 223

Atividades de aprendizagem 225

Para saber mais 232

8. O diálogo entre as obras: a intertextualidade 235

Como são as relações entre as obras? 238

O que a intertextualidade significa para o leitor? 242

A intertextualidade é adequada para crianças? 245

O que as crianças aprendem 249

Atividades de aprendizagem 252

Para saber mais 254

9. A interpretação das obras 257

Construção compartilhada 261

    Um tempo e um espaço para compartilhar 262

    Um mediador consciente de si mesmo 264

    As vozes das crianças 269

Leitura guiada 273

O que as crianças aprendem 279

Atividades de aprendizagem 281

Para saber mais 288

10. A seleção das obras na escola 291

Obras de qualidade 294

Todas as obras devem ser de qualidade? 300

Clichês comuns na seleção 302

Histórias para quem? 306

Histórias para quê? 309

A revisão da seleção 312

Atividades de aprendizagem 314

Para saber mais 315

Bibliografia **317**

Sobre os autores **335**

INTRODUÇÃO

O que as crianças aprendem sobre literatura?

Muitas escolas preocupam-se com a formação de hábitos de leitura das crianças, e, para isso, dedicam um período diário para a leitura silenciosa em sala de aula e realizam ações variadas para promover a literatura. Sem dúvida, uma escola que tem presença abundante de livros, na qual a contação de histórias, a leitura em voz alta ou a dramatização são frequentes, e onde existem espaços para compartilhar comentários literários, é uma escola que trabalha a favor da educação literária. No entanto, ainda existe uma falta de consenso claro e concreto sobre o que a escola pretende ensinar às meninas e aos meninos, a fim de que adquiram maior competência literária. E, quando não se sabe a que ponto se deseja chegar, é preciso contar com a sorte para que as atividades escolares realmente auxiliem a obter progressos.

Desse modo, decidimos explicitar o ponto ao qual queremos chegar: *que as crianças aprendam sobre as narrativas na Educação Infantil e nos anos iniciais do Ensino Fundamental*. Para isso, organizamos este livro de um modo diferente de outras publicações sobre o assunto (livros destinados a informar sobre literatura infantil, sugerir formas de utilizá-la na escola ou apresentar experiências didáticas). Embora as páginas deste livro também deem conta desses itens, a espinha dorsal está mentalmente situada nos objetivos que os professores devem perseguir em sua programação, no que diz respeito à educação literária na Educação Infantil e nos anos iniciais do Ensino Fundamental.

Martina Fittipaldi (2013) analisou as diretrizes curriculares sobre o ensino da literatura no Ensino Fundamental em sete países, bem como os resultados da investigação didática nas últimas décadas. Com base nisso, ela elaborou uma proposta dividida em dez aspectos do que as crianças devem saber sobre literatura, que pode ser acessada na seguinte obra:

- FITTIPALDI, M. *¿Qué han de saber los niños sobre literatura? Conocimientos literários y tipos de actuaciones que permiten progresar en la competencia literaria*. 2013. 482 p. Tese de doutorado. Departamento de Didática da Língua e Literatura e Ciências Sociais. (Orientação: Teresa Colomer.) Universidade Autônoma de Barcelona, Barcelona, 2013. Disponível em: https://ddd.uab.cat/pub/tesis/2014/hdl_10803_131306/mf1de1.pdf. Acesso em: nov. 2023.

Por conseguinte, tomamos essa proposta como base organizativa, com pequenas alterações. Assim, os capítulos deste livro estão ordenados da seguinte forma:

1. *A familiarização com a literatura*. Engloba uma grande parte da dimensão que Fittipaldi chama "a literatura como um espaço pessoal". Refere-se à possibilidade que as obras têm

de estabelecer uma ligação particular entre si. É a esfera mais íntima e essencial do contato com os livros. A escola promove e assegura isso por meio da imersão das crianças em um mundo povoado por histórias. É onde as crianças constroem sua autoimagem como leitoras, progridem em sua capacidade de compreender histórias e desenvolvem o hábito da leitura. Um espaço no qual os livros vivem, os professores narram e leem em voz alta, as crianças exprimem e partilham o efeito produzido pelas obras e as famílias colaboram na criação de uma comunidade de leitores.

2. *A literatura como objeto material.* Refere-se à necessidade de ter fisicamente os livros nas mãos ou de contemplá-los na tela, a fim de perceber que as características do invólucro da história também são importantes. Fazem isso para se apresentarem ao leitor, convidando-o a comprar e orientando suas expectativas de leitura. E, por vezes, também para colaborar no sentido e no efeito da obra. Isso se torna cada vez mais decisivo em nossas sociedades de consumo e na produção artística de hoje, que relaciona elementos e códigos. Assim, a escola deve incluir esse tipo de conteúdo, que, normalmente, é alheio às suas atividades.

3. *A circulação cultural das obras.* Trata-se de saber que as obras têm um sistema de criação e de circulação, ou seja, que são escritas, ilustradas, editadas, traduzidas, adaptadas, que passaram por uma versão, mudam de formato, ganham resenhas etc. E na circulação das obras há um leitor que sabe onde as encontrará, como se orientar diante de uma produção tão abundante, ou como as ler, ao mesmo tempo em que está consciente das mudanças que essas viagens produzem nele. Algo que geralmente só está implícito no livro escolar.

4. *A literatura como um produto artístico.* As obras fazem pleno uso dos recursos de um ou mais códigos – escrito, visual, multimodal – para criar uma história repleta de significado e prazer estético para o leitor. Neste ponto, estamos no cerne da educação literária. Porque, ao concentrar-se na estrutura da linguagem, a imagem ou os meios digitais possibilitam às crianças progredir em sua capacidade de saborear e apreciar histórias. A escola sempre esteve muito consciente desse objetivo, embora muitas vezes sua ajuda se dilua no prazer espontâneo de desfrutar as histórias com as crianças.

5. *Os tipos de narrativa.* Isso se refere aos tipos de livro e à classificação de gêneros ou formatos em que as histórias infantis são construídas; como nomeá-las para compreendê-las e como classificá-las para ter a certeza de que a seleção escolar oferece uma vasta gama de possibilidades sobre o que a literatura oferece às crianças. Possibilidades que lhes permitem progredir em seu conhecimento das regras: de contos populares, livros comerciais ou dos vários gêneros atuais. Isso facilita tanto a leitura como a aprendizagem da escrita literária.

6. *As histórias e os valores morais.* Trata-se de saber que todas as obras refletem, criticam ou defendem certos valores, formas de pensar e de ver o mundo que mudam com o passar do tempo. Um examinar "por trás das linhas" do texto ou das ilustrações, que faz da literatura o instrumento mais poderoso para que não esteja à mercê dos discursos de outras pessoas. E uma reflexão que nos leva a ser conscientes da importância que esse critério teve – e ainda hoje tem – na avaliação dos adultos sobre histórias destinadas à infância.

7. *A herança de todos.* A literatura é também uma prática social que leva à partilha de referências literárias e visuais, que se

mantém na memória coletiva através do tempo e que, desse modo, possibilita a consciência de uma cultura comum. Normalmente, a escola está consciente de seu papel de apresentar as crianças ao momento atual da tradição, por meio das obras consideradas clássicas de sua sociedade. Assim, devemos parar para considerar as vantagens que isso tem em sua educação literária.

8. *O diálogo entre as obras: a intertextualidade.* Trata-se de saber que as obras recorrem constantemente a recursos que provaram sua eficácia ao longo dos séculos ou que fazem alusão a outras obras que os autores supõem conhecidas de seu público por seus destinatários, de modo que se estabeleça um intenso trânsito entre elas. Esse jogo artístico está também muito presente na arte atual, reforçada por uma cultura extensa e instantânea, na qual os estímulos culturais estão apenas a um clique de distância dos destinatários. Mas cabe perguntar como funciona para os leitores infantis, com tão pouca bagagem de leitura, garantir que apreciem o espelhamento, e qual é a finalidade de prestar atenção na escola para sua formação como leitor.

9. *A interpretação das obras.* Salientamos que o capítulo 4 trata da forma como as boas narrativas são construídas. O outro lado da moeda é saber que as obras são concebidas para serem compreendidas pelo leitor por meio de uma construção complexa de informação e lacunas que devem ser interpretadas adequadamente, com amplas margens para interpretação e com níveis progressivos de profundidade. Uma experiência interpretativa que supõe a maior satisfação para o leitor e que requer extensas atividades escolares para a construção de uma leitura compartilhada.

10. O último capítulo afasta-se dos objetivos educativos para a perspectiva do professor, que se propõe selecionar os livros para alcançar os objetivos anteriormente referidos. *A seleção das obras na escola* fala de uma ferramenta. Mas é essencial lidar com ela, uma vez que os livros são os assistentes naturais dos professores em sua tarefa de educar literariamente as crianças. Eles "ensinam os jovens leitores a ler" por si próprios. "Um texto não se apoia apenas em uma competência, mas também contribui para a sua criação", disse Umberto Eco (1981:80), assim, as crianças aprendem a seguir as pistas dispersas nas obras para conduzi-las à interpretação da narrativa. A parceria com os livros é o melhor a fazer para acompanhar as crianças em seu percurso de leitura.

O nosso guia para seleção e organização da informação em cada um desses parágrafos tem sido nossa experiência em salas de aula de formação inicial e permanente de professores. Assim, os capítulos têm sido organizados de acordo com os seguintes critérios:

1. Uma exposição de conteúdos na qual se priorizaram a informação sintética, a utilização de quadros ou esquemas e a exemplificação por meio de livros infantis, procurando concentrar a atenção nas ideias básicas dos conteúdos apresentados, o que também levou à redução do número de estudos citados no texto ao mínimo. O discurso implícito no decorrer do livro refere-se aos diferentes aspectos da educação literária na Educação Infantil e nos anos iniciais do Ensino Fundamental. Os capítulos incluem uma seção final intitulada "O que as crianças aprendem", que apresenta a conexão entre os conteúdos apresentados e os objetivos da aprendizagem escolar.

2. A constante alusão a livros e a obras digitais infantis dá ao leitor a impressão de que ele se encontra em uma sala de aula tão povoada de literatura como a escola deveria ser. Para alcançar esse efeito, é altamente recomendável ler este livro com uma tela digital ao lado, para que o leitor possa procurar na internet imagens das obras infantis mencionadas, mais de 250 ao longo de todo o livro. Ver as capas na internet ou mesmo encontrar os vídeos – com a leitura feita em voz alta – proporciona melhor compreensão do tipo de exemplo que esses títulos representam em relação ao conteúdo apresentado, e podem também mitigar o problema da intensa retirada dos livros dos catálogos no mercado.

É precisamente esse rápido desaparecimento das obras uma das razões pelas quais se fez uma tentativa de escolha de títulos que costumam estar presentes nas livrarias, ou que reaparecem frequentemente no mercado, ou que são fáceis de encontrar em bibliotecas públicas. A outra razão é o desejo de assegurar que o *corpus* mencionado constitua uma bagagem para familiarizar o leitor com obras de comprovada qualidade. A fim de facilitar essa função adicional de recomendação literária, as referências foram agrupadas de acordo com as fases de leitura, ao final do livro.

3. A inclusão das vozes das crianças que realizaram as aprendizagens mencionadas na sala de aula para enfatizar a ligação entre esta obra e a prática escolar, vendo que essas afirmações se baseiam em observações e experiências reais, com objetivos educacionais realizáveis. Os diálogos, os escritos de diários de sala de aula, as cartas de crianças ou relatos infantis – com nomes falsos – pertencem a diferentes classes e graus do ensino da Educação Infantil e dos anos iniciais do

Ensino Fundamental em escolas públicas, frequentemente provenientes de regiões desfavorecidas, de modo a não incluir um viés infantil em uma situação culturalmente privilegiada. Salvo indicação, os relatos pertencem às obras de Lara Reyes, inéditas ou publicadas na obra a seguir:

- REYES LÓPEZ, L. 2015. 582 p. *La formació literària a primària. Impacte d'una intervenció educativa en l'evolució de respostes lectores*. Tese (doutorado). (Orientação: Mireia Manresa.) Universidade Autônoma de Barcelona, Barcelona, 2015. Disponível em: https://ddd.uab.cat/record/137897. Acesso em: nov. 2023.

4. Uma oferta de atividades de aprendizagem tão variadas em sua proposta como detalhadas em suas instruções, para que os leitores deste livro possam experimentar e consolidar as ideias apresentadas. Seu espectro abrange atividades de observação (do ambiente das práticas literárias, de bibliotecas públicas, livrarias, sites ou discussões em sala de aula, do comportamento dos mediadores, dos próprios livros geracionais etc.), a análise das obras infantis (com exercícios de comparação, classificação etc. sobre aspectos e formatos muito variados das obras), bem como sobre criação e expressão próprias (escrita, jogos, exposições, elaborações artísticas etc.). Em algumas delas há imagens ou citações de crianças que também ajudam a completar o conteúdo apresentado no capítulo.

Algumas dessas atividades são, sem dúvida, facilmente adaptáveis às salas de aula das escolas de Educação Infantil e dos anos iniciais do Ensino Fundamental, de modo que fazê-las, observando seus benefícios e suas dificuldades, pode alimentar as possibilidades concretas da tarefa escolar.

5. Finalmente, cada capítulo refere-se a algumas entradas bibliográficas para aprofundar o aspecto abordado. O intuito é que sejam leituras introdutórias para acompanhar os primeiros passos dados por aqueles que são novos no assunto. Também se deu prioridade às referências que possam ser lidas na internet. Links impressos são de pouca utilidade, uma vez que é pouco provável que os leitores os copiem letra por letra na tela, mas é fácil encontrar as referências consultando o título e o autor, ou a instituição no caso de sites de recomendação.

Os autores do livro fazem parte da equipe de investigação Gretel da Universidade Autônoma de Barcelona (www.gretel.cat). Dirigida por Teresa Colomer, há anos essa equipe realiza pesquisas em educação literária na escola e sobre os livros utilizados para isso. Duas das características que definem nossos trabalhos são a vontade de ser útil aos professores em sua tarefa educacional e o esforço para manter contato permanente com as salas de aula. As características das obras impressas e digitais, os hábitos de leitura, a ação escolar – com especial ênfase no acolhimento das crianças e na atividade de interpretação compartilhada –, a aprendizagem da leitura digital na sala de aula e, claro, na formação de professores, tanto presencial como virtual, têm sido nosso interesse constante. Esperamos que a experiência acumulada com nosso livro possa se traduzir na utilidade didática desta obra.

Para saber mais

O conteúdo deste livro refere-se em particular a duas obras de referência. Por conseguinte, evitamos citá-las repetidamente no texto ou reforçá-las nas seções "Para saber mais" dos capítulos seguintes. Em vez disso, são aqui citadas como um convite objetivo ao leitor, caso deseje ler mais detalhadamente.

Colomer, T. (dir.) (2002): *Siete llaves para valorar las historias infantiles*. Madri: Fundación Germán Sánchez Ruipérez.

O livro é resultado de um seminário de especialistas dirigido por Teresa Colomer, que escreveu a versão final do texto com a colaboração de Cecilia Silva-Díaz. A obra concentra-se unicamente nos livros, pois o objetivo é ensinar como analisá-los do ponto de vista da experiência literária que oferecem aos leitores, como se pode observar no índice:

- Ver e ler: histórias através de dois códigos
- Acompanhar as histórias de diferentes maneiras
- Ouvir diferentes vozes
- Apreciar a "consistência" das palavras e das imagens
- Ser outro sem deixar de ser você mesmo
- Ampliar a experiência do próprio mundo
- Entrar na ágora da tradição literária
- E tudo ao mesmo tempo

Colomer, T. (2017): *Introdução à literatura infantil e juvenil atual*. São Paulo: Global Editora.

Como o título indica, o livro apresenta os principais conteúdos de interesse para compreender a literatura destinada às crianças: as funções dessa literatura, os livros clássicos e as características dos atuais, bem como os critérios de seleção de livros e as formas de acesso à escola.

1.
A familiarização com a literatura

A narração de histórias faz parte do comportamento humano. De fato, as histórias em geral parecem moldar nossas formas de pensamento e de linguagem. Assim, a crítica literária Frank Kermode, em seu estudo clássico intitulado *O sentido de um fim*, dá o exemplo do despertador ao lado de nossa cama. Soa constantemente como "tic-tic-tic-tic", mas insistimos que soa "tic-tac", como se entendêssemos "tic" como sendo seu começo e "tac" como seu fim. A Psicologia cognitiva se esforçou para explicar essa necessidade humana de dar a tudo um começo e um fim, e postulou que a narrativa é uma forma de pensamento. Uma forma que nos leva, por exemplo, a pensar em nossa vida como uma história que se desenrola desde o nascimento até a morte.

A narrativa ficcional surge muito cedo na vida das crianças. É essa forma especial de representação na qual os adultos, por exemplo, brincam com os dedos de suas mãozinhas: "Este era o pai, esta era a mãe...". Elas aprendem a viver com histórias quando alguém as conta para elas, quando olham juntas para os livros ou quando os veem passando nas telas.

Sabe-se que as crianças crescem por meio da brincadeira e da linguagem. Essas situações as colocam em um espaço intermediário entre sua individualidade e o mundo, seu interior e seu exterior, criando um efeito de distância que lhes permite pensar na realidade e a assimilar. O jogo, a linguagem e a literatura estão, sempre, intimamente ligados. Os bebês que imitam as pessoas à sua volta em múltiplas ações também o fazem com a narração e a leitura de histórias. Por isso, os menores reproduzem a forma como pegam um livro, mesmo que façam isso com o livro de cabeça para baixo; emitem uma melodia fingindo ler, mesmo que não possam falar; apontam as ilustrações às suas bonecas nomeando-as, conversam com elas contando uma história quando decidem pô-las para dormir; ou adotam outras atitudes corporais e verbais que associam ao ato de ler ou de interagir com os dedos nas ficções em tela. Em pouco tempo, integram narrativas conhecidas a suas brincadeiras simbólicas de apropriação da realidade. Tal como quando se imaginam ser um pai que cuida dos filhos, um carteiro, uma professora ou uma astronauta, as histórias se misturam com muita facilidade no espaço do brincar, apresentando personagens ou situações, assim como ajudando a estruturar o discurso:

Pau: Está perdida, Jana? Não se preocupe, vamos encontrar a tua mãe.

Jana: E se não a encontrarmos?

Pau: Sim, você vai ver. Esta é a tua mãe?

Jana: Não, não é.

Pau: E esta?

Jana: Não, também não é.

Pau: E esta?

Jana: Não, essa não é a minha mãe, Pau.

Pau: É esta? – Ambos correm para sua mãe, que está na cozinha.

Jana: Sim, esta é a minha mãe.

(Eles riem e recomeçam a sequência.)

Esse diálogo reproduz a conversa de dois primos de três e de cinco anos, que brincam de ser um adulto e um bebê perdido na casa dos avós. Um diálogo simples em um espaço de jogo simbólico, mas que remete a várias obras lidas em família, como *Un poco perdido*, de Chris Houghton, *Da pequena toupeira que queria saber quem tinha feito cocô na cabeça dela*, de Werner Holzwarth, e *El pequeño pez blanco*, de Guido van Genechten, livros nos quais os protagonistas buscam algo em uma sequência repetitiva de divertidas frustrações, até o final feliz do reencontro.

Familiarizar meninos e meninas com histórias é um pré-requisito necessário em toda a educação literária escolar. E, como no início de qualquer outra tarefa, convém quantificar o tempo e os livros que se colocam em jogo. Por um lado, os livros que a escola pode mobilizar deliberadamente nas fases de Educação Infantil e anos iniciais do Ensino Fundamental (contação de histórias, narração ou leitura por capítulos feita pela professora, leitura coletiva de livros em sala de aula, escrita ou dramatizações escolares com base neles, leitura de trechos ou realização de projetos de aprendizagem literária) podem chegar a quase duzentos títulos, se pensarmos neles a um ritmo de cerca de quinze por ano. Por outro, a leitura livre das crianças (em família, na biblioteca da escola e de livros emprestados, em seu tempo livre etc.) pode abranger cerca de trezentos títulos em um bom roteiro de leitura. Nós, professores, acreditamos nesses doze anos de infância e nessas desejáveis quinhentas obras para possibilitar a meninos e meninas o acesso a uma forma artística que lhes permita desenvolver a linguagem, exercitar a interpretação do mundo e incorporar-se ao imaginário coletivo de sua cultura.

Sentir-se leitor

> Na representação dominante, o leitor é um pescador de linhas. O leitor lê como o pescador pesca seu peixe. Ele é solitário, imóvel, silencioso, atento ou meditativo, mais ou menos habilidoso ou inspirado. Considera-se evidente o fato de que o leitor é um leitor quando lê, assim como o pescador é pescador quando pesca, nem mais nem menos. Aprender a pescar, como aprender a ler, consiste então em dominar certas técnicas básicas e experimentá-las progressivamente em cursos de água ou em frotas de textos cada vez mais abundantes. O pescador é também sócio de um clube ou associação em que assegure o secretariado ou assuma a presidência. Ele pagou sua cota à federação que regula os usos e dita os direitos de pesca. Certamente, você gosta de discutir sobre seu material e contar histórias de pescadores para seus amigos no café ou durante o intervalo no escritório. Coleciona varas de pesca (...), ensina o filho, desde pequeno, a pescar como hobby e gosta de se ver distribuindo livros ilustrados sobre pesca ecológica em água doce (...). Em suma, pesca e leitura – longe de serem atos de pura técnica e/ou pura intimidade individualista – estão saturados de sociabilidade.
>
> (J. M. Privat, 2001)

Ser leitor, como ser pescador no exemplo de Privat, faz parte da forma como cada pessoa se percebe no mundo. Conectar-se o mais cedo possível com as formas literárias por meio de experiências emocionais gratificantes e em contato próximo com a leitura de outras pessoas possibilita às crianças que se sintam pessoalmente envolvidas nessa atividade cultural. Se não for assim, as crianças vão se desvincular das atividades literárias escolares, assim como faria em relação a um curso de pescaria quem não se sente pescador e pensa que nunca se envolverá nessas atividades. Podemos dizer, nas palavras de J. N. Britton, que a competência literária que a escola se empenha em desenvolver deriva "do legado de satisfações passadas" (1979:20), pois ninguém incorpora a seus hábitos voluntários de vida aquilo em que não encontra prazer e interesse. Vejamos o que as crianças de 8 anos dizem sobre seu processo inicial de envolvimento com a leitura:

> Juan: Quando Lara [professora] leu o primeiro livro pra gente, eu pensei: "com certeza vai ser chato", mas não. Eu adorei. Gostei muito e me surpreendi. Para mim, agora, os livros são... uma alegria, e também, é que... eu gosto muito de livros. Eu não sei como dizer isso. Eles também são uma diversão.

> Carla: Para mim, os livros são... quando leem a primeira página para você, é como se você fizesse um "nhec" e abrisse uma porta que é, por exemplo... *Olivia*, bem, você está em uma casa com porquinhos. E novamente, bem, eu não sei... é como se você trocasse a pessoa que você é por um personagem de livro. É fantástico.

> Adrián: Antes eu também não gostava muito de livros, mas quando Lara chegava, ela fazia a gente entrar como se fosse... um... vício pelos livros. Então, agora, eu vejo melhor os livros. Antes, eu não via muito sentido neles, não me interessava por eles, mas, agora, eu sei como eles são e já conheci tantos que agora eu gosto mais deles, porque Lara nos faz ler mais, e quanto mais você lê, mais você vê como eles são, e então você gosta deles cada vez mais e... isso foi o que aconteceu comigo.

Esses exemplos de Reyes-López (2015) fazem parte da descrição de uma sala de aula de 3º ano do Ensino Fundamental, na qual 83% dos alunos se consideravam pouco ou nada leitores no início do curso. Esse percentual foi reduzido para 6%, após um ano de intenso desenvolvimento de práticas de leitura compartilhada de obras.

Conclui-se, então, que, se se pensa que meninos e meninas devem progredir no interesse pela leitura literária, deve-se destinar tempo e programar atividades que estimulem seu envolvimento pessoal, fazendo com que se sintam interessados pelo universo dos livros.

Tornar-se um leitor mais experiente

Viver em um ambiente povoado por livros, no qual as atividades estão relacionadas à linguagem escrita de forma constante e variada, leva à melhora contínua nas habilidades de leitura e de escrita das crianças. As vozes dos leitores evocados na seção anterior revelam em seus diários de leitura que, após alguns meses, o acúmulo de leituras realizadas aumentou sua autoimagem leitora. Eles também mostram a inter-relação natural entre leitura e escrita, pois as crianças tendiam a aplicar espontaneamente seus novos conhecimentos literários em pequenos textos ficcionais de vários formatos:

> Iker: Desde que começamos com tudo isso sobre livros e agora os recomendamos e todas essas coisas, vejo que eu e meus colegas somos cada vez mais especialistas. Eu gosto muito de livros e sou mais leitor.
>
> Marc: Acho que não poderia ter escrito *Diário de peludos* sem ler tanto e sem ter feito projetos com livros, que me ajudaram a escrever frases engraçadas e muitas outras coisas.

> Valéria: Lara [professora], estou escrevendo um livro para os alunos do P4 chamado *Aprendemos a contar*, e agora estou fazendo as ilustrações, mas queria entregar para você caso possa corrigir.

Aquele "conheci tantos" de Adrián no item anterior refere-se à necessidade de uma oferta extensa e variada de obras. É a bagagem de experiências literárias que permite a comparação entre as obras e constrói um horizonte de expectativas com base no qual os leitores valorizam suas leituras e são estimulados a continuar explorando. Podemos observá-lo, a seguir, no prazer que crianças de 9 anos demonstram ao falar sobre livros, ou crianças de 7 anos ao escrever cartas com recomendações de livros. Em suas palavras, para avaliar os recursos do humor ou a intertextualidade das obras, percebe-se a sensação gratificante de leitores experientes que os domina. Suas descobertas sobre os elementos construtivos das obras não se opõem, assim, à sua fruição literária, mas, muito ao contrário, constituem um caminho retroativo de envolvimento. Podemos vê-lo no seguinte fragmento de diálogo entre crianças de 9 anos e em uma carta espontânea entre meninas de 7 anos.

> Antonio: É que Ana [professora] tem razão: esses livros com esse tipo de humor são os que a gente mais gosta.
>
> Juan: Bem, sim: *Chapeuzinho Vermelho*, *La noche de la visita* ...
>
> Martí: *Meu gato mais tonto do mundo*, também gostamos muito. É um daqueles livros que... é um... é de um humor parecido com esses que têm... onde acontecem coisas bem diferentes do que é explicado.
>
> Clara: Sim, é que os mais sentimentais são muito bons em pensar coisas sobre você e tal. Mas esses de humor – como *Finn Herman* – são nossos favoritos.

Olá, Aina, eu sou Lucia:

Recomendo estes dois livros: *Faltan 10 minutos para dormir* e *Buenas noches, gorila*, porque em *Faltan 10 minutos para dormir*, aparece *Buenas noches, gorila*.

Ter o hábito de ler

O envolvimento pessoal e o domínio progressivo das convenções literárias são, assim, os dois trilhos por onde avançam os leitores enquanto constroem hábitos de leitura estáveis, um dos objetivos da educação escolar. Os hábitos de leitura são fracos entre a população espanhola em comparação com os países vizinhos. De acordo com o *Barómetro de hábitos de lectura y compra de libros 2017*, parece que o número de leituras está aumentando ligeiramente, mas também há diminuição na frequência de leitura, bem como na leitura de textos longos, que requerem atenção. Os estudos sobre os hábitos de leitura dos professores também não evidenciam o interesse pela leitura que sua profissão pressupõe (Munita, 2013). Portanto, o contexto não facilita obter bons leitores infantis.

Em relação à leitura infantil, o estudo Progress in International Reading Literacy Study (PIRLS) 2016, que avalia a compreensão de leitura dos alunos do 4º ano do Ensino Fundamental, revela em sua última edição que os alunos do Ensino Fundamental espanhol melhoraram na compreensão da leitura, mas seus resultados ainda estão abaixo do desejável, concretamente a onze pontos da média europeia e a doze da média da Organização para a Cooperação e Desenvolvimento Econômico (OCDE).

Os estudos comparativos e de contexto são úteis para ter uma estrutura objetiva na qual situar nosso livro. Eles traçam expectativas sobre o que é possível alcançar a partir das práticas de leitura social e escolar. Por exemplo, permite-nos saber (Melgarejo, 2013) que os países mais bem situados na leitura infantil se caracterizam por maior consumo cultural da população, um maior número de livros e bibliotecas públicas por habitante, ou uma intensa utilização da biblioteca pública pelas famílias (80% delas frequentam semanalmente as bibliotecas, no caso da Finlândia).

Por outro lado, os relatórios do Programa Internacional de Avaliação de Estudantes (PISA), embora se refiram a alunos do Ensino Médio, também oferecem muitos dados sobre os fatores que contribuem para a competência leitora. Por exemplo, a presença de uma biblioteca da escola ativa nos centros, ou a maior eficiência de algumas formas específicas de atuação dos professores em sala de aula, bem como a organização das atividades de aprendizagem: dois aspectos que incluem sempre o acesso direto e contínuo às obras como um fator positivo.

A pesquisa sobre a leitura escolar também está de acordo que a imersão das crianças na leitura das narrativas é importante. Sánchez Miguel (2010) conclui que somente se alguém tiver experimentado uma grande quantidade de leitura bem-sucedida será capaz de adquirir habilidades de leitura eficientes. E somente se alguém obtiver desenvolvimento na leitura tenderá a adotá-la como uma atividade permanente em sua vida. Essas duas afirmações interligadas trazem um paradoxo implícito: *você tem que estar lendo bem antes de estar pronto para isso.* Digamos que é como "pular na água com os dedos cruzados para aprender a nadar". Portanto, é exatamente isso que devemos encorajar as crianças a fazer.

Esse processo contraditório só pode se concretizar se houver um apoio social e escolar intensivo e prolongado desde a infância e durante toda a escolaridade. Na verdade, não é isso que fazemos com as crianças quando elas aprendem a falar? Elas vivem em um meio oral, são consideradas falantes, são abordadas verbalmente e é atribuído significado ao que dizem, suas palavras são absorvidas e repetidas ou expandidas em frases que oferecem feedback e modelos linguísticos imediatos, seu progresso é celebrado e, é claro, todos agem com a certeza de que querem falar e a absoluta confiança de que serão bem-sucedidos.

Entender uma história: desenvolvendo a compreensão narrativa

> Inicialmente, as crianças se contentam em reconhecer e nomear o conteúdo das imagens e ver histórias em termos de episódios desconectados. À medida que crescem, aumenta sua capacidade de fazer ligações causais entre as ações e elas são mais capazes de ordenar o que está acontecendo nas imagens dentro de um esquema narrativo. Esse progresso será sem dúvida mais fácil para as crianças que ouviram muitas histórias contadas e que aprenderam a levar em conta os eventos das páginas anteriores para dar sentido ao que está acontecendo.
>
> **Teresa Colomer,** *Introdução à literatura infantil e juvenil atual.* **São Paulo: Global Editora, 2017.**

Familiarizar-se com as narrativas significa interiorizar que existe uma maneira específica de contar as coisas. Um instante em que alguém abre um espaço e um tempo na vida cotidiana para recontar eventos que aconteceram com outra pessoa. Um "era uma vez" ou abrir um livro ou uma tela e mergulhar em uma ficção. As crianças progridem em seu domínio dessas formas por meio de várias linhas básicas: o desenvolvimento do esquema narrativo, as expectativas sobre os personagens e a ampliação de sua experiência cotidiana em direção a mundos imaginários e novas perspectivas para falar da realidade.

O que acontece? O esboço de uma narrativa

A citação no início desta seção refere-se ao desenvolvimento dos bebês na passagem da identificação ao sequenciamento e desse à narração completa durante toda a fase infantil. Nesse processo, eles aprenderão a ligar ações ao longo de um eixo temporal e, nas relações de causa e consequência, detectarão que deve haver necessariamente um conflito e saberão que é essencial dizer como isso se resolve no final.

Uma narrativa completa é aquela que pode ser descrita pela seguinte afirmação: "alguém explica uma história a outra pessoa". A narratologia tem se esforçado para descrever os elementos seguintes a essa declaração, e acordou-se que a maneira mais simples de fazer isso é desta maneira:

Quadro 1.1. Esquema de uma narrativa simples.

- *Alguém explica* (sabendo tudo sobre o que ele explica, falando na terceira pessoa, de fora da história, sem explicar as regras do jogo, interrompendo o relato para intervir diretamente quando desejar e seguindo a ordem dos eventos narrados)
- *a alguém* (que tem dados suficientes para interpretar de modo preciso, e de quem não se exige nenhum conhecimento referencial especial)
- *uma* (somente)

(Continua)

- *história* (situada no passado, atribuída a um único modelo de gênero convencional e expressa nos tipos textuais característicos da narrativa)
- *de um personagem* (facilmente representável e identificável)
- *em um cenário* (facilmente representável e identificável)
- a quem ocorre um *conflito* (externo e com uma causa bem definida)
- que *se desenvolve* (de forma coesa) de acordo com as relações de causa-efeito
- e que *é resolvido* no final (com o desaparecimento do problema colocado).

Parece lógico pensar que as primeiras narrativas completas dirigidas às crianças pequenas adotarão as características mais simples de uma história literária. E, de fato, os contos populares, tão abundantes nessa idade, tendem a fazê-lo, uma vez que sua transmissão oral ao longo dos séculos tem incentivado as formas mais básicas e memoráveis da história. Se pensarmos, por exemplo, em *O Pequeno Polegar*, podemos seguir o esquema anterior e verificar essa correspondência.

Entretanto, as obras atuais introduzem complicações nos elementos narrativos desde uma idade muito precoce do público leitor. Assim, a trama pode levar a um final aberto, como em *Faltan 10 minutos para dormir*, de Peggy Rathmann, em que o leitor não sabe bem se o que aconteceu foi real ou apenas fruto de sua imaginação. Ou os detalhes da imagem podem tecer, juntos, uma história lateral, violando a simplicidade da condição de "uma só história". Ou aparecem personagens de outras obras, de modo que o leitor deve estar familiarizado com essas referências, a fim de apreciar a graça da história.

Assim, as histórias se tornam mais complicadas ao longo de toda a jornada de leitura. Porque os autores pressupõem que as habilidades interpretativas das crianças aumentam, e eles estão encantados em poder expandir a paleta de seus recursos para contar histórias de muitas outras maneiras, frequentemente com a ajuda de imagens para emaranhar o fio desde a mais tenra idade.

Com quem isso acontece? As expectativas quanto aos personagens

O progresso das crianças também inclui que elas terão expectativas mais claras sobre o que esperar dos personagens, esses elementos narrativos que ancoram a história. Afinal, como poderia haver uma história sem personagens? Como no jogo, eles possibilitam ao leitor que se coloque no lugar dos outros "sem deixar de ser ele mesmo". Ou seja, ele pode se sentir "como se" fosse poderoso, imaginativo, tímido ou corajoso, ou podem ver o mundo através dos olhos de um bandido, de um irmãozinho ou de um pássaro. Ou pode identificar-se com eles enquanto mantém distância, para que possa se aventurar ao lado deles enquanto permanece bem protegido em sua cama. Uma descentralização, adotando as perspectivas de outras pessoas, algo que só a literatura oferece e que é essencial para a construção de nossa individualidade e sociabilidade.

Os personagens se tornam parte do mundo infantil e permanecem em suas referências sobre a realidade como um patrimônio cultural compartilhado com os adultos. Portanto, esse é também um dos primeiros aspectos que leva as crianças a experimentarem a literatura como uma forma cultural comum e a se sentirem parte de uma "comunidade de leitores" com as pessoas ao redor.

Por outro lado, o desenvolvimento de expectativas quanto aos personagens implica o conhecimento das conotações que lhes são culturalmente atribuídas, especialmente no caso dos animais e dos seres fantásticos que povoam as histórias. Uma grande vantagem do uso desses personagens é sua economia descritiva. Não há necessidade de caracterizar o mundo fictício que estabelece uma fórmula de abertura como "era uma vez um coelho", e se sabe muito rapidamente o que esperar da aparência e do comportamento de uma bruxa.

Do que se trata? Do cotidiano às novas experiências

Os primeiros livros infantis oferecem às crianças pequenas a confirmação do mundo que elas conhecem: a vida cotidiana na família, fazer compras, brincar no parque, e assim por diante. Mas logo as crianças também precisam de um tipo de literatura que amplie sua imaginação e suas habilidades perceptivas para além de seus limites atuais. Algumas linhas de progresso nas possibilidades de compreensão das crianças dessas idades têm especial incidência nos temas e nos gêneros desta etapa:

- *O urso que não era*, de Frank Tashlin

As primeiras histórias são recebidas pelas crianças como uma representação do mundo tal como *ele é*. Mas à medida que emerge sua consciência das histórias como ficção, elas podem começar a usá-las para explorar o mundo como ele *poderia ser*. A ficção da fantasia estabelece a continuidade desde a experiência imediata até o movimento no espaço ou na imaginação. Ela atrai o leitor, por exemplo, na aventura ou nos elementos fantásticos. Os livros visam, então, a propor alternativas em vez de confirmar certezas. *O urso que não era* é uma possibilidade que predomina na fase de leitura entre 8 e 10 anos, em que o gatilho narrativo do "e se" triunfa.

- *O tigre que veio para o chá da tarde*, de Judith Kerr

O humor exige das crianças um progresso na capacidade de distanciamento. Na fase infantil, o humor se baseia na inversão ou transgressão das regras de como funciona o mundo que elas já dominam. Isso possibilita, por exemplo, que se sintam superiores e que riam de um personagem desajeitado, que se sintam liberadas por um comportamento desastroso que seria reprimido na vida normal, enquanto na ficção pode ser celebrado sem problemas, ou que desfrutem das mentiras e inversões que refutam seu conhecimento do mundo e prolongam a diversão do folclórico "vamos contar mentiras".

Assim, uma vez estabelecidas as regras do mundo real, os erros, transgressões e exageros da ficção apelam à complacência que procura desafiá-los e formam uma parte importante do humor que as crianças compreendem. Só mais tarde passarão a apreciar *como é dito o que acontece* em vez de apreciar apenas *o que acontece*, em textos irônicos, com perspectivas pouco usuais ou brincadeiras nos registros verbais, por exemplo.

- *Onde vivem os monstros*, de Maurice Sendak

As crianças normalmente aceitam uma imagem *idealizada* de si mesmas e de seu mundo. Mas logo elas também precisam de uma literatura mais dura que reflita seu lado menos socializado e agressivo, por exemplo, refletindo a raiva das crianças em relação à sua dependência dos adultos. Essa tendência está muito presente nos livros atuais; muitos deles tratam dos conflitos psicológicos das crianças de todas as idades e oferecem caminhos de reconciliação por meio de um distanciamento humorístico e imaginativo.

Entretanto, vale lembrar que, embora as crianças possam utilizar tais histórias como identificação subconsciente de seus impulsos, elas certamente também o fazem para simplesmente se identificarem com aquela exposição de conflito, ou a fim de explorar as consequências de ações proibidas ou perigosas partindo do conforto do leitor.

Assim, essas e outras linhas estão se abrindo com diferentes tipos de livros e gêneros, como veremos a seguir, por intermédio dos quais as crianças terão acesso à reflexão acerca da experiência humana transmitida por palavras e por imagens.

O contato da escola com as narrativas

O acesso à ficção por meio da mediação de adultos tem início na primeira infância. Daniel Pennac se refere à mediação de adultos no processo de apresentar as crianças às obras (e vice-versa), dizendo:

> Em resumo, nós lhe ensinamos tudo sobre livros quando ele não sabia ler. Abrimos para ele uma infinita diversidade de coisas imaginárias, iniciamos-lhe as alegrias da viagem vertical. Dotado de ambiguidade, liberto de Cronos, mergulhado na solidão fabulosamente povoada do leitor... As histórias que lemos para ele estavam repletas de irmãos, irmãs, parentes, duplos ideais, esquadrões de anjos da guarda, coortes de amigos da guarda encarregados de suas tristezas, mas que, lutando contra seus próprios ogros, também encontraram refúgio no batimento inquieto de seu coração. Ele havia se tornado seu anjo da guarda recíproco: um leitor. Sem ele, seu mundo não existia. Sem eles, ele permaneceu preso na espessura de seu próprio mundo. Assim, ele descobriu a virtude paradoxal da leitura, que consiste em nos abstrairmos do mundo para dar-lhe sentido. (Pennac, 1993:17)

A escola tem a clara tarefa social de estabelecer esse contato durante toda a infância. Assim, devemos necessariamente encontrar professores que narram ou leem histórias em voz alta, um conjunto repleto de ficções no qual mergulhar e crianças convidadas para a festa, como indicaremos a seguir.

Professores que narram ou leem em voz alta

Em uma pesquisa de final de ano, perguntaram às crianças do 5º ano: "Do que você mais gosta de ler em voz alta pela manhã?" Eles deram respostas como as seguintes:

- "Quando a professora põe uma voz de dragão e canta tão bem."
- "O momento mais emocionante quando a professora lê em voz alta é com Jim Botón, porque ela parece tão misteriosa quando chega à cidade dos Dragões e encontra a Sra. Maldiente."
- "É que eu entendo muito mais."
- "O que eu gosto é que podemos todos compartilhar o mesmo romance juntos e viver muitas aventuras juntos, como uma família."

Suas palavras deveriam convencer qualquer professor de que vale a pena passar alguns minutos por dia narrando ou lendo em voz alta na sala de aula. De fato, a narração ou leitura em voz alta é uma das atividades mais tradicionais para a mobilização de obras. Por exemplo, no famoso romance escolar *Coração*, de Edmondo de Amicis (1886), podemos ler as histórias intercaladas que o personagem do professor lê mensalmente para as crianças. A "época das histórias" foi estabelecida nas bibliotecas pioneiras da América do Norte, França e Dinamarca no início do século XX, de onde se disseminou para outros países e ainda hoje está em vigor. E podemos ver também que a figura do "contador de histórias" se estabeleceu como uma profissão em muitos países nas últimas décadas.

Narrar e ler em voz alta provou ser eficaz em todas as idades da Educação Infantil e anos iniciais do Ensino Fundamental. Por um lado, por algo tão óbvio como o fato de multiplicar as oportunidades das crianças de compreender palavras e formas linguísticas muito distantes das formas de conversação, expandindo seu léxico passivo e outros aspectos linguísticos, além de favorecer sua familiarização com as convenções e regras do jogo literário. Por outro, porque têm acesso a um maior número de títulos, porque essas obras os atraem, pois estão além de seu alcance de leitura autônoma, e porque constroem um imaginário comum e uma experiência compartilhada de todo o grupo, algo que resulta no sentimento de pertencimento social, assim como na possibilidade de utilizar esses referentes durante suas conversas literárias.

Nájera Trujillo conta deste modo o início de sua conquista pelo reconhecimento da biblioteca em uma escola mexicana:

> Também aconteceu em todos os grupos que eles se apaixonaram pelo texto que li para eles (tive o cuidado de escolher um diferente para cada nível, de acordo com o que considero serem seus interesses atuais). Eles querem mais, não se cansam de me pedir que leia para eles mais histórias, que lhes empreste o livro que acabei de ler, que lhes apresente a história quando estivermos na metade do caminho. (Trujillo, 2008:48)

Um universo de histórias

As histórias são endereçadas a cada ouvinte e a cada leitor. Assim, a escola deve incluir em seus programas um tempo em que o encontro individual entre a criança e o texto seja encorajado; um tempo em que as interrupções sejam reduzidas ao mínimo e que cada uma seja instalada em uma espécie de bolha própria na qual possam experimentar livremente os livros, na qual o direito de "folhear, saltar páginas, não terminar o livro", entre outros (Pennac, 1993) prevaleça sobre as diretrizes e atividades. É um tempo privilegiado para a familiarização com narrativas completas, com a leitura que pode ser abandonada para ser retomada no dia seguinte, no caso de textos longos; um tempo para o estabelecimento de uma rotina que tenta reproduzir a forma mais frequente de leitura em nossa sociedade: uma leitura individual e silenciosa; a única que torna possível o caminho para o hábito da leitura.

A) *Tempo e espaço para ler*

Para essa ligação com os livros, é necessário pensar em um tempo diário e em um *corpus* adequado para que todos os leitores, independentemente de seus gostos e ritmos de leitura, possam encontrar livros com os quais eles se conectem. Espaços específicos de leitura podem ser criados com tapetes ou almofadas, perto das paredes cobertas com murais e estantes de recomendação disponíveis para a escolha autônoma das crianças. O tempo de leitura pode até ser o mesmo para toda a escola e pode incluir crianças e adultos. Então, ficaremos impressionados com o silêncio e a atenção com que os alunos leem, compartilhando a mesma atividade ensimesmada no mesmo período de tempo, com os professores sentados entre eles para ler seu livro e apenas o som dos breves sussurros daqueles que fazem perguntas ou compartilham perguntas específicas de seus livros. Seria bom indicar um tempo ou algumas páginas, dependendo do curso, durante as quais o livro não pode ser trocado, pois é importante que o leitor aprenda a se dar a oportunidade de se deixar penetrar pela voz do livro, uma voz que dê o tom e crie o mundo mental no qual o leitor deve se colocar antes de decidir se deve ou não continuar a entrar nessa proposta artística.

B) *A memória da leitura*

Se o tempo para a exploração autônoma da leitura com a maior variedade de textos é essencial no treinamento do leitor literário, o registro do itinerário de cada leitor é muito eficaz, tanto para os leitores que ampliam sua autoimagem de leitura quanto para os professores, que vão obter dados muito úteis para melhorar sua intervenção mediadora.

Inicialmente, o registro só pode ser feito por pais ou professores. Mas se pensarmos em uma proposta global, da infância ao último ano dos anos iniciais do Ensino Fundamental, podemos estabelecer um processo no qual o leitor ganha autonomia e é capaz de encontrar suas preferências de formato: registros digitais com a capa dos livros lidos (ou preferidos), um mural de títulos em sala de aula com um "x" assinalado sobre aqueles que foram lidos, que podem ser copiados no final do ano no registro, em cadernetas de biblioteca com uma variedade de instruções sobre o livro de empréstimo (copiar uma frase favorita, enviar uma mensagem ao autor, ilustrar com a mesma técnica, indicar um detalhe divertido ou um interessante, três razões para gostar ou não gostar da obra etc.), assim como muitos outros recursos. Esses registros serão seus próprios traços ao longo do tempo para manter sua leitura na memória.

Um exemplo disso pode ser observado na decisão de uma equipe escolar de manter um diário de leitura para cada criança com o objetivo final de recebê-lo como um presente na data em que terminassem sua escolaridade:

Quadro 1.2. Programa escolar de um diário de leitura para cada aluno.

Registros na Educação Infantil e anos iniciais do Ensino Fundamental	Registros no Ensino Médio	Registros no Ensino Superior
• Colocar adesivos na capa de cada livro – lido coletivamente ou emprestados individualmente – no diário de leitura. • No ciclo inicial, acrescentar um comentário. Pode ser espontâneo ou conduzido em uma atividade de sala de aula e partilhado, na semana seguinte, em uma roda de conversa sobre literatura.	• Registo da ficha de créditos (título, autor, ilustrador, tradutor e editor) dos livros lidos de forma autônoma. • Pode conter apenas numeração ou pode-se promover a inclusão gratuita de pontuação ou comentários de obras que as crianças querem recordar especialmente.	• Progressiva extensão de valorizações no diário de papel. • Fornecer uma opção para um diário virtual no blogue no qual se pode intervir de formas colaborativa, espontânea ou programada. Por exemplo, com uma resenha quinzenal realizada com o apoio escolar em sua escrita. São adicionados no final do ano letivo.
Exemplos de comentários de crianças em seus diários		
"Eu gosto de *Coco y Pío* porque é familiar, porque é colorido e bem-humorado e porque eu amo." (Unai, 6 anos)		
"Eu gostei de *Otolina na escola* porque ela vai à escola como nós. E eu gostei porque há aventuras e as cores são preto, branco e lilás. As coisas lilás são as mais importantes de todas, e tem muitos detalhes." (Raquel, 8 anos)		

(Continua)

> *"Mimi* é um romance muito sentimental. É sobre a vida de uma família, de como tudo é reconstruído após a morte da mãe. Me faz lembrar *Sete minutos depois da meia-noite* porque a mãe do menino do romance também morre e ele passa por dificuldades. É notável que tenha momentos de humor. Também que os personagens evoluem no final, todos eles superam ou aprendem a viver sem a mãe. Eu adorei. (Alma, 10 anos)

Os convidados para a festa: a resposta pessoal e compartilhada

Quando a escola está imersa em um mundo de livros, é muito comum que os leitores sintam a necessidade de falar sobre o que leem, um aspecto essencial da educação literária que discutiremos em um momento posterior. Eles podem fazê-lo sob a forma de um encontro organizado, com determinada periodicidade e participação mais ou menos livre. Ou por meio de escrita de cartas, conversas em blogues sobre livros etc. Tomemos, por exemplo, o que Albert, de 11 anos, diz para abrir o debate sobre os *Contos macabros*, de Edgar Allan Poe, no blogue da turma:

> Antes de começar a falar sobre esta coleção de histórias de Edgard Allan Poe, quero dar um aviso: para aqueles que amam contos de fadas com finais felizes, por favor, não leiam este livro nem terminem de ler esta resenha, pois ficarão desapontados com o que está escrito aqui. Se você quiser saber por que, escute-me: há sofrimento, loucura e *tristeza* nestas histórias. Você não vai ver uma história de Edgard com um final perfeito, ele gosta de fazer seus leitores sofrerem. Não li todas as suas histórias, mas, nesta coleção, todas ou quase todas as histórias são assim.
>
> Também vale a pena mencionar sua maneira de escrever: ele sempre procura o detalhe mais insignificante e, às vezes, pode se tornar cansativo, mas, por outro lado, sem que você consiga

percecer, torna-se cada vez mais intrigante. As coisas acontecem muito lentamente; uma forma de prender o leitor e, ao mesmo tempo, fazê-lo sofrer. Ele também usa um vocabulário muito rico e por vezes difícil. Eu gostei da mudança de estilo, mas a primeira vez que li uma de suas histórias fiquei surpreso, no início não a entendi, mas depois, pouco a pouco, comecei a compreendê-la.

Por fim, gostaria de ressaltar que os personagens, especialmente o personagem principal, geralmente nos mostram um pouco do mal do mundo: nas duas histórias que li, os personagens principais eram assassinos insanos que mataram alguém no final. Depois de ler estas histórias, me perguntei, duas vezes: Existe alguém tão louco na realidade como nos contos de Edgard Allan Poe...?

As crianças gostam de encontrar maneiras de prolongar seu tempo com os livros. Trata-se, portanto, de realizar atividades que deem tempo e espaço para pensar sobre o que foi lido, para incentivar a releitura e para deixar o livro exercer sua influência de uma forma mais reflexiva.

Eu adoro a caixa de museu *Chumba la Cachumba* porque os esqueletos que Érika fez se movem e é muito legal. (Marta, 7 anos)

A ampliação da resposta de leitura também pode ser encorajada pela invasão de outros espaços disciplinares, como ocorre na criação das "caixas de museu" mencionadas na citação, referentes a representações plásticas dos livros lidos em caixas de sapatos. Ou pode-se também pensar em criar figurinos e dramatizações das obras, imitando suas ilustrações, transferindo a história para outros meios, como vídeo ou quadrinhos, mapeando o enredo, preenchendo *displays* com os personagens favoritos do trimestre, montando uma caixa de correio em sala de aula para a troca de cartas após a leitura de um livro epistolar, e tantas outras atividades para incentivar

A familiarização com a literatura | **45**

e refletir sobre a leitura que pode ser facilmente encontrada na internet, em atividades de bibliotecas públicas, em intercâmbios de professores e em bibliografia profissional.

As histórias que vão e vêm: a família e a escola

As formas tradicionais do folclore forneceram diretrizes culturais para apresentar às crianças as formas literárias básicas, mas em nossa sociedade esse tipo de transferência cultural no interior da família enfraqueceu, embora felizmente uma parte do folclore oral habite agora as escolas infantis. Em vez disso, os livros são cada vez mais compartilhados, tanto dentro da família, com histórias para dormir, por exemplo, como em sala de aula. Enquanto as telas começaram a ser usadas como brincadeiras em casa e agora são consideradas obras fictícias no ambiente escolar.

Em casa, a familiarização das crianças com as obras varia de acordo com o nível sociocultural familiar. É um fator que, de acordo com todos os estudos, tem forte impacto nas possibilidades leitoras e literárias das crianças. Por essa razão, a escola é a instituição encarregada de democratizar a leitura, de garantir que *todas* as crianças tenham acesso satisfatório à linguagem escrita. Entretanto, a tarefa sem dúvida funcionará melhor se a escola não trabalhar de forma egocêntrica, ignorando as famílias. Portanto, é muito conveniente estabelecer um trabalho conjunto para "elevar a leitura à categoria de atividade social e socializante, e fazer dos livros não apenas um objeto de sala de aula" (Manresa, 2013). O trabalho tende a fluir facilmente no caso das famílias leitoras, mas também convida as famílias pouco leitoras a se envolverem por meio de atividades que provavelmente influenciarão as práticas de leitura em casa, em um círculo vantajoso para ambas as partes. Desse modo, a escola pode conceber maneiras de se relacionar com a família, além de simplesmente assistir a eventos literários escolares (dramatizações, recitações etc.) como público. Vejamos alguns deles:

- Abertura da biblioteca da escola em horários específicos para que os pais e seus filhos se reúnam. No mesmo espaço da biblioteca, podem ser organizados encontros literários mensais com pais e professores. Também é possível pedir a ajuda de alguns pais no comitê de funcionamento da biblioteca.

- Empréstimo semanal de livros aos alunos com um diário de leitura para levar e trazer de volta. A família pode escrever livremente um comentário sobre como o livro foi recebido em casa.

- Narração pelos avós dos alunos das histórias que eles contaram a seus filhos quando eram crianças. Os alunos podem apreciar a maneira particular dos avós de contá-las – especialmente se alunos de diferentes origens vivem juntos na escola – e, ao mesmo tempo, descobrir com curiosidade as histórias infantis dos pais.

- Alguns voluntários (pais, avós, profissionais de passagem pela escola etc.) leem um livro com os jovens leitores da Etapa inicial em um canto especial do salão da escola por tempo limitado no início ou no final do dia.

- O "dia do leitor convidado", no qual cada aluno da escola pode convidar um parente ou amigo para ler junto com ele em um espaço escolar.

- Colaborações das famílias na preparação das atividades literárias. Por exemplo, fazendo fantasias para o Carnaval ou qualquer outro dia especial, no qual todas as crianças da escola se vestem como seus personagens favoritos. Isso também incentiva aquelas que gostam dos mesmos personagens a se encontrarem e se reconhecerem, ou as crianças mais velhas a se lembrarem de suas histórias de infância.

O essencial dessas e de outras atividades é sua continuidade, de modo que a ligação entre as famílias e a escola, por meio das obras, seja considerada uma das atividades mais importantes da escola. No exemplo a seguir, os alunos e suas famílias, quando questionados sobre a atividade concreta de empréstimo de livros compartilhados, revelam seu impacto positivo:

Atividade

Pergunta aos alunos do 4º ano: Você gostava de compartilhar livros com sua família toda semana? Por quê?

- "Eu gostei porque estávamos todos juntos e o tempo todo pensando no que ia acontecer no final!!!"
- "Eu esperava ansiosamente lê-los para minha irmã e, depois, ela os lia para mim."
- "Tenho gostado de compartilhar livros com minha família porque agora minha família e eu adoramos livros."

Pergunta às famílias: Como avalia a experiência do empréstimo semanal de livros?

- "Gostei muito do empréstimo, porque dá às crianças mais oportunidades de ler e as incentiva a ler e a conhecer mais livros."
- "Todos nós em casa lemos muito mais durante este ano letivo. Muito obrigado."
- "Sua irmã Lúcia tem ouvido as histórias de Nicole todas as noites, agora elas não vão dormir sem ler"."

Atividades de aprendizagem

1. *Contação de histórias*. Identificamos a narração como uma das principais atividades para a familiarização literária. Preparem e façam a narração oral de uma história com base nas seguintes instruções:

- Escolher uma pequena história de sua preferência, levando em conta critérios de qualidade.

- Memorizá-la. Sequenciá-la para facilitar a memorização.

- Assumir a propriedade dos personagens: decidir que voz terão, a expressão em seus rostos etc.

- Memorizar algumas fórmulas de abertura e fechamento, palavras mágicas, as frases e palavras mais pitorescas ou bonitas etc.

- Sonorizar a história: ensaiar onomatopeias, vozes de animais, pensar no ritmo, quando murmurar ou elevar sua voz etc.

- Pensar em que momentos você poderia pedir à plateia para participar das frases repetitivas, retornos, onomatopeias, canções, enigmas, encantamentos etc.

- Pensar se seria apropriado utilizar uma cenografia: a projeção digital de imagens, determinado formato (teatro, bonecos, quadro branco digital etc.) e objetos de apoio durante a narração da história. Alguns truques simples de encenação podem ser usados: um chapéu, uma iluminação, certa luz, *layout* do auditório (se houver) etc.

- Gravar a apresentação em vídeo. Compartilhar com outros e identificar aspectos a melhorar.

2. *Tenha um bom plano*. Temos comentado a necessidade de planejar o contato das crianças com os livros. Trata-se, portanto, de organizar a constante e variada mobilização dos livros em sala de aula por um período (uma semana, por exemplo). Pensemos em diferentes situações de leitura que poderiam ocorrer durante esse período:

– Narração, dramatização e leitura em voz alta (narração de uma história com suporte material, como sombras chinesas, quadro de feltro, bonecos etc.; leitura ou narração por capítulos de uma obra extensa (por exemplo, *Pinóquio*); dramatização de uma lenda ou conto de fadas etc.).

– Leitura compartilhada e guiada (projeção de um livro ilustrado na tela e conversa guiada para algum aspecto da aprendizagem de leitura ou interpretação; leitura compartilhada em pares de livros da biblioteca da sala de aula; leitura compartilhada em pares entre crianças mais velhas e crianças na sala de aula etc.).

– Atividades de extensão das obras vistas (desenhar, classificar, imitar, ditar uma opinião ao professor, relacionar histórias com atividades de outras áreas, como livros sobre animais, famílias, opostos etc.).

– Atividades específicas sobre obras (visita e empréstimo na biblioteca da escola, convite a alguém da família para contar uma história, montagem de exposições de algum tipo etc.).

Para uma turma com crianças com 4 ou 5 anos de idade, pense em que horário da semana e com que frequência cabe programar atividades partindo dos blocos de leitura anteriores. Você pode, por exemplo, reservar um tempo para cada uma delas; ou pode escolher atividades específicas de cada bloco, ou ser mais específico e prever que livro você leria em capítulos, que atividade específica haveria naquela semana etc. Aplique seu programa de acordo com um cronograma: esse seria seu programa de trabalhos para uma semana do curso? Você pode considerar útil consultar o artigo de Lara Reyes-López (2015).

3. *Transforme o eco em ação.* Para auxiliar na ampliação da resposta, prepare uma atividade que ajude a promover o contato reflexivo com o livro ou faça você mesmo usando um dos exemplos do quadro a seguir:

Quadro 1.3.

Através de atividades plásticas e visuais	Com diferentes ênfases
Criar uma colagem, com imagens e pequenos objetos, de sua própria representação da obra...	Com perguntas do professor para ajudar a focalizar, escolher e verbalizar o tipo de representação que as crianças têm feito.
Elaborar murais coletivos...	Sobre o enredo, os personagens, o tema, a comparação com outras obras, a imitação das técnicas plásticas do livro etc.
Construir maquetes das cenas...	
Voltar a contar a peça...	
Fotografar ou digitalizar os textos e as ilustrações...	Prestando atenção nos detalhes relevantes.
	Com ajuda de um quadro de feltro, um mapa ou uma sinalização temporária.
	Para selecionar as cenas-chave, brincar de recompor as peças etc.

(Adaptado de Colomer, 2010:88)

4. *Um arquivo para as colaborações familiares.* Como já indicamos, a colaboração familiar é uma maneira muito positiva de inserir as crianças em um mundo de práticas de leitura de ficção. Revise as propostas apresentadas na última seção do capítulo ou pense em propostas semelhantes e escolha uma delas. Faça uma ficha tão concreta que qualquer pessoa possa realizar a atividade simplesmente lendo a descrição. Troque as fichas de livro com outros professores interessados. Você pode usar as seguintes seções:

–   Curso ou ciclo onde implementá-lo:
–   Título da atividade:
–   Breve descrição:
–   Participantes:
–   Organização espacial:
–   Duração:
–   *Corpus*:
–   Material suplementar:
–   Observações:

Para saber mais

Colomer, T. (2010): "Literatura infantil y alfabetización inicial". Instituto Nacional de Formación Docente. *Ciclo de Desarrollo Profesional Docente em Alfabetización Inicial, 5º Encontro.* Ministério da Educação – Presidência da Nação (Argentina). Vídeo do YouTube.

Dois vídeos consecutivos que correspondem a uma sessão de treinamento de professores sobre leitura literária no ciclo inicial. Reforça, com exemplos de livros infantis, algumas das ideias apresentadas neste livro. Disponíveis em: https://www.youtube.com/watch?v=TG0GlQCNLYc e https://www.youtube.com/watch?v=TtcduLrIt98. Acesso em: 25 abr. 2024.

Duthie, E. (4 jun. 2021): "En voz alta". *Lo leemos así*. Blog.

Esta seção do blogue de Ellen Duthie, tradutora e especialista em literatura infantil, contém áudios de leituras em voz alta. Disponível em: https://loleemosasi.blogspot.com/. Acesso em: 25 abr. 2024.

López, M. E. (2017): "Entrevista sobre lectura y primera infancia a María Emilia López". *Casa de la Literatura Peruana*. Vídeo do YouTube.

Vídeo no qual o autor mexicano fala sobre como os jovens leitores se apropriam da palavra por meio da leitura e do jogo. Disponível em: https://www.youtube.com/watch?v=7EYxJFOxjx0. Acesso em: 25 abr. 2024.

Meek, M. (2004): "¿Por qué son especiales los cuentos?" In: *En torno a la cultura escrita*. Cidade do México: Fondo de Cultura Económica, pp. 147-179.

De forma muito acessível e com grande refinamento de pensamento, trata do grande papel das histórias no acesso das crianças à cultura escrita e sua forma de pensar em idade precoce, com múltiplos exemplos para as crianças. Uma leitura muito alinhada com as ideias discutidas nesta obra e uma recomendação que estendemos a todo o livro.

Teixidor, E. (2007): *La lectura y la vida*. Barcelona: Ariel.

Como o título indica, as reflexões desse pedagogo e autor de livros infantojuvenis expõem a frutífera relação entre vida e literatura, bem como as formas de iniciar as crianças nela. Uma leitura estimulante para qualquer pessoa.

2.
A literatura como objeto material

Ao falar das histórias das crianças, tende-se a valorizar apenas o que elas nos contam e não tanto sua forma física ou virtual. No entanto, como nos lembra Lartitegui:

> O livro é um corpo concebido para ser aberto entre as mãos, animado e respirado pelo leitor. Muitas vezes, ignoramos isso. Ao assumirmos que os livros são fundamentalmente para ler, aprendemos a negligenciar seu ser físico. No entanto, seu toque, seus materiais, seu design e, por fim, a sua mera presença, irradiam para nós um diálogo que não é feito de palavras. (2016:4).

De fato, se pararmos para refletir sobre isso, perceberemos a quantidade e a variedade de formas que as obras podem assumir, mesmo que contássemos apenas aquelas com que uma criança pode se deparar em um dia normal de seu cotidiano:

> *Pela manhã, durante um de seus períodos de leitura livre na escola, Lucía vai à biblioteca da sala de aula para folhear o grande livro*

ilustrado que se destaca do restante na estante e, junto com dois de seus amigos, explora as cenas detalhadas em suas enormes páginas. Mais tarde, como faz todas as sextas-feiras antes de ir para casa, ela tem que escolher um livro para levar no fim de semana e, como desta vez ela não tem certeza, decide sobre um novo volume a partir daquela coleção de livros verdes de romances de terror de que sua irmã mais velha gosta tanto. No caminho para casa, ela vai ao shopping com seu pai e, enquanto ele paga as compras, Lucía não pode deixar de olhar para a mesa das "novidades literárias para meninas", as enormes letras brilhantes cor-de-rosa na capa do novo livro da autora da moda. Antes do jantar, ela pede à mãe o tablet *para ler a versão digital de* O coração e a garrafa, *obra de Oliver Jeffers, enquanto sua irmãzinha a imita beliscando com os dedos as fotos de seu livro de papel para bebê, tentando inutilmente torná-las maiores. Finalmente, antes de dormir, ela se deita para ler na cama, mas a sinopse da contracapa do romance de terror emprestado não lhe cai bem, então ela decide substituí-lo por um novo capítulo do audiolivro de* As bruxas, *que seu pai baixou para ela na semana anterior.*

Uma das consequências mais palpáveis que a modernidade trouxe para o mundo da literatura infantil foi a enorme importância adquirida pela dimensão material das histórias. Os autores podem ficar felizes em contar com isso para mediar o material na criação do significado da história. Mas o certo é que contribuiu para tornar esses livros altamente visíveis nos espaços de circulação e de consumo.

A primeira coisa que fazemos ao pegar um livro é apreciar seus componentes físicos, como o material, o tamanho, a forma ou o número de páginas, e, antes de ler o texto, deparamo-nos com capas, sobrecapas, as folhas de rosto e a lombada que o envolvem e apresentam. Todos esses elementos do objeto acabam por moldar a identidade que caracteriza cada livro. E se o folhearmos, podemos ver outros elementos, se houver, como ilustrações, variações de diferentes materiais, índice/sumário, títulos de capítulos, prefácios, epílogos, informações, atividades de extensão etc. Os estudos literários chamaram de *paratextos* o conjunto de todos esses elementos auxiliares que, embora estejam dentro do recipiente literário, não fazem parte das histórias propriamente ditas, mas as enquadram e promovem, por meio de livrarias e bibliotecas públicas, até chegar às mãos de seus possíveis leitores ou compradores. E quer o façam em formato impresso ou digital, uma vez que a realidade contemporânea nos mostrou que a literatura tem mais maneiras do que a impressão para se mover por nossas esferas culturais.

Conforme a Figura 2.1, podemos identificar e nomear esses elementos em uma espécie de anatomia do objeto livro. Mas vale a pena ir além e nos interrogarmos como e com que finalidade cada uma das partes de um livro é utilizada em sua circulação social. O que a forma e a materialidade do livro são capazes de nos comunicar, e com que intenção o fazem? Ao longo do capítulo, vamos abordar principalmente as duas funções primordiais que elas desempenham.

A primeira é a apresentação das obras a seu público e podemos subdividi-la em dois objetivos principais:

- uma eminentemente comercial, que utiliza diferentes estratégias de design para fazer que os livros se destaquem dos demais e "chamem" seus leitores para os espaços de compra e venda;
- outra mais informativa, preocupada em ajudar o leitor para que ele possa entrar com mais segurança na história que está prestes a ler, com mais confiança e referências.

A segunda consiste na intervenção de formatos, formas e materialidades para construir o sentido da obra. Entender que esses elementos "também contam" é algo essencial para que os leitores compreendam realmente as propostas artísticas, principalmente nos livros para a primeira infância, no livro ilustrado contemporâneo e na literatura digital.

Figura 2.1. As partes do livro (baseado em Castagnoli, 2016).

Na viagem imaginada pelas rotinas de leitura de Lucía, surgem algumas das variadas formas das obras que coexistem diariamente no ambiente cotidiano das crianças e que, como nos lembra Lartitegui, falam conosco "desde que estejamos dispostos a ouvi-las" (2016:4). A embalagem material é, portanto, um dos componentes do sistema literário. Ela deve ser levada em consideração para avaliar uma obra e para incluí-la no trabalho sobre o progresso da competência dos leitores em formação.

Um objeto comercial que é vendido e apresentado

Destacar-se com sucesso no circuito comercial e situar o leitor perante a obra que tem em mãos são duas faces da mesma moeda comunicativa que o livro cumpre como objeto. Entretanto, a intenção de cada uma delas é suficientemente diferente para que possamos abordá-las separadamente.

Atrair o leitor

Antes de ser lido por um leitor específico, o livro tem que chegar às mãos do seu público. Isso é muito particular no caso dos livros infantis, pois são os responsáveis e mediadores que escolhem e compram a maioria deles. E é particularmente difícil no contexto editorial atual, em que o ritmo dos lançamentos é frenético. Vejamos, então, como as diferentes partes do livro se esforçam para atrair nossa atenção no meio da selva editorial.

A *capa* desempenha um papel fundamental para seduzir o comprador, pois é a primeira coisa que se vê de um livro. Basta passear pela seção infantil de qualquer centro comercial para perceber que a maioria das capas que a povoam está sobrecarregada em seu design e em sua escolha de ilustrações coloridas. Mas, precisamente em razão desse contexto tão saturado, há também propostas simples e minimalistas, como *O livro sem figuras*, de B. J. Novak (Figura 2.2.), que procuram fixar nosso olhar por contraste.

Figura 2.2. [O livro sem desenhos], de B. J. Novak (2015).

As capas são concebidas considerando o tipo de leitor. Assim, por exemplo, quando os editores britânicos de *Harry Potter* decidiram lançar uma edição "adulta" da saga, a fim de ampliar a gama de compradores em setores um tanto desconfortáveis em se considerarem leitores de obras para crianças, simplesmente mudaram a capa, afastando-a da estética infantil que acompanhava as edições anteriores. Os livros também são concebidos tendo em vista os contextos social e cultural nos quais a edição se encontra. Assim, quase sempre que uma versão cinematográfica de um romance é feita, o editor introduz elementos do filme na capa, a fim de aproveitar seu apelo comercial e alcançar mais compradores. Foi o que aconteceu no caso de *Los pingüinos de Mr. Popper*, uma obra de 1938, publicada pela editora Siruela em 2002, na coleção Las Tres Edades

[As três idades]. Após o lançamento do filme em 2011, foi feita uma mudança total no design, deixando a estética geral da coleção e substituindo as ilustrações da edição original para incluir a fotografia do ator principal na capa. Uma estratégia de marketing que, como podemos observar na conversa a seguir, gera opiniões diversas entre as crianças.

> Nerea: Uma coisa sobre os pinguins... Notei que os temos em duas edições diferentes. Na que eu li, há desenhos na capa e nesta que Miguel deixou não, há uma foto.
>
> Miguel: Sim, na minha está a foto do filme. Eu o vi no cinema.
>
> Ana: Bem, eu gosto mais com desenhos, é mais especial e é mais..., eu não sei... eu gosto mais.
>
> Alguns: Eu também.
>
> Elena: Sim, mas eles fazem isso com o filme para vender mais livros porque as pessoas viram o filme, então isso os faz querer mais, mas eu acho que a capa é um pouco ridícula com aquele homem nela, assim.
>
> Miguel: O nome dele é Jim Carrey.
>
> Elena: Sim. Eu não gosto que usem capas coloridas como essa, de filmes e tudo isso, mas neste caso a editora tem razão, porque é um livro muito bom e se assim muitas crianças o leem, bem... é bom.
>
> Ana: Sim, eu penso o mesmo. Seria melhor com os desenhos de dentro, bem, nós gostamos mais deles porque já lemos o livro, mas assim, com este ator, como diz Elena, talvez outras crianças, que não sejam tão leitoras quanto nós, decidam conhecer o livro.

Mas não apenas as capas são responsáveis por promover e tornar os livros visíveis; as estratégias comerciais utilizam praticamente todos os paratextos, por exemplo, as *lombadas*, que estão cada vez mais carregadas de informações, com o título, o selo da editora, a coleção etc. Ou as *contracapas* (*quartas capas*), que são um lugar privilegiado para captar a atenção do leitor. Uma das promessas mais usadas é garantir ao potencial leitor que a história tem um bom enredo e que ela será divertida, assustadora ou comovente. É por isso que, como os filmes ou séries de TV fazem com *trailers*, as quartas capas geralmente incluem pequenas sinopses na tentativa de intrigar ou desafiar os leitores. Outros argumentos amplamente utilizados na promoção são os de popularidade e autoridade. Assim, muitas vezes, a contracapa ou, em casos mais esporádicos, as *orelhas* que envolvem o livro, oferecem dados sobre as grandes vendas do livro ou os prêmios recebidos, se for o caso, ou incluem sentenças e pequenas avaliações de escritores ou críticos de renome que certificam seu interesse.

Uma das estratégias mais eficazes de atração e com a mais longa tradição editorial é o agrupamento de obras em *coleções*, seja do mesmo personagem (Los Libros del Chiquitín, de Helen Oxenbury; a série Olivia, de Ian Falconer; O Pequeno Vampiro, de Angela Sommer-Bodenburg, ou a série familiar de Los Barbapapapá) ou do mesmo universo literário (as coleções de contos populares, histórias clássicas etc.), ou de obras diferentes, mas com características comuns de idade, qualidade etc., como a famosa coleção Barco a Vapor. Assim, o sucesso de cada uma das obras que compõe a coleção proporciona um feedback publicitário para o restante. E, como aponta Lluch, a aglutinação de títulos em torno da mesma linha editorial "busca a repetição do ato de compra e a identificação ou lealdade do leitor" (2003:38) com base na confiança de um consumidor cultural que pode considerar a editora, a coleção ou a série como um elemento constitutivo de sua autoimagem como um leitor.

> Assista ao vídeo do *booktuber* espanhol Sebas G. Mouret, *El coleccionista de mundos*, no qual ele fala dos seus títulos favoritos de infância:
>
> **https://www.youtube.com/watch?v=1cz0DeHtPJM**
>
> Você reconhece as coleções às quais elas pertencem e se identifica com elas?

É dessa orientação e contextualização proporcionada pelos elementos paratextuais das obras que falaremos a seguir.

Apresentar-se ao leitor

As coleções têm um design externo muito marcado que facilita sua identificação imediata e normalmente oferece uma série de informações e garantias sobre a idade de leitura, sobre o gênero, o assunto ou a estética das obras que compõem a coleção. Assim, quando o livro é apresentado a seu leitor, além de querer ser comprado, visa também orientá-lo a sincronizar com a obra que está prestes a iniciar. Fittipaldi enfatiza a importância de o leitor infantil aprender a explorar os paratextos, avaliando o livro, explorando a sua materialidade e folheando-o para "encontrar informações sobre o livro e identificar e valorizar os sinais de leitura ou pistas que convidam à construção de sentido" (2013:399).

Podemos exemplificar a função orientadora dos paratextos analisando o papel fundamental desempenhado pelos títulos das obras, pois além de "batizar" os livros, eles representam uma porta que nos convida a entrar no mundo fictício proposto, um olho mágico por onde se começa a espionar as histórias. Nem todos o fazem da mesma maneira, por isso vamos observar alguns exemplos da relação entre os títulos e suas histórias.

Quadro 2.1. Os títulos dos livros.

Que livro?	O que isso sugere?	Por que ele faz isso?
Triz, de Leo Lionni	Estabelece quem é o protagonista.	Lionni constrói esta história em torno do carisma e da força de seu protagonista. É lógico, portanto, que o título seja um reflexo dessa construção literária.
Tô indo!, de Matthieu Maudet	Antecipar a intriga da história.	O pássaro protagonista está se preparando para ir a algum local, e o título tenta descobrir para onde. Mas esta destemida aventura acaba sendo nada mais, nada menos que ir ao banheiro sozinho. Esta trama humorística é construída a partir do título da capa.
¡Oh no, Lucas!, de Chris Haughton	Estabelece o tema geral da narrativa.	Além de identificar o protagonista, o título oferece uma leitura global desta história de um cachorro que é incapaz de evitar fazer travessuras... mesmo tentando.
Noche de tormenta, de Michele Lemieux	Apresenta o cenário da história.	Nesta sucessiva coleção de cenas, são pensadas questões existenciais que invadem a vida do protagonista; mas o título define apenas o cenário, sem mais referências a outras partes do livro.
El nuevo libro del abecedario, de Karl Philipp Moritz e Wolf Erlbruch	Define a categoria do tipo de livro, mas adverte sobre sua "novidade".	O tipo de livro com o qual estamos lidando é classificado da seguinte forma: um alfabeto ilustrado. Entretanto, como lemos adiante, a obra é transformada em uma espécie de livro de poesia ilustrada que simplesmente usa o alfabeto como um pretexto criativo.

As possibilidades, como se pode ver, são infinitas, e os escritores têm aqui um ótimo recurso para predispor seus leitores a determinado tipo de leitura antes de começarem a navegar por seus textos. Mas não apenas os títulos desempenham um papel fundamental. Em obras mais longas, como os romances infantis, os títulos de capítulos desempenham um papel ainda mais relevante no processo interpretativo, uma vez que, como aponta Lluch (2009), eles tendem a sinalizar mudanças nos cenários temporal e espacial ou a antecipar o conteúdo que estamos prestes a ler, ajudando assim os leitores a não se perderem na história ou oferecendo-lhes pistas de significado com as quais interpretar o que está acontecendo. No clássico de A. A. Milne, *O Ursinho Pooh*, por exemplo, os títulos de cada capítulo funcionam quase como um resumo do que está prestes a ser contado: "Capítulo VI – Em que Ió/Bisonho comemora seu aniversário e ganha dois presentes"; "Capítulo IX – No que Leitão é cercada pelas águas" etc.

Outros paratextos, como prólogos, glossários, mapas, textos informativos ou propostas de atividades (pintar um quadro do personagem, fazer origami, colocar os recortes em seus devidos lugares etc.) não estão diretamente ligados à história, mas giram em torno da narrativa com informações e atividades relacionadas. Em outras palavras, os livros, além do que nos dizem, também são materializados graças a toda uma série de elementos periféricos que procuram, em grande parte, acompanhar o leitor antes, durante e mesmo depois da leitura da história, para que sua experiência literária seja a mais satisfatória possível.

Um objeto literário no qual "tudo conta"

A enorme evolução tecnológica do mundo editorial tem sido o parceiro perfeito para o desenvolvimento expressivo de livros para crianças pequenas, livros ilustrados e literatura digital, como formas de literatura capazes de tirar proveito de todos os componentes que fazem o objeto livro ou a obra eletrônica, ao construir seu significado. Assim, por exemplo, podemos ver algumas constantes que a edição tem levado muito em conta ao projetar livros para as crianças pequenas.

Quadro 2.2. Formas adequadas para primeiros anos.

Pequenas e com páginas grossas.	Para que os pequenos possam manipular com facilidade.
Feito com materiais resistentes (plástico, tecido etc.) e com cantos arredondados.	Para que eles não se machuquem, e possam ser usados em qualquer lugar sem quebrá-los.
Com formas e elementos muito variados, como recortes, dobraduras etc.	Para ampliar o tipo de experiência e torná-los mais atrativos.
E com ilustrações nítidas e contrastantes sobre um fundo branco.	Para facilitar a identificação.

O jogo com a materialidade não é exclusivo da contemporaneidade, mas as facilidades de produção derivadas dos avanços técnicos, bem como a expressiva libertação que provocaram em grande parte dos autores, ilustradores e editoras infantis multiplicaram exponencialmente o uso estético que atualmente é feito de tudo o que molda o livro como meio. Livros como *Maravillosos vecinos*, de Hélène Lasserre e Gilles Botonaux, que fingem ter a mesma forma do edifício onde as histórias nele contidas se desenrolam; *Ya. Nunca*, de Grassa Toro e Cecilia Moreno, com páginas recortadas que se tornam cenário para seus protagonistas; guardas como as de *En casa de mis abuelos*, de Arianna Squilloni e Alba Marina Rivera, que simbolizam a mudança de humor de seus protagonistas ao longo do livro, introduzindo cor no final nas lágrimas que os enfeitam etc., mostram que o jogo é constante e, em muitas ocasiões, quase angustiante, de modo que é importante diferenciar quais aspectos da materialidade do livro são utilizados pelos criadores para esse exercício expressivo ou quando são simplesmente decoração e espetáculo. Para isso, e como exemplo, vamos focar o olhar em três aspectos específicos do livro ilustrado: o formato utilizado na edição das obras; o aproveitamento da página, a página dupla e a folha; e a influência do invólucro dos textos na construção do significado literário das histórias.

O formato

De modo geral, podemos dividir os formatos de livros em duas grandes categorias: o livro de bolso, que pode ser lido segurando-o com uma mão, e o livro maior, que requer ambas as mãos para ser lido. Mas uma das consequências da explosão criativa do livro de bolso no mundo dos livros infantis tem sido a multiplicação dos tipos de forma e de tamanho que eles apresentam, bem como a intenção artística dessas opções com relação à história que contam. Assim, atender à materialização das obras tornou-se uma necessidade para que se possa interpretar adequadamente o que os livros ilustrados pretendem expressar.

A) *O tamanho*

As dimensões de um livro constituem uma das primeiras características por meio das quais os autores propõem experiências de leitura marcadamente diferenciadas. Assim, os livros maiores tendem a favorecer a leitura compartilhada entre várias crianças, uma exploração visual e física que as leva a imergir quase fisicamente nos cenários propostos. Ou também podem ser usados para permanecer na contemplação de grandes espaços, que podem facilmente conter várias sequências narrativas em uma única página dupla.

Quadro 2.3. Grandes livros.

Livros tão grandes que podemos nos imergir neles: *El libro del otoño/ invierno/ primavera/ verano*, de Rotraut Susanne Berner.	Nesta série de quatro livros, desdobramos suas enormes páginas duplas para encontrar uma série de cenários urbanos e rurais nos quais observamos as histórias cotidianas de seus habitantes. O grande tamanho do livro ilustrado convida o leitor a explorar e descobrir em detalhes e exaustivamente cada uma das pequenas cenas que moldam o livro e que evoluem não apenas dentro de cada um dos livros, mas também por meio dos diferentes volumes da série, mostrando como a cidade muda de acordo com a estação do ano indicada no título.
Livros tão grandes que cada uma de suas páginas é uma aventura: *La canción del oso*, de Benjamin Chaud.	Este livro conta a história de um pequeno filhote de urso que corre atrás de uma abelha, e como seu pai urso sai à procura dele. Graças às grandes páginas do livro ilustrado, Chaud convida a nos colocarmos no lugar do pai e procurar o ursinho em um cenário no qual cada página dupla parece uma história própria, graças aos inúmeros detalhes e aventuras mostrados nas páginas.
Livros tão grandes que suas páginas estão repletas de informações diversas: *La memoria del elefante,* de Sophie Strady e Jean-François Martin.	Neste livro, o grande formato é usado para criar uma história que se encontra entre uma narrativa tradicional sobre um velho elefante que se lembra de seu passado e um livro informativo com o qual aprender muitas e variadas coisas sobre o mundo. As enormes páginas permitem que essa coleção de fatos dialogue e coexista no mesmo espaço com a história do protagonista, criando um híbrido perfeito entre um livro de viagem e uma enciclopédia de curiosidades.

Ao contrário, como indica Colomer (2010:205), se os grandes livros tendem a criar uma espécie de distância cinematográfica na qual o leitor obtém informações panorâmicas e superiores às dos personagens, a publicação de pequenos livros parece favorecer a "relação de intimidade com o leitor", de tal forma que, coerentes com essa intenção estética, esses livros podem, por exemplo, propor narrativas na 1ª pessoa, que acentuam a relação afetiva do leitor com os personagens e os mundos que eles contêm. Da mesma forma, edições em miniatura ou coleções de pequenos contos embalados em caixas ou estojos decorativos (como os Minilivros Imperdíveis de Kalandraka ou os Minilivros Ponte Poronte de Ekaré) reforçam no leitor o sentido de posse do livro, como se ele fosse um objeto precioso.

B) *A forma*

Podemos dizer que, tradicionalmente, os livros infantis têm sido publicados em três formas mais ou menos padronizadas de apresentação, que são expostas a seguir:

- *o formato retangular vertical,* considerado como o mais neutro dos formatos em razão do equilíbrio composicional que permite organizar texto e imagem;

- *o formato horizontal retangular ou italiano,* cujo *layout* panorâmico de página dupla facilita o uso como espaço para o desenvolvimento da narrativa ou como uma visão paisagística do cenário;

- *o formato quadrado,* mais novo, que em virtude de sua equidistância e homogeneidade de dimensões facilita a concentração dos elementos representados e, portanto, é muito adequado para livros de poesia ou catálogos, embora às vezes faça uso da página dupla para quebrar a monotonia e enfatizar aspectos concretos da história.

Figura 2.3. Livros que se destacam por suas formas e seus tamanhos.

Entretanto, o formato pode ir além dessas convenções para se tornar um recurso expressivo a serviço da história. Assim, encontramos obras que exageram no uso do formato paisagem da página dupla para enfatizar as longas distâncias percorridas por seus personagens, outras que são extremamente verticais e nos permitem brincar com a ideia de ascensão ou alturas, e algumas que se abrem como um acordeão para que o leitor possa captar a narrativa não apenas com seus olhos, mas também com suas mãos e braços. O Quadro 2.4 é um exemplo de livros nos quais as formas são fundamentais para apreciar e compreender o que está sendo dito:

Quadro 2.4. Livros com formas que contam.

Que forma tem o livro?	Por que ele assume essa forma?
Bárbaro, de Renato Moriconi. Exageradamente retangular vertical.	Neste livro ilustrado sem palavras, as batalhas de um guerreiro são mostradas alternadamente desenhadas nas partes superior e inferior da página. Mas, quando descobrimos, no final, que a história é imaginada por uma criança em um carrossel, percebemos que o formato correspondia à característica de subir e descer do carrossel.
O ladrão de galinhas, de Beatrice Rodriguez. Paisagem retangular exagerada.	Nesta história sobre uma raposa que aparentemente rouba uma galinha de uma fazenda, o formato panorâmico, acentuado pelo uso da dupla página horizontal, revela-se ideal para retratar a perseguição subsequente. As longas ilustrações permitem que os perseguidores e perseguidos sejam reunidos em cada uma das cenas, de modo que a visualização simultânea de ambas as situações molda a leitura do livro ilustrado.
O armário chinês, de Javier Sáez-Castán. Retangular vertical que, quando aberto, se transforma em um livro de paisagem com duas direções de leitura diferentes, se o girarmos.	O armário na capa é vertical, mas a extensão de página dupla transforma o livro em uma narrativa horizontal sobre um misterioso armário que conecta dois mundos paralelos, o vermelho e o azul, e nos pede para "virar" o livro no final a fim de ler suas duas histórias. Assim, um jogo circular é reforçado, com personagens passando de uma história para a outra através do móvel.
O livro inclinado, de Peter Newell. Livro retangular com corte diagonal nas margens superior e inferior, que simula uma inclinação.	A forma peculiar deste livro, que simula a inclinação, é utilizada de modo significativo dentro da narrativa, para enfatizar a história de Bobby, um bebê que anda pelas ruas em seu carrinho enquanto uma série de personagens curiosos tenta resgatá-lo.

A página, a página dupla e a folha

A página do livro – ou a página dupla – é a base física sobre a qual o texto literário ou a composição do discurso ilustrado nas histórias está escrito. Mas também pode ser um recurso expressivo que colabora para a construção de seu significado literário. Isso acontece com muita frequência na sequência de desenhos de livros ilustrados. Um exemplo muito notável desse uso artístico é o da crescente invasão da ilustração até cobrir a página dupla de *Onde vivem os monstros*, de Maurice Sendak, à medida que o menino Max entra naquele espaço interior de libertação selvagem no qual ele cai após discutir com sua mãe, um recurso com o qual o autor pretende representar a distância mental que progressivamente separa o protagonista do mundo real.

Há, no entanto, usos mais radicais do que a transgressão do tradicional espaço comum da página. Por exemplo, no livro ilustrado *O outro lado*, de Istvan Banyai, a volta da página é usada como uma descoberta quase tridimensional, pois o autor usa a frente e o verso de cada página para mudar a perspectiva frontal das cenas ilustradas. Assim, em uma página, vemos uma cena em uma floresta na qual um menino aparece de costas, apoiado no tronco de uma árvore, sem que o leitor consiga entender o que está acontecendo. Entretanto, ao virarmos a página, somos colocados na perspectiva oposta, de modo que descobrimos que o que o menino estava fazendo era procurar seu cachorro, escondido atrás de uma árvore, e que, devido ao ponto de vista anterior, não pudemos ver.

No virar das páginas, encontramos também o uso do papel como material para construir pontes de participação com os leitores e adquirir uma nova dimensão estética e de prazer: das páginas *pop-up*, que se abrem quando são viradas, às sobreposições na aba ou aos vários tipos de corte, como os furos que as ligam. Por exemplo, a sobreposição da aba final altera o resultado de *El ogro, el lobo, la niña y el pastel*, de Philippe Corentin, de modo que ao pensarmos que eles se afogaram com a palavra "Fim" presidindo a página, a aba sobreposta os faz sair do rio tranquilizando, assim, o surpreso leitor. Ou ainda, em *La pequeña oruga glotona*, de Eric Carle, os buracos que aparecem em cada uma de suas páginas mostram os lugares pelos quais a protagonista faminta tem feito seu caminho para a morte até se tornar uma grande e gorda crisálida.

Finalmente, não devemos nos esquecer da dobra que divide os dois lados da página, pois também pode ser usada como elemento construtivo da narrativa. Uma das autoras que mais explorou – e explora – o uso da dobra é a coreana Suzy Lee, que, em *La trilogía del límite*, faz da dobra o eixo central de seu exercício expressivo. Se em *A onda* (Figura 2.4), a folha é usada como uma linha que divide a menina na praia e sua brincadeira com o balanço do mar, em *Sombra* é utilizada para separar a realidade da projeção de sombras feita por seu protagonista em uma peça especular semelhante à produzida em *Espelho*, terceiro livro que compõe a trilogia.

Figura 2.4. *Onda*, de Suzy Lee (2008).

Capas, folhas de guarda e páginas de rosto

Capas, folhas de guarda, páginas de rosto e o restante dos elementos paratextuais que compõem a "embalagem" dos livros também podem ser uma parte relevante do significado geral de uma história. Como afirma Díaz Armas (2006), um leitor acelerado e desatento de *Hay un oso en el cuarto oscuro*, de Helen Cooper, que não presta atenção às ilustrações que aparecem na periferia do texto, perderá muito de seu significado. Nesse livro, temos a história de um menino que expressa o medo de um urso que vive no sótão.

O conflito é resolvido de forma relativamente feliz, pois a mãe, no final, mostra a ele que o urso não é um urso, mas uma ilusão de óptica causada pela pilha de objetos em uma cadeira. Entretanto, há uma sequência de imagens – que encontramos "decorando" a página de créditos e as capas internas – na qual vemos o urso chegar à casa e ir embora dela sem que um narrador negue ou confirme a veracidade dessas cenas; assim, se olharmos apenas o texto e as ilustrações que compõem as páginas e não os outros elementos do objeto livro, é bastante incerto se a versão da mãe é a verdadeira. Ao contrário, deve-se ter em mente que, nos livros infantis, a imagem tende a ser a "verdade" quando rivaliza com o texto.

O exemplo anterior destaca a importância que as "embalagens" de livros podem ter não apenas para estabelecer o tom e o contexto ficcional das histórias, mas também para matizar, contradizer e, em última instância, determinar seu significado. O Quadro 2.5 apresenta uma série de exemplos nos quais os elementos periféricos foram colocados a serviço de múltiplos usos estéticos e expressivos.

Quadro 2.5. Livros com paratextos que contam.

Em que elementos o livro se baseia e por quê?	Como isso pode ser feito?
Osos, de Ruth Krauss e Maurice Sendak. Guardas decorativas.	Neste pequeno inventário rimado de tipos de ursos, as guardas são ilustradas com ursos e girassóis, um uso decorativo consistente com o tema e a estética geral do texto.
A coisa perdida, de Shaun Tan. Capa, página de rosto e guardas que dão forma geral ao livro como um objeto pertencente à história.	Todos os elementos paratextuais ajudam a moldar o mundo fictício. A capa apenas apresenta os personagens principais, mas a contracapa e as capas internas estão repletas de elementos alusivos à narrativa (selos do "Departamento Federal de Censura", um cartão-postal enviado por um personagem referente ao assunto, um bilhete de trem etc.).
Que viene el lobo, de Cedric Ramadier. Contracapa que convida à releitura.	O narrador diz ao leitor como se livrar de um lobo que se aproxima. Depois de fechar a última página, a contracapa diz: "Ufa! O lobo desapareceu! Vamos começar de novo?", de modo que é o próprio livro que encoraja a releitura.
Lobo, de Olivier Douzou. A capa e a contracapa antecipam o final surpreendente da história.	Página por página são descritas as partes do que parece ser um grande lobo mau, que é vegetariano. Entretanto, isso pode ser evitado se o leitor desdobrar completamente o livro, já que a imagem acentuada do protagonista na capa é complementada pela cenoura em sua boca na contracapa.

O novo tema. A literatura digital e suas novas formas virtuais

As narrativas das crianças atravessam qualquer tipo de barreira material e forma de apresentação para se manifestarem em lugares tão diferentes do livro como a televisão, o cinema, o teatro, os *video-games* etc., estabelecendo todo um ecossistema de histórias nas quais as crianças vivem imersas. Entretanto, da perspectiva material do livro como objeto, é particularmente interessante enfocar a literatura digital como a forma mais recente e característica de nosso tempo (Ramada Prieto, 2017). Embora, às vezes, não estejamos cientes disso, como leitores desenvolvemos uma série de conhecimentos e convenções ao longo de nossa vida em torno dos livros, de modo que muitas vezes sentimos que a literatura digital está mais distante do que realmente está.

Uma de suas peculiaridades é a perda de uma forma mais ou menos fixa de referência, como a estabelecida pelo objeto livro. Por mais que, como temos indicado, isso tenha múltiplas formas de apresentação – vertical, pequena, fina, de tecido etc. –, todos os livros compartilham uma arquitetura e elementos comuns que, uma vez aprendidos, facilitam e ajudam o leitor a se sentir confortável e confiante em seu manuseio: sabemos que na lombada sempre encontraremos o título, que as páginas correm da esquerda para a direita ou que as primeiras ou últimas páginas contêm informações sobre a edição.

No entanto, a literatura digital não tem um padrão universal, mas depende do tipo de dispositivo a que se destina – *tablet*, computador, *smartphone*, internet – e até mesmo das meras intenções estéticas de seus criadores – obras que procuram imitar o livro, histórias apresentadas em forma de *videogame* etc., de modo que o resultado final seja totalmente diferente de uma obra para outra. Isso não quer dizer que as funções e informações que os paratextos preenchem nos livros e que vimos neste capítulo desapareçam das obras digitais, significa simplesmente que devemos saber como encontrá-las. A título de exemplo, destacamos o seguinte:

- As obras digitais têm algo parecido com uma capa? Onde encontramos informações sobre os autores e editores?

Não podemos dizer que os ícones nos aplicativos ou na área de trabalho cumprem a função exata das capas de livros, mas eles fornecem uma apresentação literária inicial do que estamos prestes a ler. Entretanto, uma vez que acessamos as obras, praticamente todas elas têm uma tela inicial cuja função é muito semelhante à das capas de livros e das páginas de rosto. É claro que, para acessar essas telas iniciais, teríamos que já ter comprado o livro. Portanto, se você quiser obter algumas informações antes de gastar seu dinheiro, devemos ir a outros espaços, como as descrições detalhadas das lojas de aplicativos dos diferentes dispositivos, onde podemos ver os *prints* de telas, informações autorais etc.

- E se não houver páginas, qual é o meio de escrita das histórias digitais?

A literatura digital, em vez de se registrar na página, o faz na interface. A interface permite aos autores conectar seus livros com os leitores de tal forma que eles possam manipular seu conteúdo, navegar em suas histórias, lidar com seus personagens etc. Da mesma forma que um ilustrador brinca com a composição da página ou um editor modifica o formato de um livro para melhorar sua mensagem, o criador digital pode projetar diferentes tipos de interface de acordo com o que ele quer nos dizer. Assim, há obras cuja apresentação se assemelha ao ato de virar a página dos livros, porque seus autores querem que sigamos o ritmo ordenado das histórias tradicionais; em outras, por outro lado, navegamos livremente pelos cenários para encontrar as narrativas dentro deles. As duas formas têm a mesma validade, e o que devemos fazer é prestar atenção à coerência dessas interfaces com o que elas querem nos dizer.

- Todos sabem como virar as páginas de um livro, mas como você aprende a usar um aplicativo?

Como muitas obras digitais são manipuladas de forma única, elas devem nos ensinar por meio de seu design intuitivo. E se não o fizerem, devem nos fornecer menus de ajuda e tutoriais claros para nos auxiliar. Por exemplo, assim que tocamos a tela de *Spot*, um aplicativo do conhecido ilustrador estadunidense David Wiesner, aparece um diagrama que orienta que a maneira de navegar pelos mundos que compõem a obra é por meio do *"pinch-zoom"*, ou seja, manusear a tela simultaneamente com o dedo indicador e o polegar.

O que as crianças aprendem

Como vimos ao longo do capítulo, a literatura utiliza seu corpo físico ou virtual para circular socialmente, para se destacar no mercado, para adaptar o leitor ao tipo de experiência de leitura que ele está prestes a enfrentar ou também para agregar valor expressivo ao que está sendo dito. O contato das crianças com os livros deve dar atenção a toda essa materialidade que envolve, contém e apresenta a narrativa infantil, e que constitui um aspecto do conjunto de habilidades e competências que as crianças desenvolvem à medida que crescem como leitores.

A primeira coisa que as elas aprendem é a usar os livros, pois eles funcionam como objetos. Esse é um conhecimento que começa desde os primeiros contatos, para que as crianças saibam muito cedo como virar as páginas, que a história não começa na capa, mas que o título do livro está lá ou que se elas o lerem novamente as palavras serão as mesmas, ao passo que isso pode não acontecer nos aplicativos. E, em algum momento, elas devem distinguir por si mesmas que existe um prefácio, que pode ser "pulado" para ir diretamente para a história ou que as atividades de extensão são apenas uma interrupção momentânea da narrativa ou talvez um suplemento final opcional. E, à medida que perceberem a obra como ficção ou tiverem o conhecimento de como a circulação social dos livros progride, poderão localizar os nomes dos autores, o nome da editora, a autoria da tradução, o selo da biblioteca à qual o livro pertence ou até mesmo o ISBN com que um livro brinca, como *El apestoso hombre queso y otros cuentos maravillosamente estúpidos*, de Lane Smith e John Scienszka.

O aprendizado das funções dos paratextos ajuda as crianças a progredir em sua autonomia para selecionar as leituras. Ao compartilhar livros com os adultos, as crianças podem se acostumar a levar em conta informações paratextuais, a fim de criar expectativas mais alinhadas com o trabalho, aterrissando harmoniosa e suavemente nos textos e evitando algumas frustrações. Trata-se, portanto, de incorporar o hábito de levantar os prós e os contras do livro, formulando hipóteses rápidas e apropriadas partindo dos título, do design de capa, pertencentes a coleções, conhecimento prévio de autores e ilustradores etc. No caso dos textos digitais, o funcionamento variado das interfaces de cada obra desse *corpus* torna ainda mais relevante o contato com diferentes propostas, de modo a garantir um conhecimento heterogêneo de suas possíveis exigências manipuladoras.

A importância mais sofisticada e qualitativa dos paratextos reside no fato de que, se, como já assinalamos, a evolução artística dos livros infantis incluiu os paratextos em seus recursos expressivos, o leitor também deve incluí-los em sua ação interpretativa. Portanto, o leitor deve acostumar-se a explorar se o desenho material dos objetos literários tem algo que ver com a história que está sendo contada. Porque, se assim for, eles não podem perder o que contam.

Finalmente, a atenção da escola aos paratextos pode ajudar as crianças a estarem cientes das estratégias comerciais dos editores, para que elas possam decidir o que querem ler da forma mais livre possível. O leitor crítico deve começar a ser um leitor crítico a partir do momento em que entra em uma livraria e, como em qualquer ato de decisão do consumidor, também artístico, reconhece a ampla gama de recursos publicitários que, nesse caso, povoam a embalagem dos livros.

Atividades de aprendizagem

1. **O design de uma coleção**. Na primeira seção do capítulo nos referimos ao fato de que a aparência externa de uma coleção literária geralmente contém uma série de elementos de design que permitem que ela seja facilmente identificada para poder deduzir o tipo de obras que contém. Propomos que você se coloque no lugar de um editor e projete sua própria coleção de livros com a qual, partindo de sua aparência externa, você possa orientar o público quanto ao tipo de obras que ela vai conter. Para isso, dê uma olhada nas coleções existentes, visitando alguns sites editoriais para coletar ideias. Então, terá que tomar algumas decisões como as seguintes:

   – Decidir o tipo de coleção: será uma coleção destinada a determinada faixa etária, uma coleção de um gênero particular ou de um tema particular, como livros para brincar na banheira, histórias silenciosas, histórias sobre gatos, histórias sobre um personagem, histórias de diferentes países?

- Dar um título e desenhar um logotipo. O título não só deve refletir o espírito da coleção, mas também ser facilmente reconhecível e lembrado. O logotipo também deve estar de acordo com isso e ser de fácil identificação visual.

- Desenhar um formato e materiais de acordo com a coleção. Serão livros de bolso? Serão em capa dura ou em brochura? Grandes ou pequenos? Todos eles terão um número semelhante de páginas e haverá uma forma comum para todos eles? Que materiais serão usados para os livros?

- Com o formato em mente, você deve pensar na aparência externa que dará à coleção, para que o leitor possa facilmente reconhecê-la e ser guiado da forma descrita anteriormente. Terá uma cor identificadora? Será uma coleção numerada? Onde você colocará o logotipo e o nome da coleção? Que desenho e informação terá a lombada dos livros? Que tipo de informação haverá na contracapa? Haverá um modelo para imagens da capa de todos os livros em termos de cores, ilustração, fotografia etc.?

- Criar um livro partindo de sua coleção, seja como imagem ou como objeto. Feito isso, coloque-o em uma exposição e veja se ele se destaca. Entregue-o a um leitor e verifique se ele o orienta.

2. **Uma exposição sobre a variedade de formatos.** A fim de refletir sobre a enorme diversidade do design que se reflete no mundo da literatura infantojuvenil atual, propomos que você monte uma exposição baseada nos livros de qualquer biblioteca.

Organize a exposição diferenciando-os conforme critérios como o tamanho (grande, pequeno, minúsculo, gigante...), o material de que são feitos (pelúcia, papelão, tecido, plástico...), as formas de que são feitos (vertical, horizontal, recortado, redondo...), o tipo de manipulação que eles exigem (livros dobráveis, livros cortados, livros com tiras combináveis, livros *pop-up*...). Para cada categoria, escolha um livro em que essa característica externa esteja relacionada ao que é dito no interior e argumente por que é esse o caso.

3. **Buscando através da embalagem digital.** Ressaltamos que a diversidade de formatos na literatura digital infantil pode dificultar o encontro das informações que os livros oferecem em suas embalagens (editora, título, autores etc.) e que ajudam a contextualizar a leitura, bem como a estabelecer hipóteses prévias com as quais nos adaptamos a ela. Portanto, encorajamos você a procurar esses elementos no livro da web chamado *A Duck has an Adventure*, de Daniel Merlin Goodbrey, e a refletir depois com perguntas como as seguintes:

    – O que você diria sobre a capa deste livro? Considerou fácil encontrar o nome do autor? Quem você acha que o publicou? Você acha que o livro tem um índice? Qual é o número de páginas? Como o livro o ajuda a saber onde você está em sua leitura? Quando você sabe que terminou de lê-lo?

4. **Aprendendo a lidar com a literatura infantojuvenil digital.** Outra das questões complexas da literatura digital é que as manipulações que suas obras exigem são muito diferentes umas das outras. Por essa razão, propomos que você compare duas obras

muito diferentes para que possa perceber que esses tipos de ação são necessários para lê-las e apreciá-las.

– Se você tiver oportunidade, compare estes dois aplicativos para iPad: *El visitante incómodo*, de Moving Tales, e *Spot*, de David Wiesner, e observe as diferenças de navegação. Qual deles oferece o manuseio mais similar à impressa? Que tipo de dificuldades cada um deles apresenta? Coloque-se no lugar do leitor infantil para antecipar possíveis problemas que possam surgir no encontro entre os novos leitores digitais e esse tipo de texto. Não se esqueça de refletir sobre a relação entre o desenho externo das obras e seu significado literário e estético.

– Compare também o design e o tipo de manuseio nos dois livros indicados a seguir na internet para continuar a reflexão sobre os conhecimentos que devem ser adquiridos para evitar que o uso de objetos literários digitais se torne algo desconfortável ou frustrante. Da mesma forma, discuta a relação entre a forma externa e o que nos dizem as duas obras.

Inanimate Alice, de Kate Pullinger e Chris Josephs

The Empty Kingdom, de Daniel Merlin Goodbrey

Para saber mais

Castagnoli, A. (2016): *Manuale dell'illustratore. Come pubblicare álbum per bambini*. Milão: Editrice Bibliografica.

Manual para ilustradores, no qual, entre outras coisas, Castagnoli revê de forma clara e estruturada as partes físicas das quais um livro ilustrado é composto.

"El objeto libro". *Fuera [de] Margen. Observatorio del álbum y de las literaturas gráficas*, Zaragoza, n. 19, out. 2016-mar. 2017.

Edição da revista especializada em literatura gráfica *Fuera [de] Margen*, com foco na análise e reflexão sobre o livro como objeto material. Contém tanto artigos informativos como outros mais específicos, nos quais autores e obras são estudados em detalhes.

Garralón, A.: "El libro como objeto (y cinco libros increíbles)". *Anatarambana. Literatura infantil*. Web.

Blogue da especialista Ana Garralón no qual, por meio de cinco exemplos, ela ilustra o uso do livro como um objeto artístico em si mesmo, aproveitando ao máximo sua materialidade.

Istvansch. "Libros-objeto y dibujo con papel y tijera". *Istvansch*. Vídeo do YouTube.

Um vídeo ilustrativo e leve do autor argentino Istvansch, no qual ele nos mostra o processo criativo de uma história em que os materiais físicos são muito importantes. O vídeo também apresenta o ilustrador narrando uma de suas obras.

Juan Cantavella, A. "La cosa perdida, leyendo en los márgenes". In: *La coleccionista*. Web.

Artigo de blogue da especialista Anna Juan Cantavella que analisa o livro ilustrado *A coisa perdida*, de Shaun Tan, mencionado no capítulo, com base no significado de que sua materialidade externa contribui para o significado geral da obra.

3.
A circulação cultural das obras

Qualquer conto popular é um bom exemplo de como os livros são divulgados de múltiplas formas ao longo do tempo. Por serem os mais antigos e diversificados, eles permitem contemplar a máxima circulação possível dos contos, nesse caso desde o nascimento oral, sua difusão por meio de milhares de narradores anônimos, sua fixação escrita por autores específicos, sua imediata proliferação de traduções, versões e adaptações – envolvendo imagens e outros elementos editoriais –, que se mantém viva hoje como uma obra impressa, sua passagem para outros gêneros, como o teatro e as canções, assim como sua mais recente transferência para todos os tipos de telas pelas indústrias audiovisuais. Podemos acrescentar a isso sua passagem para outras esferas, como sua presença em menções publicitárias ou sua extensão a *gadgets* e objetos como bonecos, brinquedos, material escolar, doces ou fantasias. Foi o que aconteceu, por exemplo, com Cinderela.

Quadro 3.1. A história da Cinderela em todos os gêneros e formatos.

- *Cinderela* aparece como um conto oral transmitido dessa forma por séculos, em múltiplas versões e em muitas partes do mundo.

- Giambattista Basile escreveu e publicou uma versão do conto oral (na Itália, 1634).

- Charles Perrault escreveu uma versão do conto oral, dirigida a um público jovem, que era muito conhecido, e sobreviveu até os dias de hoje (na França, 1697).

- Nos séculos XIX e XX, os folcloristas coletaram e escreveram outras versões orais. A mais difundida é a dos irmãos Grimm, dirigida às crianças (na Alemanha, 1812).

- Walt Disney fez uma adaptação cinematográfica de desenhos animados (nos Estados Unidos, 1950) e, a partir de então, têm surgido muitas outras versões audiovisuais para o cinema e a televisão.

- A história tem sido amplamente apresentada no teatro infantil de todos os tipos (marionetes, apresentações de atores, musicais etc.).

- Os autores de literatura infantil escreveram e ilustraram muitas adaptações e versões do conto de fadas escrito por Perrault e pelos irmãos Grimm, mesmo em histórias sem palavras ou em formato de quadrinhos.

- A história tem muitas adaptações para áudio, aplicativos ou *videogames*.

As histórias tradicionais mais difundidas seguiram o mesmo tipo de itinerário até que chegaram à variada oferta de nossas sociedades tecnológicas e de consumo. Mas as obras infantis modernas seguiram outras rotas, embora mais curtas, para chegar ao mesmo lugar. *Peter Pan*, de J. M. Barrie, por exemplo, foi uma peça de teatro antes de se tornar um livro; *As aventuras de Pinóquio*, de Carlo Collodi, apareceu em versículos em uma revista antes de ser publicado como um volume; a série *Las tres mellizas*, de Roser Capdevila, foi um livro antes de se tornar uma série de desenho animado de TV, enquanto *La reina de los colores*, de Jutta Bauer, tomou precisamente o caminho oposto; o personagem Snoopy, de Charles Schultz, nasceu na tirinha

Peanuts; *Manolito Gafotas*, de Elvira Lindo, foi feito em um programa de rádio; e *Los fantásticos libros voladores del Sr. Morris Lessmore*, de William Joyce, surgiu como um curta-metragem animado, que levou primeiro ao aplicativo e depois ao livro.

É assim que circulam as obras, pulando através de traduções, adaptações, versões e mudanças de formato para formar uma parte importante da produção cultural destinada às crianças, na qual as inter-relações entre livros, filmes, jogos, publicidade, brinquedos e telas são cada vez mais intensas. Isso se deve, sem dúvida, às características atuais da produção e do mercado, mas talvez também à natureza da situação comunicativa de "contar uma história às crianças", onde o contador de histórias se sente muito livre para transformar a história com o que quer que esteja à mão, a fim de surpreender, divertir e entreter o público infantil o máximo possível.

No entanto, todas essas ficções destinadas às crianças sempre se movem em um espaço limitado por duas coordenadas: o que se considera compreensível e apropriado para elas. Quando são feitos julgamentos como "eles não vão entender isto", "isto é para crianças mais velhas" ou, simplesmente, "isto não é para crianças", estamos decidindo mentalmente se o trabalho se enquadra conforme esses dois parâmetros. Os parâmetros variam com o tempo, pois o que se considera fácil ou difícil de entender – como a abundância de descrições ou os finais abertos – ou o que se considera inadequado para um livro infantil – como falar sobre sexualidade – é sempre estabelecido em relação às coordenadas artísticas e morais da época.

Em resumo, os livros são produtos criados e incluídos em séries específicas (tipo de obra, formato, coleção, público etc.). Eles são distribuídos no mercado e circulam socialmente por diferentes canais (livrarias, bibliotecas, escolas, teatros, telas, redes sociais etc.). Estão ligados a instâncias que os divulgam e promovem, contribuindo para sua permanência cultural ao longo do tempo e através das sociedades. Dependendo da duração do tempo, ou se a obra surge com uma grande implantação no mercado, as narrativas serão mais ou menos propensas a sofrer processos de transformação (tradução, adaptação de seus valores ou formas de narração, mudanças no formato etc.). Neste capítulo, analisaremos algumas dessas vicissitudes.

Traduções e adaptações

Uma boa parte da produção literária que consumimos ao longo da vida foi originalmente escrita em uma língua estrangeira e nós a conhecemos por meio do trabalho do tradutor. No caso das obras clássicas, pode acontecer que decidamos conhecê-las por intermédio de adaptações que modernizaram sua linguagem, ou que as encurtaram e agilizaram, a fim de torná-las mais fáceis de ler para alcançar um público mais amplo.

Os livros infantis também têm muitas traduções, e o fenômeno da adaptação é de particular importância nas obras destinadas a esse público. Portanto, a avaliação da qualidade da tradução ou adaptação é uma prática essencial para os mediadores. Porque é importante saber se oferecemos o prazer da palavra e a experiência literária de tal obra ou se nos limitamos a dar-lhes "algo semelhante", basicamente no que diz respeito à trama. Desse modo, é recomendável realizar alguns testes de confiabilidade da tradução, como os seguintes:

1. Nos créditos da obra, aparece o nome da pessoa que traduziu ou adaptou o texto. Se não for esse o caso, tenha cuidado, pois

geralmente significa que se trata de um trabalho sem relevância, feito pela própria editora.

2. Quando lemos o texto, não percebemos o tempo todo que é uma tradução ou adaptação: ele está bem escrito e a linguagem não só é correta, mas soa natural.

Podemos observar, por exemplo, se aparecem reviravoltas linguísticas no idioma-alvo, se foram procuradas equivalências para os jogos onomatopeicos ou rimas do idioma original etc. No caso seguinte, por exemplo, podemos observar que o tradutor procurou um nome semelhante para o personagem, mas não respeitou a rima do texto original e perdeu a musicalidade:

Oscar Gets the Blame / La culpa es de Óscar, de Tony Ross	
When Oscar talks about Billy, his mum and dad say, "Don't be silly".	Quando Óscar fala de Guille, sua mãe e seu pai dizem: "Não seja estúpido".

Se você conhece o idioma original, pode comparar trechos para verificar a qualidade. Às vezes, é possível encontrar textos originais on-line, ou olhar a tradução na livraria, se estiver em dois idiomas oficiais e o livro for uma tradução de um deles.

3. O texto é completo e rico, tem a beleza da linguagem literária e não oferece apenas um resumo pobre e simplificado da história. Vejamos um exemplo disso em quatro versões diferentes do início da *Blancanieves*. Também vale a pena observar de que maneira os autores são indicados, como se observou no item 1, anteriormente.

Era uma vez, no meio do inverno, flocos de neve que caíam do céu como penas. Sentada em uma janela com moldura de ébano, uma rainha cosia.

> Enquanto cosia e olhava para fora, picou o dedo com a agulha e três gotas de sangue caíram sobre a neve. E tão bonito era o vermelho na neve branca que a rainha disse para si própria: "Se eu tivesse uma criatura tão branca como a neve, tão vermelha como o sangue e tão preta como a madeira da janela!"
>
> (Jacob e William Grimm. *Branca de Neve e os Sete Anões*. Versão em espanhol de Felipe Garrido. Asuri)

É uma adaptação muito fiel do original de Jacob e William Grimm.

> Há muitos anos, em um dia de inverno, a rainha Rosabel costurava diante da janela. Sem perceber, espetou o dedo e gotas de sangue caíram sobre a neve. Naquele instante teve um desejo. — Eu queria ter uma filha de pele branca como a neve, lábios vermelhos como o sangue e cabelos louros como o ouro.
>
> (*Blancanieves y los siete enanitos*. Súria)

É uma adaptação simplificada na qual a relação entre as ações da sequência se perde, o que, de qualquer forma, deve ser inferido: é o contraste do sangue sobre a neve que dá forma ao desejo da rainha e ela é picada quando se distrai com a beleza da neve. O elemento da moldura preta é ocultado, de modo que, de repente, aparece um cabelo louro que já não emerge da imagem criada no original, mas de um estereótipo de beleza. A sensação temporária de calma da cena também se perde, com os flocos caindo como penas e a rainha costurando, assim como a concretude estética das três gotas de sangue, da mesma forma que personalizar a rainha com um nome não parece valorizar a história, pelo contrário, desvaloriza o tom tradicional.

> Era uma vez um rei e uma rainha que tiveram uma linda filha que se chamava Branca de Neve.
>
> (Luz Orihuela. Adapt. *Blancanieves*. Combel)

Essa adaptação mergulha de cabeça na trama, pulando toda a parte sobre o desejo de uma criança (um motivo literário tradicional), subtraindo o poder da cena de abertura e as características da menina que vai nascer e que justifica o nome Branca de Neve. Sem dúvida, pretende-se encurtar o texto para adaptá-lo às crianças mais novas. Mas a menor idade não pode significar menor qualidade, privando os textos de sua elaboração artística. Assim, em contraste, podemos ver outra versão dedicada às crianças pequenas, na qual a história é oferecida como um resumo do texto a ser contado pelo adulto. Para isso, o texto é abreviado e a oralidade é intensificada, mas os elementos essenciais estão muito presentes:

> Nevava. Uma rainha, enquanto cosia, espetou o dedo: três gotinhas de sangue sobre a neve! Pareceram-lhe tão bonitas, que a rainha pensou: "Adoraria ter uma filha branca como a neve, vermelha como o sangue e preta como a moldura da janela".
>
> (J. e W. Grimm; E. Valeri. Adapt. *Blancanieves*. La Galera)

Não são apenas os mediadores que devem prestar atenção à tradução e à adaptação. Uma vez que condiciona tanto a forma como as obras chegam às nossas mãos, as crianças também deveriam saber disso. Portanto, elas podem ser convidadas a prestar atenção a essas questões. É o que acontece nas seguintes conversas de crianças, de 8 e 10 anos respectivamente, sobre dois livros nos quais os tradutores tomaram decisões opostas: para manter os nomes originais ou para mudá-los:

> Professora: Vocês sabem como dizer mirtilos em inglês?
>
> Pere: Eu sei que em inglês *mirtilos* é *blueberry*.
>
> Professora: Sim, é isso mesmo.

Arnau: Bem, o título em inglês deve ser *Blueberries for Bel.*

Professora: Não, eu procurei na capa para preparar as atividades e vi que em inglês era *Blueberries for Sal.* Por que é que o nome do personagem principal não é o mesmo?

Maria: Porque aqui o Sal poderia ser comida.

Berta: Deve ser o Sal de Sally e aqui Bel de Isabel. Eles são mais curtos e devem ter procurado um que também seja curto, mas daqui.

Professora: O que vocês acharam dos personagens?

Dani: Para mim, têm nomes muito estranhos.

Professora: Sim, bem, mais do que estranhos, talvez seja difícil pronunciá-los.

Carla: Por que eles não são como os que têm aqui?

Raquel: Porque são sempre os mesmos nomes, porque eu não acho que ele seja um escritor catalão.

Professora: Não, ele não é catalão. É finlandês.

Dani: Ah, então, se muitas crianças lerem o livro, todos poderemos falar sobre os personagens.

Versões e mudanças de formato

Há uma longa tradição crítica que valoriza versões e adaptações a partir do discurso da fidelidade. Nessa perspectiva, a adaptação perde sempre em relação ao original e é descrito com os termos infidelidade, traição, banalização ou vulgarização. Entretanto, as adaptações também podem ser pensadas como estendendo o original a novos públicos ou tornando as obras possíveis em novos formatos que estabelecem um diálogo entre os dois textos; e as versões dialogam com o original para expressar novas intenções das obras, de modo que possam ser consideradas leituras, interpretações e reescritas respeitáveis dos novos autores, especialmente se transferirem os recursos de um gênero ou formato para outro (Stam, 2005). No campo da literatura infantil, ambos os fenômenos são especialmente perceptíveis. Muitos autores adaptam ou reinterpretam contos populares e clássicos infantis para acrescentar novos significados a eles por meio da ilustração ou modificação do texto. É o que faz Ana Juan em *Branca de Neve*, sua versão particular da Branca de Neve:

> Quando Lady Hawthorn se espetou com a agulha do seu chapéu e viu o sangue derramado na neve, desejou que o filho que esperava fosse uma menina; vermelha como o sangue e branca como a neve. Uma filha para acompanhá-la na solidão.

No caso da utilização de outro formato, as mudanças são inevitáveis, já que o objetivo é encontrar recursos no novo formato para expressar o que foi feito no original por meio dos antigos. Pode até acontecer que os recursos encontrados na nova versão sejam melhores do ponto de vista artístico do que os da obra original. Foi provavelmente o que aconteceu com o filme musical *Mary Poppins* (1964), de Walt Disney, tão conceituado em seu gênero audiovisual que eclipsou o livro de Mary Travers (1933) do qual foi extraído.

Mas também pode ser que versões em novos formatos não apenas mudem para acomodar novas regras e recursos, mas também introduzam ajustes para se adequarem a um público diferente ou para se moverem para um tipo diferente de mercado, a ponto de o significado original ser diluído ou desaparecer. Esse ponto levou, por exemplo, a debates acalorados sobre as versões de contos populares da indústria de desenhos animados da Disney. Muitas vozes acusaram essa indústria de adulterar os motivos literários e as mensagens implícitas de histórias passadas através de séculos de contos orais, e de arruinar as versões de tradição oral de muitas literaturas diferentes em favor de uma versão única, universal e padronizada. Outras vozes defenderam as versões cinematográficas destacando a inovação e o domínio dos recursos audiovisuais utilizados pela Disney, bem como seu senso de espetáculo para fascinar efetivamente o público. Vejamos um exemplo dessas transformações:

A Pequena Sereia. História de Hans Christian Andersen (1837).

- O conflito da história é que uma sereia, atraída pelo mundo humano e externo, sente o desejo de transcender como eles: ela quer ter uma alma que assegure sua imortalidade.

- A trama se desenrola através de várias cenas que relacionam os esforços da sereia para alcançar seu objetivo. Seu desejo é realizado quando ela encontra o príncipe. A avó e a bruxa lhe dizem que a maneira de ter uma alma é conseguir o amor humano e que, se ela não conseguir, morrerá. A sereia assume o preço e a dor do processo, com a perda de suas características de sereia (a voz como pagamento e a transformação da cauda em pernas, com grande dor). Em sua nova forma, ela sobe à superfície, mas é substituída por uma mulher real no coração do príncipe (um motivo folclórico). Ela tem uma última chance: se matar o príncipe, conquistará sua alma.

- A história se encerra com a renúncia da sereia à sua salvação por amor e sua conversão em espuma. Um final típico de um conto romântico, como os tempos exigiam. Mas Andersen, preocupado com o público infantil, acrescenta um segundo final esperançoso: como recompensa por seus esforços, a Pequena Sereia ascende ao mundo do ar e poderá continuar sua ascensão ao mundo humano para obter, talvez, uma alma.

(Continua)

> *A Pequena Sereia. Filme de Walt Disney (1989).*
>
> - O conflito central sobre a transcendência desaparece, assim como a estratificação do mundo aquático, aéreo e humano de acordo com seu tempo de vida. Torna-se uma história de amor, o eixo de um conto de aventura, que divertirá o público, assim como o realismo cotidiano das crianças, o que facilitará a identificação mimética do público infantil, enquanto elementos humorísticos são introduzidos com essas mesmas intenções.
>
> - Para se transformar em uma aventura, a bruxa passa de doadora a adversária malvada ativa, que rivaliza com o pai da Pequena Sereia pelo poder do mar, e são introduzidas cenas secundárias de suspense, como a luta com o tubarão.
>
> - A fim de se tornar uma história cotidiana, são incluídos confrontos entre pais e filhos e reações psicológicas infantis, como a briga entre pai e filha, que leva a Pequena Sereia à transgressão.
>
> - O final é feliz: o desejo é realizado.
>
> - Uma transformação mais incomum é o acentuado sexismo do filme, no qual o protagonismo, na verdade, é transferido da Pequena Sereia para o pai, de modo que toda a aventura configura apenas um pretexto para a rivalidade de poder, a qual é também encerrada pelo pai, que, afinal de contas, poderia ter concedido a mudança da Pequena Sereia, sem mais delongas.

Além dessas diferenças narrativas, há a perda de motivos literários, imagens poderosas e riqueza descritiva do conto. Seria possível argumentar que esses elementos devem necessariamente ser transmitidos por meio dos recursos audiovisuais equivalentes. Entretanto, a perda da riqueza simbólica é muito clara: por exemplo, não há dor no processo de mudança (aqueles pés que doem como se tivessem facas presas neles enquanto andam), o despojamento das características da sereia (voz, cauda e cabelo) perde sua conotação, ao passo que, ao contrário, os estereótipos são utilizados no personagem ou em seus movimentos físicos (a sereia adolescente que se separa do cabelo) ou nas imagens (aquele pôr do sol romântico, aquele arco-íris).

Por todas essas razões, pode-se dizer que, nesse caso, a história – esculpida de forma milimétrica e requintada para expressar o desejo humano de transcender o que se é – foi banalizada, tornando-se uma simples história de amor e rebelião juvenil como tantas outras, construída com base no estereótipo do mundo cotidiano; embora não haja dúvida de que o faz em favor de um espetáculo atraente de luz, movimento e música, cheio de suspense, aventura e humor para entreter um público muito amplo.

O circuito cultural das obras

As obras de maior sucesso provavelmente acabarão se movendo entre traduções, versões e formatos. Esse movimento que acabamos de ver implica mudanças que, se apreciadas, ajudam a compreender as inter-relações do fenômeno literário. Mas, de uma perspectiva mais geral, podemos dizer que qualquer obra segue o caminho que a leva de sua criação e produção editorial às mãos de um leitor. É um caminho que as crianças começam a descobrir ao estabelecer que as obras e seus personagens não são reais como pensam inicialmente, mas que alguém os inventou, ilustrou e editou. Ou o fazem quando se familiarizam com os lugares em que se encontram os livros. Ou assim que começam a utilizar diferentes fontes de orientação em sua leitura. Portanto, indicaremos a seguir alguns dos agentes sociais envolvidos nesse itinerário.

A produção das obras

Uma vez que a obra ou seu projeto tenha sido criado pelos autores, os editores começam a tomar decisões importantes sobre seu projeto, produção e comercialização. Os leitores adultos estão mais ou menos conscientes disso, mas é algo que se aprende implícita e progressivamente. Introduzir o tema na conversa sobre livros pode tornar as crianças conscientes de que as decisões editoriais às vezes se relacionam com o significado da obra e quase sempre com sua comercialização. Dessa forma, elas aprofundam sua interpretação de leitura, aumentam seu conhecimento do circuito literário e se tornam participantes mais competentes no mercado cultural.

Eles podem descobrir, por exemplo, que um livro ilustrado às vezes começa como um documento digital de texto, sem qualquer divisão em unidades sequenciais ou sem estilo tipográfico determinado. Ou que, se partir apenas de um texto, será necessário um longo processo de busca do ilustrador mais adequado e do tipo de ilustração, seguido da modificação dos primeiros esboços dos personagens, testes de composição de imagens e texto em página e página dupla, resoluções sobre o tamanho e a forma do livro, sobre seus vários paratextos ou sobre seus possíveis canais de comercialização.

Nos exemplos a seguir podemos ver que o julgamento de crianças de 9 e 10 anos sobre livros é enriquecido pela perspectiva de um leitor que conhece o circuito pelo qual as obras transitam, sabe quem é o responsável pelo quê e que nuances de significado essas decisões podem trazer:

> Marta: Eu pensei que com o que Irene (editora) nos disse sobre *¡Vamos a ver a papá!*, eu acho que em *¡Vamos a cazar un oso!*, eles

o fizeram muito melhor porque um urso é grande e por onde ele passa é muito grande e em um pequeno livro como este... nós não pensaríamos que era uma floresta ou um campo.

Sonia: Ah, bem, em *Mi gatito es el más bestia*, tenho certeza de que é por isso que eles o fizeram grande também.

Ivan: Sim, e talvez seja também por isso que as pessoas que decidiram *A onda* a tornaram tão longa, porque fala sobre o mar... para que você pense que está no mar. Foi também Irene?

Professora: Não, Ivan, *A onda* é de outra editora, mas certamente foram também os editores que pensaram no melhor formato para criar a sensação do mar de que você está falando.

Noa: Acho que este livro (*Concierto para escalera y piano*) é vertical e estreito porque as escadas geralmente são assim e acho que foi por isso que os editores o desenharam dessa forma.

David: Desta editora, eu realmente gosto do fato de que no final de cada história ele tenha colocado a lição do que acontece. Isso me deixou feliz.

Valeria: Penso que, neste caso, não foi a editora que decidiu.

Professora: Talvez não.

Valeria: Aqui foi o autor, porque é uma fábula, mas às vezes a editora pede.

Onde moram os livros

Um leitor sabe onde encontrar novas obras impressas ou digitais, bem como os passos específicos a serem tomados para acessá-las. Mas as crianças inicialmente desconhecem que as bibliotecas têm um catálogo de obras, emitem um cartão de usuário ou fazem reservas de títulos; elas também desconhecem que as livrarias não organizam os livros aleatoriamente nas prateleiras e nos expositores, que as obras podem ser manuseadas e folheadas, ainda que discretamente, ou encomendadas, até que tenham tido mais experiências que permitam se movimentarem facilmente nesses ambientes. Uma razão que nos impede de ir a um lugar é a insegurança de não ter estado nele antes e não saber como transitar. Portanto, um dos objetivos da escola é quebrar essa barreira e familiarizar os futuros leitores com ambientes literários que poderão utilizar fora da instituição escolar e ao longo de suas vidas.

Quadro 3.2. Atividades de relacionamento entre a escola e o meio ambiente.

Livraria	Visita à livraria para conhecer como ela é organizada e como funciona; compras de acordo com as necessidades escolares atuais; participação em seu programa de atividades, tais como contato com os autores etc.
Biblioteca	Visitas à biblioteca para observar como ela se organiza e como funciona; associação da escola com famílias para incentivar suas visitas e a obtenção de cartões de usuário; acordos de empréstimo à escola de catálogo extenso; uso de seus guias de leitura específicos ou até mesmo solicitar um guia específico; consulta do site da biblioteca; participação em seu programa de atividades, tais como exposições, contação de histórias, clubes de leitura etc.
Lojas on-line	Visitas às diferentes lojas virtuais que vendem livros infantis em forma de aplicativo, para que possam ver como cada loja está estruturada, encontrar obras pelas quais se interessem e como extrair a informação relevante de cada uma deles antes da compra.
Teatro	Assistir à apresentação de espetáculos teatrais baseados em livros infantis; observação da programação do teatro; processo de aquisição de ingressos etc.

(Continua)

Feiras e exposições	Participação em feiras e exposições de livros infantis; participação em atividades programadas; informação às famílias para estimular essas práticas.
A web	Frequente uso da web para acessar obras, ilustrações áudios, assim como para obter informações sobre autores e obras; uso da web da escola para divulgar para a comunidade escolar e familiar as obras e atividades literárias realizadas, assim como para fazer trocas com outras escolas etc.

A direção das indicações

Ao longo da vida, os leitores recorrem a fontes de orientação para escolher sua leitura partindo da imensa produção atual de obras de ficção. Eles também se aprofundam nas obras, contrastando sua própria leitura com a de outros leitores. O poeta e estudioso W. H. Auden (1962) resumiu o que o leitor espera da crítica literária na lista a seguir:

- Apresentá-lo a autores desconhecidos.
- Convencê-lo de que ele desdenhou injustamente de um autor ou uma obra porque ele não a leu com cuidado suficiente.
- Mostrar-lhe relações entre obras de períodos e culturas diferentes que nunca teria notado por falta de conhecimento.
- Oferecer-lhe uma interpretação da obra que aumente sua compreensão dela.
- Esclarecer o processo de criação artística.
- Explicar a relação entre arte e vida, ética etc.

Os três primeiros desses "serviços" prestados exigem que os especialistas tenham um conhecimento maior das obras e dos autores do que aquele que os leitores têm; os três últimos exigem que os especialistas tenham maior competência interpretativa. Isso é exatamente o que as crianças esperam de seus professores e mediadores a fim de progredir em sua leitura.

Nos primeiros anos, os livros são, em sua maioria, escolhidos por adultos e, portanto, são os adultos que podem tirar proveito das várias instâncias de orientação. No entanto, as crianças começam muito cedo a participar da escolha dos livros e gradualmente se tornam mais autônomas em suas escolhas. Tanto os mediadores quanto os leitores infantis podem escolher os livros de acordo com seu julgamento, com base nos paratextos das obras, que discutimos anteriormente, ou com base em conselhos de vozes mais ou menos próximas ou profissionais. Vejamos alguns deles:

1. *As recomendações em revistas e sites especializados* são uma das fontes mais confiáveis para se orientar na produção. Elas vêm em muitas formas, de blogues de mães recomendando livros para seus bebês a sites de grupos de pesquisa universitários. Portanto, devemos decidir quais são as fontes mais úteis e confiáveis.

   Diferentemente da literatura para adultos, são raras as resenhas extensas de livros infantis. É comum que revistas e sites especializados realizem uma tarefa de peneiramento, destacando apenas os títulos mais recomendáveis, e o façam por meio de um breve texto que visa situar o tipo de trabalho em questão, bem como seus aspectos específicos mais notáveis. É o que faz o primeiro exemplo abaixo, enquanto a segunda resenha pertence a um dos poucos sites especializados da Espanha que inclui uma análise de livros que não são particularmente recomendáveis:

O que você recomenda?

"*Piratas del mar helado*, de Frida Nilsson, chega rodeado de grande sucesso nos países nórdicos, com vários prêmios concedidos. Em nossa opinião, eles são bem-merecidos, pois esse é um livro de aventura que terá um lugar permanente nas estantes e, sem dúvida, também encontrará seu caminho para as telas.

O tabuleiro de jogo é o mar congelado do título e as pequenas ilhas onde navegam os poucos habitantes, bem como o navio pirata que rapta crianças para trabalho infantil. É um cenário de aventura, um mundo extremo, de um branco deslumbrante, onde pequenos grupos de caçadores e pescadores sobrevivem de forma harmoniosa na natureza, apesar de tudo. Um cenário completamente exótico para nossos olhos mediterrâneos e pós-industriais, que se torna uma das graças do livro. O personagem principal é uma menina que vai em busca de sua irmãzinha raptada, com a previsível viagem de iniciação pelo perigo, frio e fome; com um fio narrativo – a investigação e o confronto com os piratas – intercalado com episódios bem definidos que têm uma entidade própria: a estadia com a mulher caçadora de lobos brancos, a permanência na casa do menino que alimenta uma ave pescadora para escapar da pobreza, a temporada com o menino-sereia... tudo uma excelente construção de ritmo, emoção e coerência narrativa, assim como a criação de personagens incomuns e atraentes. A naturalidade do tratamento do gênero é notável, pois as relações entre os dois sexos estão livres de reivindicações aparentes, de modo que a mensagem de igualdade de possibilidades e diferenças individuais é mais eficaz.

Um trabalho com um tom clássico, mas com uma narrativa moderna em termos de estilo narrativo visual e direto, atenção aos aspectos psicológicos e aos valores subjacentes. Uma obra que deixa uma sensação de solidez narrativa e limpeza moral, inteiramente adequada para a leitura coletiva na escola e no final da infância. Saber que tudo o que você faz tem consequências, e que você tem que agir honesta e corajosamente sobre isso."

(Recomendação do portal Gretel: www.gretel.cat)

Como é este livro?

"*La llave*, por Susana Peix. Fernando é o melhor serralheiro do reino. Um dia, três soldados entram em sua oficina: ele deve ir ver o rei, que tem fama de autoritário, pois precisa de uma chave para abrir a jaula dourada onde o coração da princesa está trancado. Se ele não a encontrar, será preso para sempre nas masmorras do palácio.

Com um formato generoso, uma capa atraente – com uma reserva dourada –, páginas brilhantes, com muito corpo e certa textura, e até mesmo uma chave para abrir as gaiolas que escondem nossos corações, parece que este livro foi projetado e elaborado para entrar através dos olhos. Mas é apenas um invólucro. *La llave*, que se baseia em alguns dos contos da tradição oral, é uma história construída com elementos que podemos ter visto antes: um cenário com ar

A circulação cultural das obras | **103**

oriental, um monarca intransigente, uma princesa em busca do amor, um artesão com uma missão... O desafio era mudar tudo e surpreender os leitores de alguma forma. Certamente não ajuda que a proposta artística siga os passos da escola de Lacombe ou Dautremer – e com isso não quero diminuir o trabalho feito pelo ilustrador, de inquestionável habilidade. Mas o desenvolvimento da história também não é muito original, pelo menos do meu ponto de vista – que, além do mais, tem um final incerto –, pois segue os clichês de mais de uma história de amor. Em suma, é uma obra monótona, com uma intencionalidade comercial bastante clara."

Crítica escrita por Bernat Cormand para a revista *Faristol*,
do Conselho Catalão do Livro Infantil e Juvenil (ClijCAT,
da sigla em catalão) (traduzida pelos autores)

2. *Os profissionais* responsáveis por orientar a compra, o empréstimo e a leitura de livros infantis: livreiros, especialmente de livrarias especializadas em livros infantis, bibliotecários, professores e avaliadores críticos ou estudiosos de literatura infantil. Nesses casos, listas e exposições de livros recomendados frequentemente aparecem; livros do mês, novidades, livros sobre um tema específico, clássicos etc. O setor do livro infantil profissional frequentemente organiza atividades promocionais, como feiras do livro, clubes do livro, contação de histórias, atividades para pais e bebês etc. A participação nessas atividades também permite conhecer novos livros e até mesmo testar seu efeito sobre os leitores infantis.

Outra fonte de orientação é considerar os prêmios, mas sempre deve ser feita uma distinção entre prêmios para obras originais – onde o melhor dos livros apresentados é simplesmente premiado, embora o júri geralmente seja composto por especialistas – ou para obras publicadas como "o melhor livro do ano para esta faixa etária", que se baseia em obras publicadas e nas opiniões dos críticos. Há também alguns prêmios concedidos pelos próprios leitores infantis, como o Atrapallibres (9-11 anos) do ClijCat, organizado pelas escolas.

Na área em questão, certamente deve-se dar atenção ao dever da escola de orientar as famílias. Os pais esperam que seja a escola a indicar-lhes as formas e diretrizes com as quais eles podem intervir na educação de leitura de seus filhos, e é aconselhável que as escolas estejam em condições de fornecer-lhes as informações de que necessitam e as maneiras de fazer isso.

3. *Dados estatísticos sobre vendas e leitura*. Como agora o empréstimo de bibliotecas está informatizado, é fácil conhecer os livros mais populares entre o público. Muitas redes de bibliotecas publicam essa lista, trimestralmente e por idade, em seus sites, e o relatório anual da Federación de Gremios de Editores de España oferece a lista dos livros infantis mais vendidos. É óbvio dizer que os "mais emprestados" ou os "mais vendidos" não significa que sejam títulos necessariamente que queremos oferecer a nossos filhos, apenas nos dá uma indicação das preferências espontâneas – ou induzidas pelo mercado – dos mediadores e leitores. O Quadro 7.1 (p. 216) fornece um exemplo disso.

4. *Recomendação entre pares*. As formas de comunicação digital expandiram as práticas de conversação sobre livros. Especialmente graças à abundância de espaços de recomendação em blogues e sites, tanto por leitores quanto por especialistas. E, mais recentemente, com o crescimento

exponencial dos chamados *booktubers*, os jovens leitores, através do YouTube, compartilham suas recomendações e avaliações em vídeo com a comunidade que se agrupa ao seu redor, estabelecendo assim uma espécie de recomendação horizontal entre pares, sem a suposta interferência do mediador adulto.

5. *Publicidade.* A notoriedade das obras é também assegurada por estratégias de publicidade editorial ou mesmo institucional em alguns casos, como na designação de "anos comemorativos" de uma obra ou autor. Podem ocorrer na web, com anúncios ou *book trailers*; na presença e distribuição de produtos de marketing; nas prateleiras e nos eventos organizados pelas editoras em feiras do livro; nos blogues de leitores ou *booktubers* que recebem livros das editoras ou até estabelecem contratos com elas etc.

O que as crianças aprendem

Tradicionalmente, a escola tem tratado as obras como objetos isolados, sem levar em conta sua presença em um complexo sistema cultural que passa por um circuito que começa com a produção das obras, continua com sua distribuição e circulação em diferentes canais e instâncias e termina quando são recebidas pelos leitores. Entretanto, durante as etapas de Educação Infantil e anos iniciais do Ensino Fundamental, é possível desenvolver conhecimentos sobre esse circuito: da consciência de que a obra tem um autor à existência de um trabalho editorial que a condiciona, ou da importância de atender à tradução e adaptação à familiarização com a forma como os livros estão organizados nos espaços e nas práticas sociais. Podemos classificar esse conhecimento com base em três perspectivas.

Em primeiro lugar, o aumento da compreensão das crianças sobre o que molda e determina as obras que chegam às suas mãos, aparentemente "do nada". Sua competência como consumidores conscientes de objetos culturais pode ser progressivamente ampliada, concentrando sua atenção nas informações contidas nos paratextos sobre o processo de produção, ou organizando visitas ou entrevistas com escritores, ilustradores ou editores quanto às decisões que tomaram e que influenciam tanto o significado geral da obra quanto suas expectativas comerciais. Desse modo, as crianças tomam consciência de que o livro é também um trabalho coletivo, que há poucos aspectos visíveis, como a adaptação, que devem ser levados em conta ao escolher uma obra, ou que a obra existe no contexto de uma oferta de mercado com diferentes prioridades de venda, destinatários etc. Editar histórias escritas em sala de aula ou discutir o desenho e as formas de divulgação de uma coleção que a englobam são ocasiões interessantes para realizar os muitos aspectos da produção e do mercado que estão na base dos livros.

Em segundo lugar, aprender a lidar com ambientes físicos e virtuais de acesso aos livros, para que as crianças mantenham sua relação com eles fora da escola. Isso exige que a escola estabeleça relações estáveis – ou pelo menos visitas esporádicas – com livrarias, bibliotecas, lojas e repositórios virtuais, assim como a outros espaços culturais. Como já assinalamos, esse tipo de atividade pode contar com a colaboração da família em um campo muito evidente de alcance educacional para o entorno.

Em terceiro lugar, sua incorporação ao coro de vozes que comentam e recomendam livros. A consulta a *booktubers* ou resenhas na web pode ser feita para decidir quais livros comprar, ou também para confirmar se essas fontes contribuem com elementos que passaram despercebidos na leitura do grupo. E certamente é útil estabelecer tipos de recomendação das crianças: uma classificação de 1 a 3 em um mural coletivo de livros lidos, que pode ser consultado para escolher o livro para o empréstimo escolar, uma resenha no site da escola (em uma atividade guiada pelo professor), a tarefa de indicar três aspectos importantes do livro lido no cartão de leitura ou na conversa semanal sobre os livros emprestados etc.

Atividades de aprendizagem

1. **A grande exposição de *determinado* livro.** Para verificar a enorme circulação de obras por versões e formatos, faça uma exposição de versões impressas, audiovisuais e digitais de uma obra clássica da literatura infantil (como *Alice no País das Maravilhas*, *Peter Pan*, *As aventuras de Pinóquio*, *Tintim*, entre outras). Inclua *gadgets*, objetos e publicidade. Classifique o que você encontrou utilizando alguns critérios operacionais para trazer ordem ao todo: tipo de formato impresso, audiovisual ou digital, nível de qualidade das obras, faixa etária dos possíveis destinatários, período de produção etc.

2. **A melhor versão.** Para direcionar nossa atenção à importância de escolher boas versões de contos populares, colete várias versões de um mesmo conto popular e decida qual você acha que é a melhor versão para as crianças conhecerem. Observe:

   – Se a história pode ser considerada uma versão moderna do autor, com mudanças importantes – no texto ou por meio da participação ativa da imagem – que acrescentam significado, ou se ela se limita à história familiar. Nesse último caso, continue observando:

– Se aparecer o nome da pessoa que traduziu ou adaptou o texto.

– Se houver mudanças no desenvolvimento da trama que se desviem do original ou se a trama for simplificada em um resumo.

– Se o texto mantém a beleza da linguagem literária, com as imagens literárias, diálogos e repetições expressivas, voltas linguísticas de frase e motivos literários típicos do original, ou se a narração da história é plana e padronizada.

3. **O que acontece nas livrarias?** Para observar a variedade de atitudes na seleção e na compra de livros, vá até a seção infantil de uma livraria ou livraria especializada em livros infantis e peça permissão para observar discretamente como os compradores e livreiros se comportam. Você pode observar se os pais vêm para comprar títulos específicos, se eles permanecem para olhar os livros e se consultam os livreiros e como eles agem. Observe também se trazem crianças com eles, se a livraria oferece meios para que as crianças tenham acesso aos livros, se pais e filhos negociam a compra juntos etc. Reflita sobre os critérios que parecem reger a decisão final de compra.

4. **Vamos entrar no circuito da crítica.** Torne-se uma fonte de orientação: escreva uma resenha avaliativa de um livro, decidindo antecipadamente se você está se dirigindo à mídia ou aos leitores infantis. Tenha em mente sua brevidade e a necessidade de enfatizar informações valiosas para sua escolha, sem se limitar ao tema ou enredo. Considere e avalie os resultados partindo da perspectiva daqueles que consultariam seu site.

Para saber mais

Bellorín, B. "Descifrar el ADN de los cuentos de hadas". *Linternas y bosques. Literatura infantil y juvenil*. Blogue.

Artigo no qual o especialista trata das características dos contos de fadas, assim como suas adaptações, versões e transmediações para outros formatos.

Desclot, M. "El embrujo del lenguaje poético". Palestra do Mestrado em Livros e Literatura Infantojuvenil na Universitat Autònoma de Barcelona. Web. [Disponível no site de Gretel *10 años de literatura infantil y juvenil*: conferências.]

Vídeo da conferência proferida pelo escritor e tradutor Miquel Desclot, no qual ele aborda questões sobre a tradução de poesias, que também servem como exemplo de qualquer tradução de livros infantis.

Savino, I. "Intervista a Ekaré (Venezuela/Spagna): identità di um editore". *Le figuri dei libri*. Blogue.

Postagem do blogue em que uma das editoras de Ekaré, Irene Savino, fala sobre alguns dos critérios que regem seu trabalho editorial.

Squilloni, A. "Entrevista a Arianna Squilloni". *Biblioteques de Barcelona*. Vídeo do YouTube.

Entrevista realizada em vídeo com Arianna Squilloni, editora de A Buen Paso, na qual ela fala sobre seu trabalho com livros e edição.

4.
A literatura como produto artístico

Se disséssemos que o início de "El nacimiento del Rey Mono", um dos contos curtos que fazem parte de *El dragón blanco y otros personajes olvidados,* de Adolfo Córdova, narra-nos "como um macaco come uma espécie de pêssego frio", seria impossível ver o valor artístico de uma frase que parece mais ter sido retirada de um tratado de zoologia ruim do que de uma obra literária. Por outro lado, o escritor mexicano explica isso da seguinte forma:

> A fruta era como um pequeno sol. Se fosse uma fruta. O macaco arrancou-a do último galho da árvore. Era macia como o pelo de um filhote e fria como uma nascente na montanha. Tinha o tamanho de uma laranja e um aroma adocicado, mas brilhava como uma estrela amarelada.
>
> O macaco olhou para ela sem piscar.
>
> Se houve gritos, avisos, conversas de outras criaturas, ele não os ouviu. Só viu a fruta que queimava sem queimar, que estava embalada em suas mãos sem queimá-las, que ofuscava seus

olhos sem cegá-los. Uma fruta, talvez mais diamante que sol, mais mineral que luz; com veias como pequenos rios, tão cristalinas, que deveriam acalmar toda a fome, toda a sede, todos os desejos que enchiam de saliva a boca do macaco.

Tinha que mordê-la. Ele queria comê-la.

Não podia mordê-la. A queria por inteiro.

Ia devorá-la.

Quando ele a levou à boca e cheirou, suas pupilas dilataram tanto que cobriram todo o interior de seus olhos.

(Adolfo Córdova, *El dragón blanco y otros personajes olvidados*: 15-17)

A diferença com nosso vulgar resumo é óbvia. Enquanto estávamos apenas declarando os dados aparentes, o texto nos permite ver um pêssego como nunca tínhamos visto antes, perceber o desejo de comê-lo em um momento de contraste com o restante da cena ao redor e de introduzir a intriga e o mistério daquele "se é que era uma fruta" que dilata as pupilas ao vê-la de perto e nos leva a não ouvir os "avisos". É a maneira de contar, escolhendo as palavras, as ilustrações ou os elementos multimodais que caracterizam as novas formas de ficção digital, que transforma uma anedota em um objeto artístico. Porque um autor pode contar uma história, mas isso não parece muito interessante se ele não o fizer de forma a produzir uma experiência intensa e complexa para aqueles que a ouvem ou leem.

A literatura infantil é, antes de mais nada, literatura. Entretanto, talvez por causa de todos os tons condescendentes, protecionistas e educacionais que envolvem a ideia de infância, ou talvez também por causa da lucrativa *indústria da cultura* infantil, pode-se cometer o erro de nos esquecer disso. Devemos, portanto, ser capazes de abordar as histórias infantis com um olhar suficientemente aguçado para entender os "porquês" e os "como" da criação literária e ajudar as crianças a desfrutá-la.

Por todas essas razões, neste capítulo, analisaremos as diferentes matérias-primas utilizadas pelos autores de histórias infantis: as possibilidades expressivas abertas pelo uso artístico da linguagem; alguns pontos que nos ajudam a nos orientar na apreciação da ilustração; o uso combinado de texto e imagem como um dos dispositivos pelos quais os autores moldam suas histórias; e, finalmente, os modos de expressão que caracterizam a nova ficção digital, como o ambiente sonoro ou a participação interativa.

O valor expressivo da linguagem

Leopoldo Alas "Clarín" nos diz na primeira frase de seu livro *La Regenta* que "La heroica ciudad dormía la siesta". E o leitor entende muito mais do que a simples soma de suas palavras parece sugerir; os heróis podem ter o direito de fazer sua sesta de vez em quando, mas não é a primeira coisa que se costuma dizer deles. Assim, com essa justaposição de palavras, Clarín estabelece um tom e uma chave de leitura que vai além do simples significado primário; essa ideia de que talvez a Oviedo burguesa de finais do século XIX, possa, afinal, ser menos imponente do que parece. Os autores dedicam muito esforço em seus textos para, como nos diz Lodge, "fazer pão e vinho de verdade" (1998:208). Com a escolha de palavras precisas, do jogo de semelhanças e oposições semânticas, de certas construções sintáticas etc., forçam a linguagem a ponto de dotá-la de mais possibilidades expressivas do que qualquer outro tipo de mensagem. Vejamos algumas dessas possibilidades.

O autor escolhe suas próprias notas, melodias e tons

Quando pensamos em linguagem literária, a primeira coisa que nos vem à mente, é sem dúvida, aquela capacidade de sugestão poética que, de repente, nos faz prestar atenção às palavras em vez de deslizarmos através delas como se fossem transparentes:

> A bela floresta era muito silenciosa nos tempos de "era uma vez", e o urso distinguia vários silêncios: o pequeno silêncio das folhas, o silêncio profundo da terra e o silêncio antigo das árvores. E também outro silêncio, o mais silencioso de todos e o mais difícil de ouvir: o seu próprio silêncio. O urso ouviu atentamente e seguiu o som de seu próprio silêncio, que o levou para o interior da floresta.
>
> (Oren Lavie e Wolf Elbruch, *El oso que no estaba*)

> A coruja tirou um bule de chá do armário.
>
> — Esta noite vou fazer chá de lágrimas – disse.
>
> Colocou o bule em seu colo.
>
> — Agora – disse ela –, vou começar.
>
> Sentou-se muito quieta em sua cadeira e pensou em coisas tristes.
>
> — Cadeiras com pernas quebradas – disse a Coruja.
>
> Seus olhos se encheram de lágrimas.
>
> — Canções que não podem ser cantadas – disse a Coruja –, porque as letras foram esquecidas.
>
> (...)
>
> — Relógios que pararam – disse a Coruja –, e não há ninguém por perto para lhes dar corda.

A Coruja estava chorando. Grandes lágrimas estavam caindo no bule.

— Manhãs que ninguém viu porque todos estavam dormindo – disse a Coruja, soluçando.

(Arnold Lobel, *Coruja em casa*)

O primeiro exemplo, do livro ilustrado *El oso que no estaba*, reflete a capacidade de explorar, por meio da linguagem poética, a complexidade da experiência humana que a literatura aspira a compreender. A forma como Lavie associa adjetivos específicos ("pequeno", "profundo" e "antigo") a cada um dos silêncios percebidos por seu protagonista ("o das folhas", "o da terra" e "o das árvores") transporta inevitavelmente o leitor ao espaço imaterial representado por aquela "bela floresta" dos tempos de "era uma vez". Somente nesse contexto poético se pode entender que o urso é capaz de escutar a si mesmo, de escutar "a coisa mais difícil de se ouvir. Seu próprio silêncio", que acaba dirigindo seus passos em direção ao interior da floresta, em uma representação de sua própria exploração como ser.

O segundo exemplo, por outro lado, em vez de evocar uma ideia complexa, gera empatia em relação ao personagem. Vemos como Lobel, um mestre na arte de construir ficções com recursos simples, humaniza cada um dos objetos imaginados pela Coruja para provocar a sensação de solidão e abandono: a canção esquecida, o relógio negligenciado, o amanhecer solitário... É impossível não sentir a tristeza que a Coruja persegue. Uma tristeza catártica que se cura com um chá feito com as lágrimas que ela produz, como se Lobel quisesse sussurrar elegantemente que a tristeza é uma parte inalienável da alegria.

Como afirma Colomer:

(...) as obras literárias tentam provocar um conjunto de emoções que permitem ao leitor participar mais intensamente da ficção que se desdobra diante de seus olhos. Por meio de diferentes recursos, elas constroem cenas de grande poder sensorial, visual e sonoro e buscam formas de tocar diferentes fibras emocionais, seja terror ou ternura, placidez ou excitação. (2002:90)

Os recursos trabalharão juntos, como uma boa equipe, para alcançar seus efeitos e, dependendo do estilo do autor, o farão de maneiras muito diferentes, talvez com uma aparente simplicidade "menos é mais" ou talvez com um exuberante desperdício de recursos. Mas, em boas obras, a escolha das peças jamais é inocente.

Transformar a palavra em vida: levantar o bastão

Ao terminar um romance, todos nós já tivemos a estranha sensação de sentir falta dos protagonistas, independentemente de sua entidade fictícia. Às vezes, é o tempo investido em longos livros, sagas ou séries que gera esse apego ao mundo narrado; mas, em muitos outras, é a habilidade do escritor em descrever os espaços, caracterizar os personagens e fazê-los evoluir psicologicamente que dá vida quase tangível àquelas "realidades possíveis, mas nunca acontecidas" da ficção. Por exemplo, o detalhe descritivo de Tolkien faz com que muitos leitores de *O Senhor dos Anéis* afirmem ter uma visão muito clara de cada um dos cenários percorridos por seus habitantes e sintam que "viveram ali"; ou os personagens "ursinho" e "tigrinho" da série de livros infantis criada pelo escritor e ilustrador alemão Janosch (em *¡Qué bonito es Panamá!* e outros) estão tão bem representados em seu belo, crível e quase invejável cotidiano, que o leitor se vê imerso em seu universo e tem muita dificuldade para não desenvolver verdadeiras afinidades emocionais com eles.

Neste pequeno trecho do início de *El libro del verano*, de Tove Jansson, podemos ver a capacidade da escritora finlandesa tanto para tornar seus cenários lugares enormemente vívidos quanto para criar personagens cuja verossimilhança, do ponto de vista de uma criança, quase as faz transcender a barreira que separa a realidade da ficção.

> Era uma manhã de julho muito quente, ainda muito cedo, havia chovido durante a noite. A rocha careca estava fumegando, o musgo e as fendas estavam encharcados de umidade, as cores tinham se tornado mais escuras.
>
> Sob o terraço, nas sombras da manhã, a vegetação parecia uma floresta tropical, todos os galhos de folhas e flores espessas. A vovó teve que ter cuidado ao seguir seu caminho, procurando tudo, sempre com medo de perder o equilíbrio, cobrindo sua boca com a mão.
>
> — O que você está fazendo? – perguntou a pequena Sofía.
>
> — Nada – respondeu a avó. — Bem, sim – acrescentou ela, irritada – estou procurando a dentadura.
>
> A garota desceu do terraço.
>
> — E onde você a perdeu? – perguntou com muita seriedade.
>
> — Aqui – respondeu a avó –, estava bem aqui, e eu a deixei cair entre as peônias.
>
> Elas procuraram juntas.
>
> — Deixe-me – disse Sofía –, você mal consegue se levantar! Vá, saia do caminho.

Ela entrou sob a exuberante copa florida do jardim, rastejando entre os caules verdes. Era muito agradável estar naquele ambiente proibido, sobre a terra macia e negra. Em seguida, ela encontrou a dentadura: ali estava, branca e rosa, com sua fila dupla de dentes velhos.

— Aqui está, aqui está! – gritou Sofía, levantando-se. – Vamos, vamos ver, coloque-a.

— Sim, bem, mas não olhe – disse a avó –, isto é muito íntimo.

Mas Sofía tinha a dentadura escondida em suas costas.

— Eu só quero olhar – disse ela.

A avó colocou a dentadura em um instante, com um barulhinho seco, e Sofía não achou nada estranho.

— Quando você morre? – perguntou.

— Em breve – respondeu a avó –, mas isso não é da sua conta.

— E por quê? – insistiu Sofía.

A avó não respondeu.

(Tove Jansson, *El libro del verano*)

Aqui é um começo no qual a ficção ganha vida. Jansson coloca adjetivos que especificam os espaços em detalhes, dando-lhes forma tridimensional na mente do leitor: a rocha nua e careca soltava fumaça por causa da chuva que se evapora no sol do verão, enquanto o musgo e as fendas ainda estão encharcados de umidade e a paisagem molhada da manhã mostra suas cores mais escuras. A vegetação faz lembrar uma floresta tropical, os galhos são exuberantes e as flores, arbustivas. Você tem que percorrer cuidadosamente esse espaço encharcado, repleto de vida e ainda cheio de sombras. Um espaço visual e tátil – uma terra preta e úmida – que tem um efeito no humor dos personagens, pois "era muito agradável estar naquele ambiente proibido".

Mas a autenticidade dos personagens também é notável, especialmente pela eficácia com que esse efeito é alcançado em tão pouco espaço. A relação franca entre avó e neta, que será a base do romance, é evidente no diálogo rápido dessa cena. Ele nos dá uma visão da personalidade de Sofía, solícita, viva, direta e com uma curiosidade infantil que se estende da forma de se colocar uma dentadura à morte. E aqui está sua avó, igualmente honesta em seu embaraço de velhice, como ela é, concisa e cautelosa em sua conversa; ela não pode esconder sua morte iminente, mas não tem resposta para o questionamento humano sobre isso.

Criar ressonâncias externas e internas

Como acabamos de ver, a linguagem é capaz de fazer que uma representação artística se aproxime da possibilidade de nos fazer senti-la como real e existente. Mas também pode acontecer de o texto se expandir em ondas de significados novos, secundários, derivados e simbólicos.

Para isso, o escritor pode "comprar fora": ele pode se basear na herança cultural existente e carregar seus textos com palavras, imagens ou conceitos repletos de ecos e ressonâncias herdados da história da ficção e da arte. A "linda floresta" de *El oso que no estaba* era explicitamente nos tempos do "era uma vez". As crianças que conhecem os contos populares desde cedo já estão familiarizadas com esse cenário que as coloca no imaginário do perigo e da aventura, onde alguém se perde, se encontra com o maravilhoso e supera as adversidades para voltar triunfante para casa.

Ou também pode "brincar dentro", desenvolvendo suas próprias simbologias, capazes de refletir os motivos universais abordados pela obra. Ou ambos ao mesmo tempo, invocando ecos familiares de uma forma particular. Podemos dizer que a obra age como se fosse uma partitura musical na qual são utilizadas combinações experimentadas e testadas, em que os instrumentos dialogam entre si e em que os movimentos musicais são antecipados, repetidos e matizados em toda a estrutura musical.

Podemos ver isso no romance de Frances Hodgson Barnett, *O jardim secreto*. Nele, os cenários da história são usados como símbolos referentes aos personagens, transformando os páramos de Yorkshire, Inglaterra, na expressão da liberdade selvagem e da sabedoria popular do campesinato; ou os muitos cômodos vazios da enorme casa senhorial na qual vive Mary Lenoux, a protagonista, representando o isolamento e o perigo do medo que uma criança tem de ser esquecida.

Os páramos selvagens e os casarões vazios são cenários que encontram ecos de significados semelhantes em outras obras. Entretanto, o "jardim secreto" que dá nome à obra é o melhor exemplo do uso de um espaço fictício para expressar simbolicamente conceitos abstratos, como infância e crescimento. A Mary malcriada e amarga que nos é apresentada no início da obra, acostumada a mandar em suas empregadas como uma déspota e vivendo uma vida solitária na Índia, não tem nada a ver com a Mary feliz que gosta da natureza e da companhia dos moradores locais no final da história. Esse florescimento da protagonista é análogo ao despertar do jardim secreto que ela descobre e decide tomar conta ao lado de os outros personagens. A passagem de um lugar fechado e hibernante para outro repleto de plantas, flores e caules que se tornam verdes com a chegada da primavera acompanha a evolução do personagem em seu despertar para uma infância feliz. No final da obra, Barnett explicita ao leitor a ancoragem simbólica entre espaço e personagem, de modo que a descrição final do jardim se refere à nova maneira de ser de Mary:

> Enquanto a mente da senhorita Mary estava cheia de pensamentos desagradáveis sobre o que ela não gostava, e de opiniões ásperas sobre os outros, e enquanto ela estava disposta a não permitir que nada lhe agradasse ou interessasse, ela foi uma criança de pele amarela-esverdeada, doente, apática e infeliz. (...) Assim, quando sua mente se encheu de pintarroxos e casas de campo povoadas de crianças, com jardineiros velhos e enrugados, com simples empregadas de Yorkshire, com a primavera e jardins secretos que ganhavam vida dia após dia, e com o garoto do páramo e seus pequenos animais, não havia mais espaço para aqueles pensamentos negativos que afetavam seu fígado e sua digestão.
>
> (...) E o jardim era um lugar selvagem de outono dourado e roxo, de azul-violeta e escarlate de fogo; e de cada lado havia feixes de lírios; alguns eram apenas brancos e outros de cor rubi.

Podemos ver, também, como *A Pequena Sereia*, de Hans Christian Andersen, é construída com uma orquestração de ecos que se retomam e se contrastam. A história se inicia com um narrador que compara alternadamente um "aqui" (o mundo do leitor) e um "ali" (o mundo fantástico) para envolver o leitor na criação mental do espaço para o qual ele é convidado, ancorando o imaginário no real, e tornando verossímil pensar que "esse mundo existe sob o nosso". Pouco tempo depois, a descrição do mundo marinho na ficção é espelhada na descrição do castelo do príncipe na terra:

as estátuas, o jardim, a cúpula, o sol vislumbrado etc., seguem o mesmo padrão, de modo que a impressão de um tipo de cenário é impressa no leitor. E isso se repete na descrição do jardim pessoal da pequena sereia, que começa assim:

> (...) ela estava apenas entusiasmada por uma bela estátua de mármore que havia caído de algum naufrágio no fundo do mar, e que representava um jovem gentil, branco como a neve. A Princesa plantou ao lado da estátua um salgueiro de cor avermelhada, que cresceu maravilhosamente, lançando uma sombra arroxeada através da qual os troncos se moviam, rastejando, dando a impressão de que a copa da árvore e suas raízes estavam brincando de beijar.

Mas essa descrição é dedicada, principalmente, a antecipar a cena da recusa da Pequena Sereia em matar o príncipe no barco. Em ambos os fragmentos, encontramos a apaixonante cor vermelha do sangue, o salgueiro que abriga o jardim se repete na cortina que protege o sonho do príncipe, a areia azul no fundo do mar é comparada às "chamas de enxofre", uma comparação intensa que é um tanto surpreendente no início da história, mas que se encaixa muito bem à paixão pressentida e à dor que veremos adiante. Assim como o amor pela estátua inerte e a sensualidade da cena capturam o desejo impossível da Pequena Sereia, também o será sua posterior contemplação do príncipe adormecido. O reflexo de ambas as situações, o jardim inicial e a cena do barco, servem, então, como um broche que abre e fecha o conto adequadamente: o desejo como força motriz da ação e a renúncia como sua resolução.

Compreender a imagem na literatura infantil

Joly, em sua introdução à análise da imagem (2017), diz que "reconhecer os motivos nas mensagens visuais e interpretá-las são duas operações mentais complementares", embora estejam intimamente relacionadas. Portanto, para interpretá-las, assim como na linguagem escrita, somos chamados a ir além do prazer superficial das ilustrações das obras. Seguindo Van der Linden (2015), vamos elencar alguns dos componentes aos quais precisamos prestar atenção a fim de apreciar as imagens na literatura infantil.

Traço e cor: as palavras da ilustração

Van der Linden fala da linha como o componente que "define e limita o contorno de uma forma" e da cor como o elemento pictórico que "engloba a escolha dos tons e do material que vai preencher a forma, chegando ao ponto de construí-la sozinha" (2015:42).

Quadro 4.1. O uso de linha (e cor) na ilustração.

Vamos a cazar un oso, de Michael Rosen y Helen Oxenbury	*El árbol de las cosas*, de María José Ferrada y Miguel Pang
Os contornos negros de suas figuras se destacam contra o fundo branco e são fáceis de identificar. A composição segue uma ordem regular que permite que as figuras sejam ligadas em sequências narrativas. Ela reforça a representação realista e cotidiana da história. Uma escolha apropriada para crianças pequenas.	As formas exageradamente curvas, entremeadas entre si e com contornos maldefinidos, são adequadas para nos transportar a mundos oníricos e sonhadores. Uma escolha apropriada para afastar o leitor da realidade perceptível.

Figura 4.1. Rosen, Michael; Oxenbury, Helen. *Vamos a cazar um oso*. Caracas: Ekaré.

Figura 4.2. Ferrada, María José; Pang Ly, Miguel. *El árbol de las cosas*. A Buen Paso.

Ecos de tradição também estão presentes nessas escolhas. Por exemplo, as cores carregam consigo uma carga cultural que os ilustradores podem trazer em suas criações e que o leitor pode perceber, como fazem esses meninos de 11 anos quando conversam sobre *El pato y la muerte*, de Wolf Elbruch:

> Celia: Acho que a morte chegou para levar o Pato. Mas acho que ela já sabia que o Pato iria morrer.
>
> Clara: No final.
>
> Valeria: Sim, porque estava carregando a rosa.
>
> Celia: Mas no final a rosa fica preta.

Nesse livro nos é contada a história de amizade entre a morte e um pato que ela veio levar. O autor introduz pequenos elementos na construção visual que o ajudam a conduzir os leitores através de um assunto tão emocionalmente comovente. Essa rosa finalmente murcha é um deles, e, como podemos ver, esses leitores foram capazes de compreender isso, colocando-se, assim, em melhor posição para interiorizar a universalidade dessa história sobre o fim da vida.

Composição da imagem: a sintaxe da ilustração

Digamos que, se linha e cor fossem as palavras da linguagem, a composição teria uma função semelhante à sintaxe, à forma como ordenamos as palavras em uma frase, dando prioridade a certas ideias por meio de sua posição, sua hierarquia e os sinais de pontuação utilizados para marcá-las. Para abordar os esquemas composicionais da imagem, podemos nos fazer as seguintes perguntas:

A) *Abrir o livro: qual é o valor do fundo da página (dupla)?*

- O fundo costuma ser branco e, portanto, neutro em termos de significado; mas é especialmente eficaz destacar os elementos da imagem por contraste. Por outro lado, pode aparecer preto, se quiser se adaptar a um cenário noturno, ou colorido se quiser certo efeito marcante ou uma nuance que esteja incluída na interpretação. Por exemplo, o ilustrador de *Yo quiero mi gorro* quebra a norma do fundo branco quando o protagonista relembra o momento em que viu o chapéu que procurava ao longo da história, substituindo-o então por um vermelho, semelhante à cor do objeto lembrado, que enfatiza o pensamento do urso (Figura 4.3).

- O fundo também pode se infiltrar nas histórias como um espaço. Acontece muitas vezes em obras de metaficção, as quais estabelecem as regras de um jogo e utilizam os componentes do livro como parte da história. No livro *Los tres cerditos*, de David Wiesner, o fundo branco é utilizado precisamente como um local seguro em que os protagonistas podem se refugiar, porque o Lobo, como personagem "trancado na história", supostamente não deve ser capaz de chegar lá. Dessa forma, o fundo não é utilizado como tela para a ilustração, mas como um elemento (meta)narrativo com que brincar (Figura 4.4).

YO HE VISTO MI GORRO.

Figura 4.3. Klassen, Jon. *Yo quiero mi gorro*. Mil Razones Editorial.

Figura 4.4. Wiesner, David. *Los tres cerditos*. Juventud.

B) *Onde estão localizados os elementos da ilustração?*

Uma vez colocadas no fundo da página, podemos questionar o esquema composicional das ilustrações, algo que deriva do eixo de leitura esquerda-direita, que, culturalmente, organiza nossa maneira de olhar:

- O presente tende a ser considerado o centro da imagem, enquanto o lado esquerdo corresponde ao passado e o lado direito, ao futuro. Isso rege a ordem do movimento, de modo que os personagens entram pela esquerda e se movem para a direita. Nesta cena de *Flora y el flamenco* (Figura 4.5), de Molly Idle, vemos perfeitamente a relação entre a ordem de leitura e a sequência temporal, pois em vez de interpretar a página dupla como tendo três meninas, o que vemos é a protagonista em três momentos diferentes e consecutivos em sua tentativa fracassada de imitar a graciosidade do pássaro rosa.

Figura 4.5. Idle, Molly. *Flora y el flamenco*. Granada: Barbara Fiore.

- Tende-se a considerar que os elementos mais relevantes da ilustração são os que estão perto do centro. Sua força e importância subjugam quaisquer componentes periféricos que possam aparecer, de modo que, por exemplo, quando somos apresentados ao protagonista de um texto, ele é normalmente colocado no centro absoluto da página. Vemos isso perfeitamente no início de *¡Qué bonito es Panamá!*, onde Janosch coloca Pequeno Tigre e Pequeno Urso em primeiro plano, centrados no meio da página (Figura 4.6).

Figura 4.6. Janosch. *¡Qué bonito es Panamá!* Madri: Kalandraka.

C) *Qual é a posição do leitor?*

A composição no fundo da página apelava para a relação dos componentes entre si em relação ao espaço utilizado, mas a perspectiva visual nos diz como eles se relacionam com o olhar do leitor.

Nos livros para crianças pequenas, a perspectiva mais comum é a frontal. O leitor olha o livro como se estivesse diante de um palco no qual os personagens estão se movendo. Isso ajuda o leitor a compreender as ações. Entretanto, os ilustradores podem complicar as coisas e aumentar suas possibilidades expressivas utilizando outros recursos que têm sido amplamente explorados no mundo audiovisual e nas histórias em quadrinhos. Assim, em um recurso familiar por seu uso cinematográfico, uma ilustração cujo ponto de vista equivale a como ser observada de baixo para cima, procura fazer com que os objetos ou personagens representados se sintam exageradamente dominantes ou poderosos, enquanto, no caso contrário, se o ponto de vista for colocado acima dela, a leitura será o oposto, diminuindo o valor do que é ilustrado (Figura 4.7).

Entre centro e periferia, a ilustração estabelece uma ordem de planos, antepondo ou pospondo as figuras representadas em relação ao ponto que nos foi dado como espectadores. De acordo com essa disposição, podemos interpretar que tudo o que aparece em primeiro plano tenderá a ter maior importância do que os elementos relegados ao segundo plano.

Figura 4.7. Allsburg, Chris van. *Jumanji*. FCE.

Técnica e estilo: o tom e a intencionalidade discursiva

Para determinar o significado geral da imagem, também é importante considerar dois elementos-chave: em primeiro lugar, a técnica ou técnicas artísticas utilizadas para produzi-la e, em segundo, o estilo pictórico adotado pelo ilustrador.

Quando falamos de técnica artística, estamos nos referindo às ferramentas escolhidas pelos ilustradores: aquarela, carvão vegetal, técnicas digitais, impressão em serigrafia, colagem etc. Essas ferramentas supõem uma escolha fundamental quando se trata de estabelecer o tom que pretendem projetar para o espectador. Assim, poderíamos dizer que, embora não exista a técnica errada para criar uma determinada história, existem, *a priori*, algumas opções que facilitam os caminhos expressivos que são seguidos.

Quadro 4.2. Técnicas de ilustração.

Ramón París em *Un perro en casa*	David Ellwand em *Bebés maravillosos*	Leo Lionni em *Nadarín*
A tinta preta é ideal para dar forma ao cão de rua do qual a história fala e que está sendo limpo à medida que é lavado por seu novo tutor.	Fotografia em preto e branco usada por seu autor é uma boa maneira de facilitar que os pequenos leitores identifiquem as expressões de bebês que compõem esse livro.	Os fundos de aquarela constroem o mundo submarino da aventura, enquanto as gravuras dão forma aos personagens dessa história de luta coletiva. Todos os peixes são iguais, sendo a única diferença a cor que individualiza o herói.

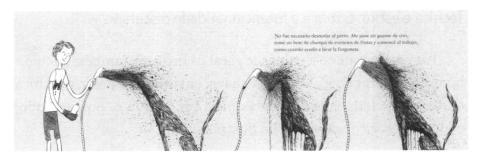

Figura 4.8. Nesquens, Daniel; París, Ramón. *Un perro en casa*. Caracas: Ekaré.

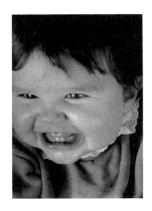 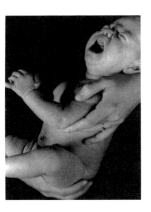

Figura 4.9. Ellwand, David. *Bebés maravillosos*. Barcelona: Corimbo.

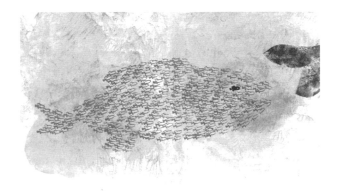

Figura 4.10. Lionni, Leo. *Nadarín*. Madri: Kalandraka.

Cada ilustrador escolhe as ferramentas mais apropriadas para dar forma a cenas, mundos e personagens que pretende retratar. Nos links a seguir, que pertencem ao canal do YouTube da ilustradora e crítica italiana de literatura infantojuvenil Anna Castagnoli, você pode assistir a uma série de vídeos nos quais diferentes artistas criam uma imagem usando técnicas diferentes. Observe a sincronia entre o tom de cada uma delas e as ferramentas escolhidas:

https://www.youtube.com/watch?v=dOq3tMMAQJo

https://www.youtube.com/watch?v=FyfuUh5L9tA&t=101s

O estilo está relacionado à técnica, mas não corresponde diretamente a ela, nem faz alusão a nenhum outro componente específico daqueles aqui discutidos, ao contrário, ele os une todos sob a varinha de uma intencionalidade expressiva que percorre transversalmente a obra. Anna Castagnoli (2016), em seu manual para ilustradores, descreve uma jornada de estilos na qual a representação "realista" perde gradualmente peso, do surgimento do surrealismo à abstração, passando por etapas como o estilo *pop*, caricatura, grafismo etc. Assim, a escolha de um estilo, além de uma intenção expressiva concreta, envolve seu apego a uma tradição cultural específica e aos ecos de significado que herda dela.

Por exemplo, David Wiesner e Chris Van Allsburg criaram livros nos quais eles tentam incluir elementos maravilhosos no cotidiano, portanto, recorrer a uma ilustração realista funciona muito bem para eles mostrarem essa coexistência. Por outro lado, as obras abstratas podem ser mais eficazes quando se trata de lidar com certos temas de uma perspectiva diferente ou lidar com ideias mais conceituais. É a opção escolhida em *Por cuatro esquinitas de nada*, de Jerome Ruiller, ou *Pequeño azul y pequeño amarillo*, de Leo Lionni, ambos capazes de expressar a necessidade de integração social de uma forma menos apegada à realidade imediata, graças ao fato de que os personagens de suas histórias são formas geométricas.

A relação entre texto e imagem

Até agora, vimos que o texto e a ilustração utilizam seus próprios recursos para moldar as histórias. Mas eles também podem concordar em fazer isso. Certamente, desde que as histórias começaram a circular na forma impressa, as ilustrações têm sido um acompanhamento constante de sua publicação, mas, atualmente, a relação entre texto e imagem tornou-se tão importante que é essencial prestar atenção a ela para interpretar as obras, particularmente nos livros ilustrados, nos quais o uso combinado dessas duas linguagens é parte essencial de sua definição.

A composição na página

Texto escrito e ilustração são distribuídos de uma forma ou de outra dentro da página ou da página dupla dos livros, e isso pode gerar efeitos importantes na experiência de leitura. Assim, seguindo a classificação feita por Van der Linden e retomada por Colomer (2010), é possível falar dos seguintes tipos de composição:

- *Dissociação*. Texto e imagem são claramente separados (Figura 4.11), com o texto na página da esquerda e a imagem na da direita, um espaço para o qual o leitor é imediatamente direcionado. Nessa distribuição tradicional, ora olhando para o texto, ora para a imagem, tem-se um ritmo de leitura lento e padronizado. Também facilita o processo de leitura compartilhada, já que enquanto o adulto lê à esquerda, a criança pode prestar atenção livremente nas ilustrações à direita.

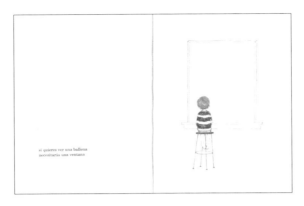

Figura 4.11. Fogliano, Julie; Stead, Erin E. *Si quieres ver una ballena*. Océano Travesía.

- *Associação*. Espaço para compartilhar texto e imagem em cada página. Às vezes, bem diferenciadas, com o texto na parte inferior ou em caixas. Outras vezes, eles são distribuídos de maneiras diferentes a fim de criar efeitos de leitura específicos. Por exemplo, o texto pode ser dividido em pequenos fragmentos espalhados pela página dupla para acelerar o ritmo da narrativa, ou distribuir simetricamente ambas as linguagens para reforçar os paralelismos na cena, como neste exemplo de *Gato y Pez. ¿Dónde van las olas?* (Figura 4.12).

Figura 4.12. Grant, Joan; Curtis, Neil. *Gato y Pez. ¿Dónde van las olas?*. Barcelona: Libros del Zorro Rojo.

A literatura como produto artístico | 135

- *Compartimentação.* As imagens e o texto (ou apenas as imagens) também podem ser distribuídos na forma de quadros na página. Por exemplo, para destacar sequencialmente a evolução temporal ou as consequências lógicas das ações narradas quando se deseja narrá-las em detalhes especiais, como nesta página da pré-sequência sem palavras de *Pinóquio*, ilustrada por Sanna (Figura 4.13).

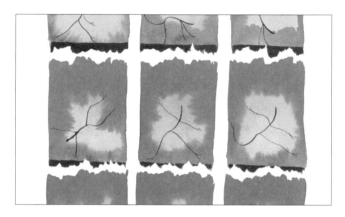

Figura 4.13. Sanna, Alessandro. *Pinocho antes de Pinocho*. Barcelona: Libros del Zorro Rojo.

- *Conjunção.* Texto e imagem não são justapostos, mas integrados para formar uma construção visual conjunta. Esse tipo de design torna mais complicado estabelecer prioridades de leitura entre texto e imagem e até mesmo apreciar a sequência narrativa temporal, de modo que estamos diante de abordagens mais livres e não estruturadas, próximas à interatividade das histórias multimídia. Por exemplo, em ¡*De aquí no pasa nadie!*, vemos como a integração total do texto na imagem do livro favorece a associação entre os personagens representados e suas vozes de uma maneira quase panorâmica e cinematográfica (Figura 4.14).

Figura 4.14. Martins, Isabel Minhós; Carvalho, Bernardo P. *¡De aquí no pasa nadie!* Dusseldorf: Takatuka.

As relações de significado

Além de sua relação composicional, texto e imagem podem colaborar em nível semântico. Essa possibilidade é muito importante na literatura infantil, pois permite que as histórias se tornem mais complexas estruturalmente e mais densas em significado, sem sobrecarregar o texto escrito. Por exemplo, a imagem pode ser usada para desenvolver histórias laterais na trama, ou para introduzir ambiguidade interpretativa sobre se o que é contado foi real ou imaginado pelo personagem, ou sobre o verdadeiro resultado da história. Nesse caso, as crianças têm a vantagem de ter acesso a obras escritas mais complicadas que "se abaixam" até suas possibilidades de leitura formativa. As relações entre as informações no texto e as informações na imagem podem ser dos seguintes tipos:

- *Redundância*. O texto e a ilustração fornecem as mesmas informações, no todo ou em parte. É característico dos livros ilustrados, nos quais a imagem serve de acompanhamento decorativo. Assim, podemos ler *Historias de Winny de Puh*, de A. A. Milne, sem as belas ilustrações de Shepard. Entretanto, vale lembrar que não existe redundância total entre duas linguagens, de modo que qualquer ilustração referente a um texto tem sempre certo grau de distância e interpretação por parte de seu criador.

- *Complementaridade*. O texto e a imagem podem nos informar sobre diferentes aspectos da narrativa, de modo que ambos são necessários para construir o significado geral da história, e o leitor deve fundir suas mensagens. Por exemplo, em *Fernando Furioso*, de Hiawyn Oram e Satoshi Kitamura, a ilustração mostra a forma concreta de como a força destrutiva de Fernando não se interrompe, por mais que lhe seja dito para fazê-lo (Figura 4.15).

Figura 4.15. Oram, Hiawyn; Kitamura, Satoshi. *Fernando Furioso*. Caracas: Ekaré.

- *Disjunção.* Texto e imagem se contradizem em suas mensagens e é necessário que o leitor harmonize essa distância, dando-lhe um significado. Assim, no caso de *Un poco perdido*, a ruptura entre o que a ilustração mostra o que o esquilo conta (Figura 4.16) gera uma situação humorística facilmente palpável para as crianças, que, sem dúvida, perceberão que é impossível que o grande urso seja a mãe da pequena coruja perdida.

Figura 4.16. Houghton, Chris. *Un poco perdido*. Mil Razones.

A expressiva explosão nos meios digitais

Até aqui, assinalamos as possibilidades expressivas das linguagens envolvidas na comunicação literária dos livros infantis, tanto individualmente como através da sua utilização combinada. No entanto, há alguns anos, as histórias destinadas às crianças têm ganhado um terreno importante nos espaços de criação digital. Assim, podemos nos perguntar como esse ecossistema artístico pode contribuir para as possibilidades já existentes no mundo da literatura impressa. Os pioneiros da informática, nos anos 1970, conceberam computadores como máquinas capazes de compreender e reunir todas as formas de comunicação e expressão existentes na cultura humana (ou, pelo menos, em sua maioria), de modo que, quando falamos de literatura infantojuvenil digital, além de pensar em obras simplesmente consumidas em dispositivos eletrônicos, devemos entendê-las como obras que constroem uma nova forma de comunicação e expressão, como obras capazes de construir histórias, acrescentando novas linguagens, como a musical ou a chamada *interatividade*.

Vamos organizar esta seção com base em uma série de questões que podem nos ajudar a ser mais críticos ao ler e pensar sobre os aplicativos e obras de literatura infantil que podemos encontrar disponíveis na web.

É novidade ler histórias assim, mas será que toda essa música e esses sons são realmente necessários?

Às vezes não, pois existem de fato muitas obras em que a camada sonora que se inclui – os efeitos sonoros, a música ou a narração oral que acompanha os textos – não parece se encaixar ao significado geral. No entanto, se uma obra digital está bem desenhada, cada camada de significado contribui com aspectos-chave para seu sentido e todos os elementos podem ser determinantes para a experiência estética.

Por exemplo, em *Lil' Red*, a versão muda para *tablet* de *Caperucita Roja*, criada por Brian Main, cada uma das personagens é descrita e caracterizada por meio de melodias e instrumentos que soam quando se comunicam, um efeito construído à maneira do musical clássico narrativo de Sergei Prokofiev, *Pedro y el lobo*. Assim, os personagens bons e amigáveis, como a própria Chapeuzinho Vermelho ou os personagens secundários que a acompanham, "falam" por meio de melodias doces e alegres, enquanto os antagonistas se caracterizam por tons mais graves e escuros que reforçam sua projeção negativa. Isso também acontece com as trilhas sonoras que acompanham os textos de forma transversal, uma vez que adotam um humor mais emocional, épico ou sombrio, diversificando ou sintetizando a intenção expressiva de cada cena.

Pode ser divertido, mas será que a interatividade na literatura realmente serve a algum propósito?

Às vezes não, pois há muitas obras digitais nas quais a interatividade parece ser colocada como uma adição lúdica que pouco acrescenta à experiência artística além da satisfação imediata e efêmera de ver um personagem reagir quando o tocamos, ou de poder participar de algum tipo de jogo relacionado a muitas obras de literatura digital, possibilitando que nossas ações mudem a forma e o destino da história. Entretanto, as regras de participação projetadas pelos autores digitais podem ser uma ferramenta muito poderosa para a expressão e a geração de sentido. A fim de avaliar a interatividade, podemos prestar atenção a dois aspectos importantes:

A) *Se uma obra nos permite interagir, até que ponto ela o faz e em quem ela nos torna?*

Quando interagimos com uma obra, podemos fazê-lo de fora da história ou como um personagem. E, se nos tornarmos personagens, podemos ser tanto protagonistas como um personagem secundário.

É interessante delimitar isso para verificar se a interatividade é coerente com a intencionalidade estética de cada obra.

Por exemplo, *El viaje de Alvín*, um aplicativo para os primeiros leitores, nos deixa de fora da história porque visa oferecer uma narrativa multimídia lenta, calma e contemplativa sobre a jornada de um agricultor idoso que quer visitar seu irmão em um trator após um longo tempo sem vê-lo. Entretanto, outras obras, como as reinterpretações dos clássicos da Nosy Crow – *Little Red Riding Hood*, *Goldilocks* etc. – querem que participemos de sua narrativa como personagens, pois propõem uma espécie de experiência ficcional proativa e dinâmica, para a qual é mais coerente que administremos os protagonistas dentro dos cenários e decidamos seus caminhos.

B) *Se um livro nos permite interagir, para fazer o que e com que intenção?*

Como já acontece nos *videogames*, muitas obras de literatura digital permitem que a história mude de forma e de destino com nossas ações. Pode ser que a nossa ação se limite a desencadear ações de forma linear, mas também é possível que possamos decidir o que vai acontecer. E, em todo caso, vale a pena nos perguntarmos: o que isso está tentando nos dizer?

Por exemplo, *Metamorphabet* é um alfabeto interativo no qual as letras surpreendentemente se transformam em diferentes objetos e criaturas à medida que executamos certas ações sobre elas. Dessa forma, é nossa participação que molda esse discurso quase poético no qual, por exemplo, uma porta se transforma em um nascer do sol quando é aberta, e no qual as nuvens, se as tocarmos, assumem a forma de diferentes animais.

Por outro lado, o autor de *A Duck Has an Adventure* nos permite decidir o futuro de seu protagonista como se fosse de um livro da série Elige Tu Propia Aventura. A grande diferença entre a série narrativa clássica do final do século XX e a obra na web de Daniel Merlin Goodbrey é a mensagem irônica que transcende todas essas decisões, pois, após certo tempo, perceberemos que não temos controle real do destino do pato protagonista e que, como se fosse a própria vida, às vezes, ter decidido ser um simples cientista não é um obstáculo para acabar em uma aventura rodeada de piratas.

O que as crianças aprendem

Como vimos ao longo do capítulo, é por meio da forma consciente a partir da qual os autores extraem suas matérias-primas, as moldam e as situam em suas histórias que a arte constrói seu significado. As escolas devem garantir que todas as crianças tenham a oportunidade de entrar em contato com obras de qualidade artística ao longo de sua jornada escolar. Obras que garantam que a leitura valha a pena e por meio das quais elas possam alcançar o seguinte:

- *Dominar mais a linguagem*. Além da expansão do léxico (que a partir de certo nível é essencialmente produzido através da linguagem escrita) ou das possibilidades da linguagem. Isso significa ser capaz de perceber como fomos induzidos a imaginar e compreender algo de certa maneira. Todos nós interpretamos situações, conversas ou o que quer que se diga e aconteça ao nosso redor, ou seja, interpretamos "tudo e o tempo todo". Também reagimos a isso e nos expressamos constantemente. Mas a literatura de qualidade é um exercício muito poderoso de interpretação e expressão, já que se trata de textos que são muito deliberadamente elaborados para produzir seus efeitos. Ler literatura é, portanto, uma boa maneira de aprender a estabelecer sentido no mundo ou de "ler por trás das linhas", na expressão de Cassany (2006) e como diz Colomer:

> Ela nos permite não estar à mercê da linguagem dos outros, mas ser capaz de compreender o mundo que se expressa através dos discursos que nos rodeiam e, inversamente, nos dá o caminho para nos fazer entender pelos outros. (2002:89)

- *Ser capaz de entender melhor as histórias.* Apreciar as maneiras pelas quais os autores das histórias infantis distorcem e combinam palavras, constroem imagens e fazem intervir as outras línguas envolvidas nas obras permite-nos interpretá-las com mais profundidade e, portanto, apreciá-las mais. Porque querer compreender e obter satisfação ao fazê-lo é uma das nossas motivações mais enraizadas. Assim como educar o paladar nos permite saborear uma refeição bem-preparada.

- *Saber adequar-se ao tom específico de cada livro.* Cada obra propõe um pacto estético diferente para o leitor. Alguns são regidos por um envolvimento frenético com a trama ou pela identificação emocional imediata com personagens ou situações da narrativa, enquanto outros requerem uma distância humorística, uma leitura mais contemplativa ou representam um desafio intelectual reflexivo ou lúcido. A experiência reflexiva com uma gama de estéticas diversas permite ao leitor ampliar o espectro das obras que o atraem, aceitando a proposta e desfrutando-a de formas mais variadas. Como educar o paladar nos permite saborear diferentes tipos de alimentos.

Atividades de aprendizagem

1. **A textura do texto.** Dissemos que o texto literário consiste em ter amassado "o verdadeiro pão e o verdadeiro vinho". Vejamos como Hans Christian Andersen mistura esta descrição do palácio em *A rainha da neve* com elementos perceptíveis. Ele elenca os elementos do tato (temperatura etc.), visão (luz, cor etc.), espaço (amplitude, número etc.), som e movimento (ou falta dele):

   > As paredes do Palácio eram feitas de neve empilhada e as portas e janelas feitas de um vento cortante. Havia mais de cem salões; todos com bastante neve acumulada; o maior tinha vários metros quadrados de área e todos eram iluminados pela luz potente da aurora boreal. Mas como eram desertos, frios e brilhantes! Nunca se ofereceu uma festa, nem mesmo um baile para ursos jovens, em que a tempestade pudesse tocar a música e os ursos-polares andassem nas patas traseiras exibindo sua elegância; nem um triste jogo de cabra-cega, nem uma simples reunião na hora do chá, com a presença das raposas do Ártico. Nos salões da Rainha da Neve tudo era vazio, desolação e frieza. A aurora boreal brilhava com tanto resplendor, que era possível calcular quando atingiam o ponto mais alto e quando era mais baixa no céu. (*Cuentos de Andersen*:79)

Vejamos, agora, como o texto de Andersen constrói, então, a imagem de um conceito com base em sensações. Nesse caso, a ideia de "perfeição" como algo imutável e eterno por definição. A cena cria um conjunto de associações entre as ideias de perfeição, eternidade, frieza, raciocínio, cálculo e falta de percepção, movimento, sentimento ou variedade. Essas associações são comuns na literatura e para além dela. Por exemplo, a associação comum entre a frieza de caráter e a capacidade de raciocinar. Indique as palavras no texto que transmitem essa ideia:

> No centro desta imensa sala de neve havia um lago de neve que se quebrou em mil pedaços, cada um tão exatamente igual aos outros, que era uma obra de arte perfeita. No meio do lago se sentava a Rainha da Neve quando voltava de suas andanças, e afirmava que estava sentada no espelho da Sabedoria, e que era o único e melhor do mundo.
>
> O pequeno Kay estava completamente roxo de frio, ou melhor, quase preto; mas ele não sabia, porque ela havia afugentado seus calafrios com seus beijos, e seu coração parecia um pingente de gelo. Naquela época, ele havia recolhido muitos pedaços de gelo, planos e com bordas simétricas, e tentava juntá-los em todos os tipos de combinações (...) Kay conseguia formar desenhos muito artísticos, porque esse era o jogo da razão fria, e, para ele, fazer combinações e cálculos era o mais importante, por causa da partícula de vidro que havia entrado em seu olho. Ele fazia todo tipo de combinações para que as figuras formassem palavras, mas nunca conseguiu aquela que procurava, que era a palavra "Eternidade".

O conjunto de elementos que dão uma ideia da fria "eternidade" da perfeição contrasta com o calor da vida, sempre imperfeito, variável e ultrapassado.

Agora, faça uma lista de aspectos que poderiam construir um texto oposto, ou seja, o que faria parte de uma descrição destinada a transmitir o tempo da vida (um festival, um mercado etc.).

2. **Jogo de pares.** Como mencionamos na seção sobre a imagem, é importante abordar a ilustração com um olhar suficientemente atento para poder identificar as características específicas de cada obra e ver sua coerência com o que nos é dito. Para refinar esta visão, propomos aqui um grupo de dez ilustradores que, com base em uma breve pesquisa na internet ou em uma biblioteca ou livraria, devem ser colocados em pares de acordo com sua similaridade em termos da técnica e do estilo que utilizam:

Roberto Innocenti	Hellen Oxenbury	Gabrielle Vicent	Pep Montserrat	Tony Ross
Quentin Blake	Arnal Ballester	Mayumi Otero	Jörg Muller	Icinori

3. **As relações texto-imagem.** O olhar atento quanto ao tipo de relações entre o texto, imagem e outras formas de expressão também utilizadas pela literatura infantojuvenil digital é necessário para interpretar obras que transcendem o uso de textos. Propomos uma série de obras que brincam com mais de um dos tipos de relacionamento classificados na seção "As relações de significado" (p. 137), para que você possa identificá-las e classificá-las, colocando a imagem ou o número da página em que aparecem:

Obra	Redundância	Complementaridade	Disjunção
Este no es mi bombín, de Jon Klassen (Milrazones)			
Finn Herman, de Mats Leten (Libros del Zorro Rojo)			

(Continua)

A literatura como produto artístico | 147

Obra	Redundância	Complementaridade	Disjunção
La família Numerozzi, de Fenrando Krahn (Ekaré)			
Las lavanderas locas, de John Yeoman e Quentin Blake (Océano Travesía)			

4. **A literatura digital, passo a passo.** A quantidade de recursos e elementos que entram em jogo em uma obra da literatura infantojuvenil digital exige que nos aproximemos de cada um deles aos poucos. Sugerimos que você leia um livro na web ou em um aplicativo para crianças mencionado no capítulo, ou qualquer outro que conheça, e siga o roteiro para decompor e analisar as formas de expressão que são mobilizadas neles:

– Primeiro, analise as diferentes formas de expressão utilizadas na obra. Ela tem um texto? Tem som e música, tem uma imagem estática ou em movimento, pede para você participar?

– Depois, atente tanto ao funcionamento de cada elemento quanto à relação que ele tem com o restante. O texto cumpre as qualidades literárias que mencionamos anteriormente? A ilustração é esteticamente agradável e em consonância com a ideia geral do livro? Você percebe a função dos sons e da música incluídos? Como um todo, sente como se todos os elementos estivessem atraindo em uma mesma direção?

– Veja a camada interativa da obra: de onde, na narrativa, você é convidado a participar? Você é o protagonista? Você é outro tipo de personagem? E se você não é um personagem, as suas ações afetam a história ou simplesmente lhe permitem navegar na história? Ou seja, você é colocado dentro ou fora da história como um leitor interativo?

– É hora de dar um passo adiante e perguntar quais são os tipos de ação que desencadeiam a obra: são ações que mudam o destino da narrativa, são elementos pontuais que desencadeiam pequenas ações, como sons quando os personagens se tocam, ou pequenas animações humorísticas, são ações simples ou cadeias parecidas com jogos que permitem que a história progrida? Estas ações estão relacionadas com a ideia geral da obra?

Para saber mais

Barrionuevo, J. A. *Un periodista en el bolsillo*. Blogue.

Blogue especializado, no qual há notícias, reportagens e entrevistas sobre o mundo da ilustração. Ideal para ouvir as vozes dos criadores e aprender mais sobre os recursos e técnicas que eles utilizam em seus livros.

Colomer, T. (dir.) (2005): *Siete llaves para valorar las historias infantiles*. Madri: Fundación Germán Sánchez Ruipérez. [Disponível on-line].

Livro citado na introdução desta publicação como uma das leituras que o completam. Como já assinalamos, cada capítulo oferece ferramentas para aprender a olhar cada um dos elementos que compõem uma história infantil, sempre com base em exemplos ilustrativos.

Durán, T. "The Flavours of Children's Literature" [Os sabores da literatura infantil]. Palestra realizada na Fundação Jordi Sierra i Fabra, em Medellín. Vídeo do YouTube.

Uma viagem divertida por contos folclóricos baseados no tema dos alimentos. É organizado como um menu que começa com a maçã da história bíblica da criação e é apoiado por uma grande coleção de imagens. Uma maneira divertida de apreciar as muitas alusões que ela contém.

Hanán Díaz, F. (2007): *Leer y mirar el libro álbum: ¿un género en construcción?* Norma.

Introdução exemplificada e ilustrada ao gênero do livro ilustrado e às relações texto-imagem a que ele dá origem. Uma entrevista com esse autor também pode ser encontrada na revista digital *Educar*.

Ramada Prieto, L.; Turrión Penelas, C. "Nueva oleada en la LIJ digital". *Literaturas Exploratorias*.

Postagem no blogue em que revisamos algumas das características mais importantes que definem a literatura infantil e juvenil digital contemporânea, por meio de exemplos específicos de obras.

Van Der Linden S. (2015): *Álbum(s)*. Caracas: Ekaré.

Um estudo sobre o livro ilustrado no qual essa especialista francesa fornece a visão geral de todos os elementos que compõem esse formato literário, assim como as características que o definem, tanto termos de expressividade como de materialidade.

5.
Os tipos de narrativa

Os livros podem ser definidos e agrupados de várias maneiras, dependendo para que serve a classificação. Em uma livraria ou biblioteca, as histórias podem ser identificadas a fim de orientar seu possível público-alvo, por exemplo, com um canto de livros para *bebês*; mas também podem ser identificadas por características das obras, como o assunto, a linguagem do texto ou sua qualidade de *novidade*; e também por aspectos práticos, como o tamanho para caber nas prateleiras ou seu preço (livros de bolso, livros de presente etc.).

Quando falamos de tipos de histórias, pensamos em livros que são similares em termos de certas características (como estrutura, tema, a função da imagem etc.). Essas características formam certos conjuntos estáveis de obras similares. Se os examinarmos de perto, provavelmente encontraremos distinções entre eles que darão origem a vários subconjuntos. Assim, agrupar as narrativas de acordo com essas características ajuda a estruturar nosso conhecimento sobre elas e a entender melhor como cada tipo de texto funciona. Os diferentes grupos tendem a receber nomes específicos, portanto, nomeá-los também nos ajuda a compreendê-los mais facilmente quando queremos nos referir a uma *história em quadrinhos*, um *conto folclórico* ou uma *lenda*. No entanto, também pode acontecer que o mesmo livro compartilhe denominações diferentes:

- *ABCD*, de Marion Bataille, é um *alfabeto*, mas também podemos encontrar entre publicações *pop-up*.

- *O detetive John Chatterton*, de Yvan Pommaux, é uma versão de um conto popular (*Chapeuzinho Vermelho*), mas é um *livro* (por causa da importância decisiva da ilustração) e também uma *história de detetive* (porque se trata de um detetive encarregado de procurar uma garota desaparecida).

A literatura adota as diferentes e escassas perspectivas gerais que nós, humanos, podemos adotar em relação à realidade para refleti-la, exaltá-la, ridicularizá-la etc., através de sua representação artística (como a representação mítico-fabulosa, épico-trágica, realista-mimética, fantástica, cômica-paródica ou alegórica). Essas perspectivas são historicamente traduzidas em moldes de gênero. Elas podem ser subdivididas em grupos mais específicos e podem adotar diferentes formatos (escrito, audiovisual etc.). Por exemplo, o gênero de contos populares abrange os subgêneros de contos de fadas (como *Cinderela* ou *Branca de Neve*), contos de animais (como *Os sete cabritinhos e o lobo*), contos populares (como *Garbancito* ou *La mata de albahaca*) ou contos de fórmula (como *La ratita presumida* ou os contos de nunca terminar), e os encontramos hoje em dia em todos os tipos de formatos.

A tendência das obras de seguir seu próprio caminho, mudando, modificando, misturando e violando moldes e formatos, significa que as classificações são sempre muito mais rígidas do que a realidade literária líquida. Por essa razão, as tipologias evoluem e flutuam, buscando constantemente as inovações introduzidas pelos autores e as tecnologias de criação e impressão para colocá-las em uma caixa.

História de uma ou outra categoria podem ser mais ou menos apropriadas, dependendo da idade do público-alvo. Nossa experiência de contar histórias para crianças nos mostra que há alguns tipos de histórias que são mais compreensíveis e apreciadas em uma ou outra etapa. Por exemplo, histórias realistas, com poucos personagens e com cenários limitados e familiares (como a casa ou o jardim) abundam em livros para bebês; enquanto histórias fantásticas, aventuras em cenários distantes ou enredos complicados com muitos personagens aparecerão progressivamente à medida que os leitores crescem. Mas tenha em mente que isso não corresponde necessariamente ao que as crianças "dizem", pois elas não podem saber que gêneros preferem. Se perguntadas, elas responderão de acordo com as histórias que se lembram de gostar ou de acordo com os clichês que ouviram ("humorístico", "aventureiro" etc.). São os adultos os responsáveis por abrir a elas o leque de possibilidades oferecidas pelos diferentes tipos de livros para que elas possam formar suas preferências com pleno conhecimento dos fatos ao longo de sua infância e adolescência. Porque ninguém gosta do que ainda não sabe, e porque os livros podem ser apreciados como obras específicas e não de acordo com o gênero ao qual pertencem.

Tipos de livro

Embora estejamos tratando aqui de narrativas, se estamos no início da viagem, devemos lembrar que os bebês não têm a capacidade de entender uma história completa, com um conflito que é resolvido no final, portanto, a maioria dos livros destinados a eles consiste apenas em cenas ou sequências narrativas. É também o caso de que a fronteira entre livros de ficção e livros de não ficção é muito tênue nas idades iniciais e encontramos muitas histórias sobre aspectos da natureza, *play-books* sobre números ou conceitos (como *dentro/fora*), livros de alfabeto artístico etc. Da mesma forma, a fronteira com a poesia é confusa nas sequências de rimas de textos e na poesia narrativa. Portanto, não costumamos distinguir estritamente entre esses grupos quando falamos de literatura para os primeiros anos.

A seguir, vamos analisar diferentes critérios que temos de considerar para incluir um *corpus* variado de livros em nossas salas de aula. Como vamos variar os critérios, devemos ter em mente que as categorias não são mutuamente exclusivas (uma obra pode ser classificada como *ficção*, *digital*, *folclore* e *humor*), mas, juntas, elas nos darão uma imagem dos tipos mais comuns de livros destinados às crianças:

Quadro 5.1. Obras de diferentes códigos, suportes e formatos.

El letrero secreto de Rosie, de Maurice Sendak	*La pequeña oruga glotona*, de Eric Carle	*El pequeño teatro de Rebecca*, de Rébecca Dautremer	*Mini Zoo*, de Christoph Nieman
História em que texto e ilustração coexistem.	Essa história tem lacunas, existem versões de vários tipos, como a da lagarta como um fantoche de dedo.	Um desdobrável incrível para crianças mais velhas.	Bestiário interativo em que cada animal reage a nossos movimentos na tela.

(Continua)

El letrero secreto de Rosie, de Maurice Sendak	*La pequeña oruga glotona,* de Eric Carle	*El pequeño teatro de Rebecca,* de Rébecca Dautremer	*Mini Zoo,* de Christoph Nieman
A maior parte da produção infantil é feita em papel e utiliza dois códigos: escrita e imagem. Se a imagem é essencial para o significado da obra, podemos encontrar livros ilustrados ou a forma específica dos quadrinhos.	Livros, em essência, de imagens que reproduzem com os aspectos materiais da página: tecido, plástico (para a banheira) etc. e com tamanhos, espessuras e formas muito variados. Eles são frequentemente incluídos na denominação do livro-jogo.	Livros baseados em interação com a função: desdobráveis, recortados, com abas, relevos, buracos etc. Eles estão agrupados na denominação de livro de jogo, cortado ou *pop-up*.	Aplicativos e outras obras digitais aguardam a interação do leitor com telas: tocar, pintar, ouvir, gravar voz etc. Existem também os obras digitais, em que eles são simplesmente lidos na tela.

Quadro 5.2. Obras de ficção e não ficção.

Colores, colores, de Keta Pacovska	*Los contrarios,* de Francesco Pittau e Bernadette Gervais	*ABCD,* de Marion Bataille	*Sete camundongos cegos,* de Ed Young
Os *livros de conhecimento* sobre cores diferentes, sobre as estações do ano, animais etc., são muito comuns. Nos coloridos, as imagens e os recursos apelam para a natureza ou para os objetos e as suas conotações.	Os *livros sobre conceitos opostos* configuram um subgênero infantil especialmente divertido. Entre os livros sobre conceitos, proliferaram ultimamente aqueles que visam a definição e a compreensão das emoções.	Os *abecedários* ou *silabários* são um gênero histórico de livros infantis. Uma derivação paralela são os *livros de contar*. Ambos permanecem relevantes apenas pelas possibilidades gráficas e imaginativas que oferecem aos artistas.	A ficção também pode incorporar conhecimentos. Nesta fábula hindu foram incluídas informações sobre as cores, os números ordinais e os dias da semana.

Quadro 5.3. Obras folclóricas e de autoria.

Cancionero infantil, de Marta Vidal e Noemí Villamuza	Contos de Grimm, de Jacob e Wilheim Grimm	Vamos a cazar un oso, de Michael Rosen e Hellen Oxenbury	Elmer, de David McKee
Antologia de canções tradicionais infantis.	Tradução de obra de 1819 em que os contos orais recolhidos são dirigidos para as crianças.	Um conto moderno feito com base em uma canção tradicional.	Um conto moderno ilustrado, como a maioria hoje em dia.
Embora lidemos aqui com narrativas, não podemos nos esquecer dos livros de enigmas, livros de canções e livros de poesia do folclore. São um legado literário aperfeiçoado com o passar do tempo, com todas as possibilidades que nos oferece o jogo com a língua.	Os contos populares eram transmitidos oralmente ao longo dos séculos, até que alguém os adaptou à linguagem escrita. Sua presença deve ir além do mais famoso e deve basear-se em sua forma original, e não em suas adaptações para as telas.	Muitos autores modernos fizeram adaptações de literatura tradicional ou encontraram nela o ponto de partida para suas versões. Também pode haver adaptações e versões de outros tipos de obras: clássicos, provenientes do cinema etc.	Histórias e coleções de poesia criadas por seus autores, com parâmetros próprios da literatura e da arte do seu tempo.

Quadro 5.4. Narrativas de tradição oral.

Cinderela	¿Por qué el mar es salado?	Os três porquinhos	João sem medo
Contos maravilhosos: Com elementos fantásticos, como personagens com poderes especiais: bruxas, fadas, ogros, duendes etc.	Contos etiológicos: Explicam a origem ou as características de algo: o aparecimento da população humana, a forma de um animal etc.	Histórias de animais: Eles narram a astúcia ou estupidez de um animal, muitas vezes sobre sua necessidade de satisfazer a fome, e com o espírito de diversão.	Contos de costumes: Realistas, com personagens humanos e as adversidades das sociedades agrárias, que se refere a um tempo mais moderno do que as dos outros tipos.

(Continua)

Kiriko, o galo	A construção de uma ponte por parte do diabo	O ciclo do Rei Arthur ou Matéria da Bretanha	O mito de Prometeu na mitologia grega
Histórias de fórmula: Definidas por suas estruturas verbal e formal, embora o que contém possa ser absurdo. Em verso (histórias sem fim) ou em prosa (histórias encadeadas e cumulativas).	*Lendas:* Histórias extraordinárias que são contadas como aconteceram e estão ligadas a um lugar, edifício ou acidente geográfico. Podem ser realistas (um evento de guerra), religiosos ou maravilhosos.	*Contos heroicos:* Histórias extraordinárias de feitos realizados por um herói específico, sejam históricos ou imaginários, e organizadas em forma de ciclos.	*Mitos:* Histórias que se passam em um mundo anterior ao atual e, embora possam assemelhar-se ao conto heroico ou etiológico, sempre aludem a uma constelação religiosa.

Quadro 5.5. Narrativas de gêneros distintos.

Concierto de piano, de Akiko Miyakoshi	Aventuras de la mano negra, de Hans Jürgen Press	29 historias disparatadas, de Ursula Wölfel	Las brujas, de Roald Dahl
Contos sobre conflitos psicológicos: No exemplo, uma garota supera sua vergonha de agir.	*Contos de enigma policial:* No exemplo, resolvem-se consultando as imagens.	*Contos de humor:* No exemplo, uma coleção de relatos de comicidade absurda.	*Narrativa de aventuras realistas ou fantásticas:* No exemplo, uma criança e sua avó enfrentam as bruxas.
La isla, de Armin Greder	El final del verano, de Stian Hole	Los pequeños macabros, de Edward Gorey	El libro de las fábulas, de Concha Cardeñoso
Contos de conflito social: No exemplo, a reação negativa diante do estrangeiro que chega a uma ilha.	*Narrativas realistas no ambiente cotidiano:* No exemplo, uma criança sente a proximidade de seu ingresso na escola.	*Contos de medo:* No exemplo, uma exibição alfabética de humor ácido sobre mortes infantis.	*Fábulas:* Relatos breves, normalmente de animais e em verso, para fins didáticos.

Até este ponto, classificamos as obras de acordo com seu formato, se pertencem à ficção e se pertencem ou não à tradição oral, bem como seu gênero específico. Veremos, agora, dois tipos de classificação menos comuns, mas que podem ser úteis na escola. No Quadro 5.6, observaremos que as obras podem ser classificadas de acordo com alguns de seus elementos narrativos. Por exemplo, obras com final feliz, negativo ou aberto. Considerar o possível desdobramento de alguns dos elementos da obra leva ao tratamento de livros que mostram às crianças as possibilidades de variar as regras do jogo. Assim, nos exemplos escolhidos, são apresentadas algumas das possibilidades das estruturas das histórias infantis.

Quadro 5.6. Narrativas com variações em cada elemento narrativo: a estrutura.

Buenos días, de Jan Ormerod	*Historia de Babar, el pequeño elefante,* de Jean de Brunhoff	*Buenas noches, luna,* de Margaret Wise Brown	*Da pequena toupeira que queria saber quem tinha feito cocô na cabeça dela,* de Werner Holzwarth y Wolf Erlbuch
Sequência narrativa sem conflito. No exemplo, as ações diárias de uma menina desde que ela acorda até ela ir para a escola com a mãe.	*Narrativa completa,* com início, conflito e desfecho. No exemplo, desde quando Babar nasce até ser proclamado rei e se casar.	*Narrativa enumerativa.* No exemplo, uma jovem diz adeus a cada um dos objetos no seu quarto e vai dormir.	*Narração sucessiva.* No exemplo, uma toupeira pergunta a vários animais para descobrir quem foi, até a resolução com a sua insignificante "vingança".

(Continua)

¿A qué sabe la luna?, de Michael Grejniec	La historia de la manzana roja, de Jan Lööf	Historias de ratones, de Arnold Lobel	Me encanta, de Minne Natalie Fortier
Narrativa cumulativa. No exemplo, os animais querem chegar à Lua para conhecê-la. Em cada nova cena, um novo animal se empoleira sobre os demais.	*Narrativa circular.* No exemplo, a história daquela maçã termina exatamente como começou, embora muitas coisas tenham acontecido...	*Enquadrar história.* No exemplo, um pai rato leva seus filhos para a cama e conta-lhes sete histórias diferentes até adormecerem.	*Catálogos,* sem estrutura narrativa. No exemplo, cada página mostra-nos algo de que a personagem principal gosta, sem qualquer relação entre si.

Finalmente, podemos observar uma divisão das obras de acordo com sua forma implícita de recepção (visual, interativa etc.). Isso se encontra muito presente na produção de histórias infantis e na consciência social de sua variabilidade de uso. Da mesma forma, é algo muito utilizado na escola quando se procura um livro para uma atividade específica: compartilhar, narrar em voz alta etc.

Quadro 5.7. Peças para assistir, recitar, dramatizar ou ler.

Libros del Chiquitín, de Helen Oxenbury	Abezoo, de Carlos Reviejo	¡Oh! Un libro que habla, de Hervé Tullet	Shola y los leones, de Bernardo Atxaga
Livros para ler e falar: Muitas vezes em capa dura, com pouca relação entre as imagens, destinados a identificar personagens, objetos e cenas. Também narrativas completas sem texto: narrações mudas.	*Livros para cantar ou recitar:* Poemas, livros de canções e antologias que podem conter poesias narrativas, fábulas, ou contos em que o texto é rimado.	*Livros para dramatizar ou para intervir oralmente durante a narração de histórias:* Muitos livros provavelmente o sejam por causa de seus diálogos, frases repetidas, fórmulas mágicas ou onomatopeias.	*Livros para explicar ou ler:* Histórias e narrativas para serem contadas por adultos ou serem lidas por crianças à medida que aprendem a ler.

As regras dos gêneros

Cada gênero se constitui de um conjunto de características comuns. São como "as regras do jogo" que devem ser seguidas e que o leitor conhece ou aprende mediante a leitura de obras desse tipo. Pode-se pensar em regras muito gerais, como as que regem um formato (como virar páginas ou as ações habituais na literatura da tela digital); assim como aquelas que regem qualquer narrativa (haverá personagens, ocorrerá ao longo do tempo etc.). Mas, geralmente, essas regras são consideradas garantidas, e as características descritas referem-se àquelas de um tipo particular de gênero ou de subgênero narrativo. É como saber primeiro que vamos jogar, depois, que vamos jogar um "jogo de tabuleiro" ou um "jogo de bola", e, finalmente, seguir as regras conhecidas desse jogo em particular. Tomemos, por exemplo, um anúncio comercial que apela para as regras que os leitores já conhecem sobre as narrativas do subgênero chamado *alta fantasia*:

> Fique atento, você deve descobrir seu destino. O Exército Negro espera por você. Batalhas medievais, rixas urbanas, ensinamentos alquimistas... e um segredo bem guardado. Coleção Comunitária de Fantasia. No site do seu Círculo você encontrará uma reportagem especial. Na próxima revista, *Guia para draconólogos*, um livro muito especial que inclui um modelo espetacular do dragão europeu. (*Revista do Círculo de Leitores*)

Ao ler esse anúncio, já percebemos que se trata de uma ficção baseada na intriga e na projeção do leitor de um protagonista "especial". Intriga *e projeção* são duas das formas mais claras de satisfação na experiência ficcional, e a ênfase está em um *você* que busca o *envolvimento* do leitor, a quem se diz que nada menos que *um destino, um exército e um segredo* o esperam.

O mundo evocado é uma Idade Média distante, capaz de hospedar um *imaginário repleto de violência e façanhas*; a alquimia nos remete a segredos vagos, mas que possuem uma entidade histórica que acrescenta *espessura*, e a escuridão do exército nos tenta com a *emoção do mal*. Assim, abre-se um espaço de *ação emocionante*, presidido por batalhas e atitudes bélicas que começam com uma colocação de guarda, e se anuncia a presença de *seres mágicos* como os dragões, que fazem parte do que é especial nessa obra.

Além do conteúdo da obra, o leitor é colocado em uma comunidade de *pares* (um círculo de leitores, de jogadores, de conhecedores de mundos irreais); ele ou ela é cercado por diversos *canais de comunicação* (um website, uma revista), assim como por *diferentes produtos para consumir*, alguns para ler (uma reportagem na tela, um guia no papel) e outros para construir (um modelo). E, finalmente, há a possibilidade de *se sentir um especialista*: pertencer à categoria dos draconólogos e saber diferenciar os dragões pelas tradições culturais.

Assim, temos mais dois exemplos das regras do jogo dos gêneros narrativos, muito presentes na ficção infantil: histórias de detetives e contos folclóricos.

Histórias de detetives

O gênero crime nasceu na literatura para adultos, com *romances de enigmas*, obras que propõem um caso criminal como um jogo a ser resolvido. Bons exemplos são a série Sherlock Holmes, de Arthur Conan Doyle, ou os romances de Agatha Christie. Em meados do século XX, desenvolveu-se uma segunda linha com características próprias, conhecida como o *romance policial*.

Os romances de enigmas foram logo incluídos nas coleções de romances juvenis como clássicos do assunto, mas foi o romance policial que deu mais frutos nesse campo, com a criação moderna de séries, como a do detetive adolescente Flanagan, de Andreu Martín e Jaume Ribera. Na ficção infantil, por outro lado, o romance de enigma foi incorporado para formar um substrato muito sólido na literatura infantil de hoje, muito povoado por detetives e crianças que resolvem mistérios. Suas regras básicas são:

- A apresentação de um mistério a ser resolvido.
- Alguns sinais que vão surgindo.
- Um espaço delimitado.
- Um detetive, externo ao que aconteceu, que segue um processo de dedução lógica.
- A resolução satisfatória do enigma.

Esse esquema de "investigação-descoberta através de pistas até que um caso seja resolvido" permeou as aventuras de detetives com protagonistas crianças no século XX. O surgimento de *Emilio y los detectives*, de Emil Kaestner, em 1928, é geralmente considerado o ponto de partida desse gênero, que se desenvolveu na série de Enid Blyton ou nos quadrinhos Tintim, ambos publicados sem interrupção desde os anos 1930 até hoje. Durante a década de 1980, ele foi expresso mais especificamente em livros-jogos de resolução de enigmas, que podem ser resolvidos olhando-se para fotos, como nas já mencionadas *Aventuras de la mano negra*, de Hans Jürgen Press. E, a partir de então, muitas séries de detetives destinadas às crianças têm surgido, algumas com seus próprios nomes, como as de Gerómino Stilton, Felipe Marlot, de Joaquim Carbó, ou John Chaterton, de Yvan Pommeaux, que transferiu esse esquema narrativo para o livro ilustrado.

Organizar uma obra considerando resolver um mistério combina com a intriga de histórias infantis, cujas regras podem se relacionar a grande parte da ficção infantil de hoje, de uma forma mais geral ou mais concreta. Por exemplo, com livros de perguntas, como a série Onde está Wally?, de Martin Handford, em sucessivas narrativas de ritmo binário em livros para bebês, muitas vezes enquanto as abas são levantadas (Está aquí?...não; Aqui?... não...; ou É este?... não; Este?...não); com livros ilustrados, como *Da pequena toupeira que queria saber quem tinha feito cocô na cabeça dela*, ou mesmo com livros de arte, nos quais se devem procurar pistas nas pinturas, como em *Abecedario del arte*, de Carlos Reviejo e Ana Moreno. E podem ser associados a protagonistas infantis que solucionam mistérios em favor de um problema social ou relações interpessoais, como *Rico y Óscar y el secuestrador del súper*, de Andreas Steinhöfel, e muitos outros.

Muitas vezes, o papel do protagonista nessas histórias é um papel de grupo, como foi nos primeiros trabalhos de Kaestner ou Blyton, e responde a um modelo de "turma" no qual o esquema mais comum é o seguinte:

- O protagonista masculino
- O amigo inseparável
- O amigo
- Um amigo menor, mais fraco ou curioso
- Um mascote

Assim, podemos ver variantes um tanto próximas dessa fórmula de turma em muitos livros de trama e aventura, como na série de Harry Potter, nos filmes da saga *La guerra de las galaxias* etc.

Contos folclóricos

O interesse pela coleta e pelo estudo de narrativas orais tradicionais teve início no século XIX, impulsionado pelo processo de industrialização, que transformou estilos de vida rurais em urbanos e pôs fim à transmissão oral dessa literatura; pela constituição dos estados europeus, que lhes deu uma consciência cultural comum das novas nações; e pelas correntes culturais do Romantismo, que viram nessa literatura "a alma do povo".

A coleta e o estudo do folclore foram realizados de muitas perspectivas diferentes e para responder a perguntas de naturezas muito diferentes. Assim, a grande semelhança dos contos, tanto entre si como em relação a outras formas de literatura oral, surpreendeu os estudiosos do folclore e levou a estudos comparativos e tentativas de classificar as diferentes formas, tanto em uma mesma cultura como entre culturas muito diferentes. Essa profunda semelhança logo levou a uma curiosidade antropológica sobre a origem e a função social que os contos devem ter desempenhado ao longo dos tempos. Recentemente, a psicologia interessou-se pela representação psíquica que esses livros poderiam oferecer, dado o carinho permanente por eles por parte de indivíduos de todas as culturas. E, finalmente, os estudos sobre narração e relatos encontraram nos contos populares uma fonte inestimável para estabelecer as características básicas da narração literária como forma de expressão humana.

Os contos populares são, sem dúvida, as produções literárias que tiveram a maior influência na formação da literatura infantil. Primeiro, porque alguns desses contos foram transmitidos e sobrevivem quase exclusivamente sob a forma de literatura destinada às crianças. Em segundo lugar, porque os autores da literatura infantil têm utilizado de modo abundante os elementos desses contos. Os contos de fadas são os mais difundidos. Do ponto de vista das regras que os regem, podemos dizer que (conforme Colomer, 2010; Ceballos Viro, 2016) os contos populares seguem estas características:

1. Eles são dispostos em um tempo e espaço indefinidos, com expressões como "há muito tempo", "em um país muito distante" etc.

2. São histórias de ação. É mais fácil para um narrador oral contar "o que acontece", ou seja, seguir uma trama baseada no que os personagens fazem, de modo que só descreverá algo quando for imprescindível explicar algo maravilhoso ou fora do comum.

3. Sua estrutura é muito fixa. Em sua obra *Morfologia do conto*, de 1928, o estudioso russo Vladimir Propp definiu-a com base em uma série de 31 *funções* ou sequências ordenadas ao longo do conto. Nem todas as funções aparecem em todos os contos, mas, quando aparecem, seguem sempre a mesma ordem. É muito comum que uma sequência seja estendida com a repetição de três elementos: três irmãos, três tentativas, três presentes etc., algo que facilita tanto a memória do narrador quanto a antecipação e a compreensão do público. Rodríguez Almodóvar (1989) propôs uma redução dessas funções para nove, dada a frequência de cada uma nos contos de fadas espanhóis:

   – Falta ou problema inicial (fome, falta de descendência etc.).
   – Convocação (o rei emite uma proclamação para casar ou desencantar sua filha etc.).
   – Viagem de ida (do herói para a aventura).

- Demonstração de generosidade (do herói para com um animal ou um personagem em perigo).
- Doação do item mágico (como recompensa pela ação anterior).
- Combate (entre o herói e o agressor).
- Testes (a que o herói é submetido, e que os supera graças ao item mágico).
- Viagem de retorno (do herói após o sucesso, embora ele possa ser perseguido e suplantado).
- Reconhecimento do herói suplantado (por meio de uma nova tarefa que desmascara o falso herói).

4. Os personagens que desempenham essas funções são de sete tipos: o herói ou heroína, o rei ou aquele que o ordena a fazer algo, o agressor que se opõe ao seu sucesso, o ajudante do herói que o ajuda em sua busca, o doador de um objeto mágico que permitirá ter sucesso, o falso herói (que finge substituir o herói, reclamando crédito por ele) e a pessoa desejada ou recompensa final (como as tradicionais princesas).

5. O narrador da história é onisciente e limita-se a contar o que acontece sem dar sua opinião ou fornecer explicações psicológicas, dá a voz em grande parte aos personagens em diálogo e nunca termina a história com uma moral.

6. O idioma corresponde a essas características. Como não há descrição, há poucos adjetivos ou figuras retóricas da fala, enquanto as formas lexicalizadas são amplamente utilizadas, como fórmulas de abertura ("Era uma vez") ou fechamento ("colorin colorado, este conto está terminado"), repetições verbais ("andando, andando") para indicar a passagem do tempo, a intercalação intermitente de frases

e fórmulas mágicas ("vou soprar, e soprar, e soprar...") ou o uso coloquial de frases definidas. Entretanto, em contraste com essa parcimônia de recursos linguísticos, destaca-se o grande valor simbólico de seus elementos, algo que os tornou muito duradouros ao longo do tempo, e muito utilizados pela literatura escrita, que tem explorado repetidamente seus castelos adormecidos, anéis mágicos, ascensão da maior pobreza para a maior riqueza etc.

Livros comerciais

A literatura infantil, como a literatura adulta, funciona como um sistema literário complexo. Pode-se dizer que, em seus extremos, existem dois tipos de produção:

Literatura de qualidade	Literatura de consumo
• Destinada à formação estética e literária e ao proveito dos leitores;	• Destinada a vendas e ao entretenimento;
• realizada conforme parâmetros artísticos;	• regida por padrões preestabelecidos de gênero, escrita e edição;
• em busca de originalidade e de aquiescência crítica dos críticos.	• não leva em conta a originalidade artística ou a avaliação dos críticos especializados.

A literatura infantil de consumo tem uma longa tradição histórica, mas agora é exacerbada pela forma como a indústria editorial opera à base em novidades e grandes tiragens. Muitas vezes, a regras do jogo derivam de obras ou séries, de maior ou menor qualidade, que obtiveram sucesso entre os leitores e começaram, então, a ser reproduzidas em uma grande onda de imitações. Por exemplo, nos últimos anos, desenvolveu-se uma narrativa comercial de séries, dedicada principalmente a crianças de 8 a 10 anos, com características derivadas de títulos e séries de referência, como:

- Lindo, Elvira (1994): *Manolito Gafotas*. Madri: Alfaguara.

- Pilkey, Dav (2002): *As aventuras do Capitão Cueca*. Madri: SM.

- Stilton, Geronimo (2003): *Mi nombre es Stilton. Geronimo Stilton*. Barcelona: Destino.

- Kinney, Jeff (2006): *Diario de Greg: um nerd total*. Moinho.

- Criança, Lauren (2009): *Todo sobre mí. Ana Tarambana*. Serres.

- Russell, Rachel Renée (2010): *Diario de Nikki*. Moinho.

Quadro 5.8. Características das narrativas infantis atuais de consumo (Lluch, 2013).

Quanto ao discurso	Narração em 1ª pessoa por protagonistas crianças, muitas vezes dirigida diretamente ao leitor, com cenários típicos do mundo cotidiano padrão das sociedades ocidentais (família, escola, festas infantis, crianças etc.). Está impregnada de humor leve, baseado na cumplicidade com um narrador dedicado a caricaturizar o ambiente habitual do leitor de uma forma que ou é inocuamente irônica, ou enganosamente desconcertada.
Quanto à história	Narrativa muito fragmentada, dividida em pequenos capítulos e cenas, sequenciada cronologicamente por dias ou horas do dia, em que são contadas pequenas anedotas inconsequentes protagonizadas pelo personagem narrador.

(Continua)

Quanto à escrita	Frases simples, sem subordinação e de curta duração. É utilizado um léxico restrito e formas linguísticas fundidas ao máximo com os pressupostos de conversa oral entre crianças da idade alvo, evitando marcas estilísticas ou artísticas, ou efeitos artísticos. São utilizados parágrafos muito curtos, entre duas e sete linhas. Estão também incluídos uma variedade de tipos textuais no texto, como anúncios, listas etc.
Quanto ao projeto gráfico	A página tem margens largas e linhas brancas entre parágrafos. São adotadas tipografias diferentes, por vezes coloridas, ligadas a um tipo de documento reproduzido ou para realçar a expressão das vozes e as emoções dos personagens. São incluídas ilustrações claramente estereotipadas, por vezes próximas do estilo de desenho das próprias crianças, uma vez que podem parecer realizadas pelos personagens.
Da perspectiva editorial	A "marca" criada é alargada ao ponto de configurar séries ou de nomear coleções. Estende-se também a outros formatos, tanto impressos como digitais (o website do personagem, a revista da editora, miscelânea sob a forma de um diário dos personagens etc.), bem como uma vasta gama de objetos de marketing.

Essas características estão em conformidade com os principais efeitos procurados por esse tipo de produção em massa, que podem ser resumidos da seguinte forma:

1. *A identificação e a busca de diversão de seu público potencial:* pela apresentação de um mundo e personagens totalmente

padronizados, tanto em seus sentimentos como em suas atividades, pelo uso do jargão infantil e pela interpelação do leitor, tudo em uma perspectiva humorística.

2. *A história é fácil de ler*: pela linguagem simples, pelo registro coloquial, pela brevidade e pelo *layout* do texto – distribuído por uma página repleta de branco –, assim como pela apresentação de um mundo totalmente previsível em sua configuração e no desenvolvimento da ação, de modo que o leitor seja arrastado, sem esforço, para dentro da história.

3. *Economia de concentração de leitura*: pela adoção de uma grande fragmentação de informação, obtida com a ajuda de um projeto gráfico. Isso favorece a dispersão do olhar do leitor e a interrupção intermitente da leitura: por meio do uso de pequenos blocos de texto, da inclusão de documentos que fazem parte do ambiente habitual da criança (letreiros, cadernos etc.), da combinação de texto e imagem ou do uso de jogos coloridos e tipográficos.

O que as crianças aprendem

Eis que uma vez um fazendeiro, cavando, cavando em seu jardim, encontrou uma jarra, tão grande como uma casa e de um estranho tipo de barro.

Caro tio Marcelo, é melhor você entrar em um avião e voltar agora mesmo. O dragão comeu a Jemima. Emi amava esse coelho. Eu sei o que você deve estar pensando, tio Marcelo. Nós lhe prometemos que cuidaríamos do dragão durante toda a semana. Eu sei que sim. Mas você não nos disse que ele se comportaria assim.

Tão altos os muros ao redor daquelas terras. Altos como penhascos, escuros como rochas. Quem mora atrás daquelas muralhas? Um jovem príncipe e sua pequena corte. Por que eles são tão altos se há tão poucas pessoas? Porque o príncipe está com medo.

De qual gênero poderia ser um conto com cada um desses inícios? Sem dúvida, todos concordamos que o primeiro seria um conto popular: o personagem, a fórmula "cavando, cavando", os elementos simples e naturais – jardim, vaso, barro, a simples comparação – e o tipo "estranho" de barro que nos predispõe à descoberta de algo fantástico. O segundo, como *um conto de humor e fantasia moderna*, pois incorpora um elemento fantástico em um cenário cotidiano, e talvez um conto epistolar, com um narrador-protagonista infantil. E o terceiro, embora faça alusão a príncipes e paredes, não indica um conto popular, mas sim, uma narrativa épica ou poética de fantasia, na qual podemos esperar que a voz interpretativa do narrador esteja muito presente.

Os primeiros leitores infantis, provavelmente, esperavam isso também. O contato das crianças com a literatura fornece muito conhecimento implícito sobre os gêneros, o que lhes permite ativar estratégias de leitura apropriadas. Mas, certamente, seria mais difícil para elas determinar por que razão sabem de que tipo de narrativa se trata, assim, um exercício interessante consiste em tornar explícitas essas regras internalizadas e fazê-las tomar consciência do quanto já sabem sobre regras literárias por intermédio de sua leitura.

Familiarizar as crianças com diferentes tipos de livros e explicitar suas características fazem parte da educação literária. Isso permite a elas compreender como funciona o sistema literário e como se fala socialmente sobre os livros. O contraste ajuda a compreender e sistematizar como funciona cada tipo, de modo que, desde muito cedo, podemos, em sala de aula, classificar com elas os livros de acordo com diferentes critérios (formatos, tipos de ilustração, gêneros etc.). Ou podemos comparar as regras do jogo de obras de diferentes gêneros e, de modo mais sofisticado, fazê-lo em variantes de um mesmo gênero. E será essencial incorporar a metalinguagem apropriada em suas conversas sobre livros (livro ilustrado, narrativa muda, conto popular, história fantástica ou realista, cômico etc.)

Inventar e escrever de acordo com as regras

A observação das regras do jogo é também um elemento decisivo para o progresso da invenção da história, já que os gêneros oferecem moldes conhecidos para desenvolvê-los, especialmente no caso da escrita (Colomer, 2005).

Quadro 5.9. Atividades de redação de histórias escolares.

O que é costume ensinar na escola sobre a escrita de histórias?	Por que é insuficiente?
A geração de ideias, com especial ênfase em originalidade, com base em clichês como: "E se...?".	Fornece apenas o início e o ímpeto para a escrita, mas não apoia as crianças no seu desenvolvimento.
Estrutura narrativa, com atividades de divisão em partes, recomposição, passagem para vinhetas etc.	É apenas um esboço geral que fica aquém para o progresso da qualidade do texto na escola primária.
O gênero de conto popular, adotado por crianças como modelo, uma vez que é aquele com os quais estão mais familiarizadas e sobre o qual é dada maior ênfase para assinalar as suas características.	Deixa as crianças sem orientação quando querem escrever outro tipo de história.

(Continua)

O que é costume ensinar na escola sobre a escrita de histórias?	Por que é insuficiente?
A descrição, o diálogo e as fórmulas prontas, quer como exercício preliminar ou como uma correção posterior do texto.	São parciais e muitas vezes consideradas um embelezamento ou correção posterior do texto.

Em seu estudo sobre o aprendizado da linguagem escrita, Tolchinsky (1993) mostrou a capacidade dos alunos do 3º ano do Ensino Fundamental de produzir textos narrativos, mas infelizmente, ao mesmo tempo, ele percebeu a má qualidade das histórias analisadas, uma vez que elas mostraram as seguintes deficiências:

- falta de distinção entre a ordem em que os eventos narrados ocorreram e a ordem em que são explicados. Em outras palavras, as crianças sempre escreveram a favor da ordem cronológica dos acontecimentos, sem distinguir entre a trama e o enredo;

- falta de explicitação das intenções e dos sentimentos dos personagens. Em outras palavras, as crianças se limitaram a descrever comportamentos e ações;

- inexistência de um jogo de alternância na presença/ausência do narrador. Em outras palavras, as crianças escreveram o relato rigoroso dos acontecimentos, sem incluir avaliações, cumplicidades ou comentários dirigidos ao leitor;

- falta de controle na relação entre os detalhes e o significado geral do texto. Em outras palavras, as crianças escreveram sem uma intenção geral de criar um efeito sobre o leitor.

O que todas essas dificuldades têm em comum é que elas estão situadas em um nível de gestão de texto que se encontra em um estágio *intermediário* em relação aos problemas abordados de maneira explícita pela escola. *Acima* da atenção aos níveis profundos de domínio do texto (ver se a estrutura narrativa é completa, se segue as características de um conto popular) e *abaixo* da atenção aos níveis mais superficiais (ver como os sinônimos são usados, como a história se abre e fecha de forma convencional ou surpreendente etc.).

A falta de qualidade narrativa pode ter causas diferentes. Algumas são gerais para aprender a escrever. Por exemplo, a constatação de que, até os 10 anos, as crianças tendem a lidar com o texto localmente, de tal forma que uma ação leva à seguinte, sem uma ideia orientadora ou articulação suficiente. Ou a dificuldade das crianças para representar o leitor e avaliar as informações necessárias sobre aspectos que, para elas, como inventores dessa escrita, parecem óbvios.

Mas também parece ser uma consequência dos modelos do gênero que as crianças estão familiarizadas. Por exemplo, o conto popular, como já assinalamos, não os prepara para violar a linearidade do tempo, nem para explicitar os pensamentos e intenções dos personagens, nem para adotar uma voz deliberada, já que, como vimos, esse tipo de conto tem seu motor narrativo na ação, nunca entrando no plano da consciência dos personagens, e eles respondem a arquétipos funcionais que não exigem mais descrição do que sua simples menção (um rei, uma bruxa, um lobo etc.). Se elas escrevem histórias nesse estilo, seria absurdo sugerir que elas incorporem essas características, a menos que estejam deliberadamente brincando de violar o modelo. Mas nem sempre elas vão escrever contos populares sobre camponeses e princesas inteligentes.

Por outro lado, nos livros destinados a crianças até os 8 ou 9 anos, alguns dos aspectos que faltam são tratados na ilustração, para que a familiarização com a língua e a cultura das crianças possa ser melhorada.

E, ainda assim, na literatura infantil de hoje, existem muitos outros tipos de histórias, narrativas em que o conflito está localizado dentro dos personagens e requer uma mudança em seu caráter (histórias de conflito psicológico), histórias nas quais a trama e o enredo começam a se separar (como nas histórias de detetives) ou histórias nas quais a voz do narrador cria distâncias e cumplicidades (como nas histórias de humor). Assim, analisar esses aspectos nos livros lidos, copiar os inícios em seus textos, preencher vários contornos, imitar diferentes vozes narrativas em suas histórias ou inventar de acordo com a diversidade de possibilidades de ficção, em voz alta ou por escrito, pode ajudar a progredir tanto na escrita quanto na apreciação da leitura.

Os livros lidos, portanto, podem dar origem a outras atividades de escrita, além de alimentar ideias e moldes para escrever novas histórias. Por exemplo, as crianças podem incorporar suas frases ou senso de humor em outras produções escritas, como fazem estas crianças de 3º ano, quando escrevem uma carta:

> Querida Srta. Teresa,
>
> Lemos sua carta e ela é muito legal.
>
> E também lemos um livro chamado *El león que no sabía escribir*.
>
> É o livro mais divertido, ou quase, que já lemos, mais do que sua carta, mas o mais legal é quando diz:

"Mas eu nunca escreveria algo assim!!!"

E adoramos o carimbo da Alligocarta no início e no final.

O que você pensou? Que a carta seria mais longa?

Nós nunca escreveríamos algo assim!!!

Tenho certeza de que não precisamos dizer adeus, porque você voltará em breve!

Albert e Darío

Quadro 5.10. Livros de sugestão para imitar modelos ou para criar oralmente ou por escrito.

• Breedow, Wilfred von e Kuhl, Anke. *Lola se embala y otros cuentos*. Takatuka.	• Lasserre, Hèlene e Botonaux, Gilles. *Maravillosos vecinos*. BiraBiro.
• Burningham, John. *¿Qué prefieres?* Kókinos.	• Moure, Gonzalo e Alicia Varela. *El arenque rojo*. SM.
• Carlain, Noé e Duffaut, Nicolas. *¿Qué leen los animales antes de dormir?* Juventud.	• Mark Twain. *Consejos para niñas pequeñas*. Sexto piso.
• Daywalt, Drew e Jeffers, Olvier. *El día que los crayones renunciaron*. FCE.	• Schuber, Dieter. *Monky*. Ekaré.
• Dreser, Elena. *Manuela color canela*. Ekaré.	• E qualquer narrativa silenciosa, se envolver a verbalização da história.
• Krauss, Ruth e Sendak, Maurice. *Un hoyo es para escarbar*. Kalandraka.	

Atividades de aprendizagem

1. **A lógica dos conjuntos de livros.** Ressaltamos que os livros podem ser classificados de acordo com diferentes propósitos. Observe num relance como eles são divididos em: uma

biblioteca pública, uma livraria especializada, um site da editora, recomendações de uma instituição especializada em literatura infantil, sua própria casa etc. Anote e atribua uma função a cada tipo de divisão, ou seja, por que cada conjunto foi separado dessa forma nesse caso?

2. **Livros de todos os tipos.** Diferentes tipos de livro foram mencionados na seção 1. Reúna um conjunto variado de cerca de vinte livros destinados a crianças e classifique-os na seguinte tipologia (se algum estiver vazio, procure títulos específicos para aquela classe para obter o quadro completo):

> • Livros com imagens para identificar
>
> • Alfabeto e livros de contagem
>
> • Rimas e canções, bestiários, encantamentos, enigmas, de absurdo
>
> • Histórias ilustradas
>
> • Adaptações de contos tradicionais
>
> • Adaptações de contos não tradicionais (clássicos, de filmes etc.)
>
> • Livros ilustrados
>
> • Narrações silenciosas
>
> • Livros-jogos, *pop-up*, interativos, para perceber, para descobrir etc.
>
> • Notícias ficcionais (sobre conceitos ou conhecimentos)
>
> • Guias e catálogos (de personagens, emoções etc.)
>
> • Aplicativos infantis

Em seguida, explique quaisquer dúvidas sobre essa classificação. Por exemplo, os cruzamentos entre o tipo de livro (uma história, um livro informativo etc.) e seu formato ou suporte (com adesivos, com relevos, com abas, digital). Muitos dos títulos podem ter sido colocados em um grande saco de livro-jogo ou interativo, mas também podemos decidir que o que melhor os define é seu conteúdo (um alfabeto, um livro sobre animais etc.) ou seu suporte (digital ou papel).

Em suma, trata-se de observar que, na prática, os critérios utilizados misturam sem hesitação a perspectiva das características materiais do livro, o que o leitor deve fazer na presença ou ausência de texto, as características literárias dos gêneros etc. No entanto, essas tipologias servem para compreender-se mutuamente e para preparar a variedade de obras que devemos colocar nas mãos das crianças.

3. **Histórias despejadas em todos os moldes.** Podemos ver aqui a grande capacidade de transferência de livros entre gêneros e mídias. Procure versões de um único conto maravilhoso ou monte um conjunto de versões de vários desses títulos e coloque-os em cada caixa da tipologia anterior. Provavelmente, podemos encontrar Chapeuzinho Vermelho, Cinderela ou Branca de Neve em todos elas.

4. **O baralho de histórias.** Para exercitar as características das histórias, podemos utilizar a conhecida atividade dos jogos de cartas narrativas, em que os participantes inventam uma história juntos a partir dos elementos representados nas cartas e respeitando as regras dos jogos de tabuleiro. Eles foram uma proposta do pedagogo Gianni Rodari em sua obra *Gramática da fantasia* (2022) e o autor nos conta:

> As crianças gostam de embaralhar as cartas, improvisando regras: tirar três cartas ao acaso e construir uma história completa a partir delas; começar da última carta da série; dividir o baralho, entre dois grupos, e competir na composição

de duas histórias. Muitas vezes uma carta é suficiente para sugerir uma história.

Rodari, em particular, propôs "cartas de Propp" para produzir histórias populares. Há muitas versões que podem ser encontradas na internet, até mesmo para jogar on-line, e são destinadas a crianças tanto na Educação Infantil quanto nos anos iniciais do Ensino Fundamental. Elas estão disponíveis em versões com todas as 31 funções [criadas por Propp] possíveis e em versões muito mais práticas e reduzidas.

Você também pode usar *La caja de cuentos. Crea tus propias historias*, de Anne Laval, que contém vinte peças de *puzzle* de dupla face para as crianças criarem histórias, com até dois metros de comprimento, montando-as como quiserem.

5. **Histórias para novas histórias.** Vamos ver, em primeira mão, que os livros podem nos ajudar a criar histórias baseadas neles próprios ou imitando seus modelos de gênero. Você pode dividi-los em grupos e fazer uma das seguintes propostas:

– Escrever a história contida em uma narrativa silenciosa. Por exemplo, ficar com a perspectiva do gato ou dos alienígenas em *Sr. Minino*, de David Wiesner. Ou escolha personagens entre as imagens de *El arenque rojo*, siga-os através de suas páginas e invente suas histórias. Esta proposta pode ser encontrada no canal do YouTube da SM, a editora do livro.

– Dramatizar uma história que se presta à dramatização (por seu diálogo, ação, numerosos personagens etc.).

– Adicionar uma nova cena a um dos *livros estimulantes* mencionados no final da seção 4. Por exemplo, com um novo animal lendo um tipo de livro ligado a suas características ou conotações, como é feito no livro *¿Qué leen los animales antes de dormir?*

Os tipos de narrativa | **179**

Para saber mais

Duran, T. (2002): *Leer antes de leer*. Madri: Anaya.

Este livro analisa os primeiros contatos das crianças com os livros. Ele estabelece uma possível tipologia narrativa entre os processos cotidianos, ordinários, extraordinários e de descoberta, assim como a tipologia do material impresso utilizado para a leitura. No final, Raquel López exemplifica ambas as tipologias com livros para as idades iniciais.

Pelegrín, A. (2004): *La aventura de oír. Cuentos tradicionales y literatura infantil*. Madri: Anaya.

Uma referência essencial para aprender sobre os contos populares, seus tipos e seus benefícios para as crianças, com dicas de atividades e uma antologia de histórias de diferentes tipos. Uma versão on-line também está disponível: Pelegrín, Ana. *La aventura de oír: cuentos y memorias de tradición oral*. Disponível na Biblioteca Virtual Cervantes.

Rodari, G. (2002): *Gramática de la fantasía. Introducción al arte de contar historias*. Del Bronce.

Um livro clássico para aprender a usar a imaginação, para inventar histórias para crianças e, acima de tudo, para ajudar as crianças a inventarem suas próprias histórias.

Turrión, C. (2013): "Álbumes ilustrados en pantallas". *CLIJ. Cuadernos de Literatura Infantil y Juvenil*, Barcelona, n. 256, pp. 6-12.

Uma das primeiras abordagens descritivas da literatura digital para crianças e jovens em que, com base no conhecimento compartilhado do livro ilustrado, o objetivo é oferecer uma caracterização individualizada deste grupo de obras como um gênero próprio.

6.
As histórias e os valores morais

Qualquer narrativa, infantil ou não, reflete a sociedade de seu tempo e está repleta de reflexões sobre pessoas, que podem incluir avaliações e mensagens mais ou menos intencionais e mais ou menos explícitas.

Quadro 6.1. Mensagens morais mais ou menos explícitas.

"Até que entendam que não é o Cuadradito que tem que mudar, mas sim a porta", está em *Por cuatro esquinitas de nada*, de Jérôme Ruillier.	Em *Dos Monstruos*, de David Mckee, os dois personagens brigam por um mal-entendido, até verem o que o outro viu e entenderem que ambos tinham razão.	Em *Huckelberry Finn*, de Mark Twain, Huck faz amizade com o escravizado negro Jim enquanto eles fogem em uma barcaça pelo rio Mississípi.
Um conto sobre diversidade que explicita a mensagem que pretende transmitir por meio da metáfora de um personagem diferente (Cuadradito) que não passa pela porta redonda da casa dos Redonditos.	A história não é apenas algo engraçado sobre dois tipos que são bastante tolos. Há uma mensagem implícita sobre a necessidade de se colocar no lugar do outro a fim de se entenderem. O didatismo implícito em vários graus é mais frequente nos dias de hoje em histórias atuais.	O autor conta sua história cheia de humanidade sem dizer nenhuma palavra contra o racismo, que simplesmente está lá como um fato. O próprio fato de ter inventado essa amizade no contexto da sociedade escravista do autor é uma alegação e tanto.

As histórias são um novo espaço de socialização a ser habitado. Dizemos que há *pessoas* nele que pensam coisas, realizam ações para alcançar outras e avaliam o que os demais fazem, e há também um final que revela se os comportamentos observados são bem-sucedidos de uma forma ou de outra, e que a voz de um narrador que tem uma maneira particular de ver as coisas é constantemente ouvida. Assim, o receptor, no mundo fictício, faz algo muito semelhante ao que faz no mundo primário de seu ambiente: ele aprende as diferentes possibilidades tanto de interpretar a realidade, inclusive a psíquica, quanto de agir nela. O crítico literário Tzvetan Todorov expressa isso dizendo:

> Conhecer novas personagens é como conhecer novas pessoas, com a diferença que desde o início podemos descobri-las por dentro. (...). Representa antes a inclusão em nossa consciência de novas formas de estar ao lado daquelas que já possuíamos. Este tipo de aprendizado não muda o conteúdo de nossa mente, mas o próprio recipiente; não as coisas que percebemos, mas o aparato da percepção. O que os romances nos oferecem não são novos conhecimentos, mas uma nova capacidade de comunicação com seres diferentes de nós mesmos, e, nesse sentido, eles participam mais da moralidade do que da ciência. (2007:88).

Histórias educativas

Há milhares de anos, os humanos começaram a contar ficções uns aos outros para promover certos comportamentos, e as histórias que promoviam os valores compartilhados por cada comunidade tomaram muitas formas. Com o tempo, surgiram gêneros narrativos distintos dedicados a isso, como parábolas, fábulas ou contos educativos. Todas essas formas literárias incluem uma mensagem educativa deliberada; às vezes, caso não esteja claro, elas chegam a fechar com uma moral no final, como nesta fábula hindu, agora transformada em um livro ilustrado para crianças no já mencionado *Siete ratones ciegos*:

> Moral do rato:
> Se você sabe apenas em partes
> sempre dirá bobagens;
> mas se puder ver o todo
> você falará com sabedoria.

As histórias infantis são terreno fértil para a educação moral, pois os adultos sentem a responsabilidade de lhes dizer como devem interpretar o mundo em que chegaram e como devem se comportar nele. Como diz Myers:

> Como as histórias das crianças desempenham uma variedade de funções culturais, elas estão repletas de pistas para mudar atitudes, valores e comportamentos. Acima de tudo, elas são agentes-chave para a socialização, traçando o que as culturas querem de seus jovens e o que esperam daqueles que cuidam delas. (Arizpe e Styles, 2006:63)

Quando a escolaridade obrigatória se tornou generalizada no século XIX, a leitura era necessária para que as crianças aprendessem a ler. Esse foi o nascimento da literatura infantil como um fenômeno cultural, e o fez com o objetivo declarado de "educar com deleite". Editores de todo o mundo ocidental publicaram repetidamente os contos de fadas de Perrault com suas morais no final, assim como as fábulas gregas de Esopo ou as do século XVIII do francês La Fontaine (o livro mais vendido na primeira metade do século XIX, com mais de 240 edições). Também foram escritas histórias exemplares, *Juanito: obra elemental de educación para los niños y para el pueblo* (1835), do italiano Luigi Alessandro Parravicini, que teve muito sucesso e suas próprias versões na Espanha. E foram concebidos romances escolares que combinavam a educação moral com o apego às novas pátrias criadas com o surgimento dos Estados modernos. Alguns desses romances chegaram até nós, como o italiano *Coração*, de Edmondo de Amicis (1878), que transmite uma completa ideologia humanista e social e inclui contos exemplares espalhados pelas áreas que então faziam parte da nova Itália unificada (como o conto do menino genovês Marco, que daria origem aos desenhos animados um século depois), ou o *El maravilloso viaje de Nils Holgersson*, da sueca Selma Lagerlöf, que inclui lendas e uma descrição geográfica detalhada para o conhecimento do país.

Por outro lado, os livros didáticos também são frequentemente ligados a setores ou situações sociais que têm um interesse em educar a população em determinada ideologia. Isso ocorre em textos religiosos, com a narração da vida dos santos, por exemplo, ou em ditaduras políticas, com orientações muito precisas sobre a produção de livros infantis, como na China durante a Revolução Cultural ou durante o regime de Francisco Franco, na Espanha. Assim, Felicidad Duce Ripollés, no epílogo de *En la clase de costura*, publicado em 1956 na Espanha, despediu-se de seus leitores:

> Então será quando eu, arrancando minha cabeça das nuvens, irei sorrir satisfeita por ter contribuído para imprimir na alma da mulher espanhola o selo que a distingue de todas as outras, e a faz digna de nossa raça, de nossas virtudes e de nosso céu.

A experiência literária

Se nas histórias didáticas a mensagem é mais do que sublinhada, é mais difícil determinar que mensagens educacionais Lewis Carroll pretendia transmitir, na época da generalização escolar, com sua *Alice no País das Maravilhas* (1865). E outros escritores da época, como Saki, em seu *El contador de cuentos* (publicado em 1930, anos após sua morte), zombaram abertamente das narrativas infantis com pretensões educativas. Mark Twain, por exemplo, escreveu uma série de *Consejos para niñas pequeñas* (1865), como este:

> Mesmo que você tenha apenas uma boneca de pano recheada de serragem, e uma de suas amigas tenha a sorte de possuir uma de porcelana mais cara, você deve tratá-la com gentileza. E você não deve tentar trocá-la a qualquer custo, a menos que sua consciência o permita e você saiba que tem a oportunidade de fazê-lo.

Se a ironia desses e de outros autores tem funcionado contra o didatismo, o humor negro estabeleceu uma relação mais complexa com ele desde que o Dr. Heinrich Hoffman escreveu e ilustrou *Struwwelpeter* (*João Felpudo*). Ele mesmo, em uma carta ao *Die Gartenlaube,* em novembro de 1892, critica o panorama das histórias infantis da época e expõe sua decisão de ser didático de uma forma mais divertida e contundente:

> No Natal de 1844, eu estava procurando um presente para meu filho pequeno, de três anos e meio. Queria um livro ilustrado que correspondesse à idade daquele pequeno cidadão do mundo, mas tudo o que vi não me dizia nada: livros com fotos de piratas, animais, cadeiras e mesas.

> Histórias longas e bobas que, após múltiplas exortações, terminavam com a moral explícita: As crianças devem ser sempre boas ou As crianças devem ser limpas ou decentes, ou justas etc. (...) Finalmente, peguei um caderno em branco e disse à minha esposa: "Vou fazer para o menino o livro ilustrado que ele precisa". Ele aprende vendo, vê tudo através de seus olhos, entende o que vê. Não é preciso dar-lhe avisos morais. Quando dizem: "Lave-se; Cuidado com o fogo; Deixa isso; Obedeça!", para o menino são conceitos sem sentido. Mas a imagem de um vestido esfarrapado, sujo e em chamas, a imagem da desgraça o instrui mais do que tudo o que pode ser dito com a melhor das intenções. Por isso é certo o provérbio que diz: "Um gato escaldado foge da água".

Seu recurso de assustar com as terríveis consequências de erros (como ser queimado da cabeça aos pés por brincar com fósforos) foi seguido por outros autores, como Edward Gorey, que decididamente fizeram pender a balança do prazeroso estremecimento infantil para o exorbitante e aterrorizante. É uma linha que pode ser traçada em toda a literatura infantil e outras ficções artísticas, como nos filmes do diretor estadunidense Tim Burton.

E o fato é que sempre houve autores mais preocupados em divertir, emocionar, mover e entreter as crianças do que em dizer-lhes como elas devem se ajustar aos modelos sociais.

Três séculos de discussão entre Pedagogia e Literatura

Foi no século XVIII que *a infância* passou a ser pensada como um setor da população com interesses e necessidades específicas, um fenômeno semelhante à recente constituição da *adolescência* como mais uma etapa bem definida da vida. A partir de então até o final do século XX, os mediadores têm discutido se os livros destinados às crianças deveriam transmitir mensagens educativas delibera- damente controladas ou simplesmente ser literatura a seu alcance; uma controvérsia que também tomou a forma de "pedagogia *versus* fantasia". Os contos populares são um exemplo muito ilustrativo desse debate, pois eles têm estado repetidamente no olho da tempes- tade. Podemos delinear seu itinerário nas seguintes etapas:

1. Quando a literatura infantil nasceu, com os livros didáticos, as formas de folclore que as crianças tinham desfrutado até então foram deixadas de fora da escola. A fantasia que as permeava parecia muito pouco educativa e bastante propícia à perda de tempo. Assim, no final do século XIX, os contos folclóricos e os novos contos do autor que incluíam fantasia (como *Alice*, de Lewis Carroll) tiveram que travar uma boa batalha com os mediadores para serem aceitos como litera- tura adequada para as crianças.

2. Algumas décadas mais tarde, os contos folclóricos foram novamente analisados. Tanto as tendências racionalistas europeias da Nova Escola nos anos de 1930 como as socie- dades traumatizadas do pós-guerra dos anos de 1950 e 1960 as consideravam como formas incivilizadas, repletas de violência, crueldade e aberrações, de modo que muitos de seus detalhes eram escondidos ou suavizados (foi, por exemplo, quando se disseminou a versão em que o lobo não comia a avó da Chapeuzinho Vermelho, mas que ela se trancava em um armário) ou simplesmente não eram admitidos nas salas de aula.

3. Nos anos de 1970, no entanto, os contos populares foram valorizados e até mesmo exaltados. Primeiro, o psicanalista Bruno Bettelheim, em suas terapias com crianças traumatizadas dos campos de extermínio nazistas, observou os efeitos benéficos dos contos folclóricos para a reconstrução da personalidade delas. Sua obra *A psicanálise dos contos de fadas* (1975) abriu a porta para considerar a fantasia em geral como uma ferramenta educacional, e do folclore em particular como um tipo de texto, polido por séculos de transmissão oral, que foi perfeitamente adaptado às necessidades psíquicas das crianças pequenas por meio de mensagens que operavam inadvertidamente no nível simbólico: por exemplo, elas permitiam que deslocassem os sentimentos agressivos que nutriam para com suas mães para a personagem da madrasta, libertando-as do sentimento de culpa. Ou asseguravam-lhes que, se trabalhassem duro, como fizeram os protagonistas, poderiam sair vitoriosas das dificuldades da vida. Para isso, naturalmente, significava voltar aos contos originais, com suas florestas, ogros e palavras mágicas, em vez das versões escritas mais comuns, suavizadas e banalizadas. Em segundo lugar, a fantasia havia tomado conta das formas de arte ficcional (literatura, cinema etc.) após décadas de predominância realista, de modo que os livros infantis fantásticos ficaram em sintonia com a época. E, em terceiro lugar, sem dúvida também contribuiu para sua entrada na sala de aula o fato de que, naquela época, as creches estavam se difundindo e precisavam de histórias para crianças muito pequenas, e encontraram no folclore uma fonte inesgotável de recursos.

4. A alegria durou pouco, pois foi somente nos anos 1980 que as novas tendências feministas começaram a clamar contra os modelos masculinos predominantes nos contos de fadas populares, visíveis, por exemplo, nas princesas passivas como recompensas do herói. Assim, as correntes igualitárias promoveram uma produção de livros infantis com papéis de gênero alterados: príncipes sensíveis, dragões pacíficos e princesas empreendedoras.

5. Entretanto, não era mais fácil se opor aos contos populares que haviam acumulado tantos argumentos a seu favor e que foram reproduzidos em versões impressas e audiovisuais. Os contos militantes antissexistas foram acusados de serem tão didáticos quanto os racionalistas, mesmo que o fizessem em favor de uma ideologia diferente. Os caminhos literários foram refinados ao propor outras soluções. Por exemplo, a de criar histórias sem os inconvenientes dos originais, mas reutilizando sua riqueza simbólica e narrativa, derramando-a nos moldes literários modernos. Isso levou a uma verdadeira explosão de reinterpretações nas últimas décadas, embora elas coexistam com as formas originais, que mantêm todo o seu prestígio.

Ao longo do caminho, a literatura infantil evoluiu para a grande indústria educacional, editorial e artística que ela é hoje. Muitas vozes têm argumentado que os livros infantis fazem parte da esfera literária e que, portanto, são textos que mostram às crianças *como são* as pessoas e a realidade e que elas não têm que construir uma representação idealizada de *como deveriam ser*. Assim, após séculos de valorização das histórias infantis por sua função pedagógica, nas últimas décadas elas também começaram a ser valorizadas como objetos artísticos que educam visual e literariamente as crianças. Livres da chamada "madrasta pedagógica", tornou-se finalmente possível analisar a qualidade dos contos de fadas de acordo com parâmetros mais amplos que não se limitavam à dimensão moral.

No entanto, ainda hoje, muitas pessoas continuam a pensar espontaneamente que os livros infantis devem ensinar às crianças como se comportar. Assim, boa parte das edições de histórias oferecidas na internet continuam a ser contos com uma espessura didática que está totalmente em desacordo com sua qualidade artística. Sem dúvida, a literatura infantil está imersa, como qualquer outro tipo de texto, na ideologia da sociedade que a produz, mas hoje a maioria dos profissionais do setor concorda com Gustavo Martín Garzo quando afirma:

> Talvez seja por isso que as histórias verdadeiras não têm uma moral, ou se têm, não importa muito o que possam ser, pois estão sempre relacionadas às modas e costumes da época em que foram escritas, e o significado último das histórias tem sempre a ver com as mais profundas aspirações e anseios da existência humana. (2001:180)

Se didático, *vade retro*?

A predominância atual da apreciação artística não significa que todas as obras de intenção didática devam ser descartadas. Primeiro, porque algumas obras conseguem fundir qualidade literária e visual com uma mensagem deliberada. Por exemplo, nas obras *Por cuatro esquinitas de nada* e *Sete camundongos cegos*. Em segundo lugar, porque outras obras são boas apesar de sua didática, uma vez que isso não anula sua qualidade. Isso é especialmente importante nas obras clássicas, pois muitas vezes contêm detalhes ou valores que não estão em sintonia com as sensibilidades atuais, por exemplo, a caça gratuita de gazelas em *Tintim no Congo*.

Por outro lado, a intenção didática também pode consistir em transmitir algumas informações por meio do conhecimento. Como vimos, é algo muito frequente, em obras para as idades iniciais, nas quais muitos textos recorrem a estratégias ficcionais para facilitar o acesso à informação e é muito difícil distinguir a intenção estética da informativa.

Entretanto, mesmo que autores e mediadores não sejam guiados pelo desejo de transmitir uma mensagem, quando lidam com conflitos humanos, tanto psicológicos como sociais, eles são inevitavelmente confrontados com o impulso de proteger as crianças deles, ou pelo menos com a necessidade de medir o impacto dos livros sobre a sensibilidade das crianças de acordo com sua idade. Nessa tensão, o discurso adulto tem agido de diversas maneiras: às vezes deixando de fora tópicos "inadequados para crianças" (por exemplo, rejeitando o tema da morte ou da sexualidade infantil, ou reservando a violência ou conflito social para crianças mais velhas), e às vezes concebendo formas de "mostrar sem trauma", por exemplo, criando efeitos narrativos à distância, como o humor, que servem para proteger o leitor.

Portanto, tanto os livros quanto o uso que fazemos deles são afetados de uma forma ou de outra pelas ideias que temos sobre essas questões.

As histórias e os valores morais | 191

Quadro 6.2. A influência do desejo de proteger as crianças.

De acordo com a ideia mais ou menos idealizada que os autores e os mediadores têm da infância...	De acordo com a vontade de transmitir uma mensagem deliberada...	De acordo com o desejo de proteger de seu impacto...
não se escreverá sobre um assunto que seja considerado inapropriado ou não se comprará um livro que aborde esse assunto, apesar da qualidade da obra.	será escrito um livro didático ou será escolhido porque o professor quer fomentar essa opinião nos seus alunos.	os recursos narrativos serão utilizados para classificá-los de acordo com a idade de leitura ou se modificará o que parece excessivo na narrativa.

A recepção dos leitores infantis

Tanto aqueles que são favoráveis a textos didáticos quanto aqueles que são reticentes a textos com valores desatualizados, apesar de sua qualidade, assumem que a intenção do livro tem um efeito direto sobre os leitores. Eles entendem que se o livro indica um comportamento como bom ou ruim, o leitor o adotará ou o rejeitará. Mas esse não é necessariamente o caso. O fato de uma obra ter uma intenção didática não implica que o leitor assimile a mensagem ou que ele considere os aspectos ideológicos da obra como importantes.

A história da literatura infantil tem muitos desses exemplos. Quando Beatrix Potter escreveu *A história de Pedro Coelho,* em 1902, sua principal intenção era ensinar as crianças a serem obedientes. Mas a aventura do coelhinho foi muito mais atraente e gratificante aos olhos de muitos leitores do que a opção de obedecer à mãe ficando a colher mirtilos com as irmãs. Quando Carlo Collodi publicou *As aventuras de Pinóquio* em um jornal infantil italiano entre 1882 e 1883, chocou a sociedade com a crueldade da história (de modo que versões mais gentis foram imediatamente produzidas), mas foi bem-visto por defender a sinceridade e o bom comportamento, punindo Pinóquio por suas falhas. Entretanto, a peça se tornou um clássico, talvez precisamente por causa da aspereza de suas cenas e da identificação infantil com as artimanhas do boneco.

Da mesma forma, séculos de contos populares com alusões ao canibalismo, incesto, abandono infantil, tortura e morte violenta não parecem ter causado qualquer perturbação psicológica a seus ouvintes infantis ou ter disseminado esses comportamentos na população.

Mas, além do fato de que isso sempre foi o caso, temos outros bons argumentos para questionar a influência direta e decisiva dos modelos nos contos de fadas:

1. *A multiplicidade de discursos sociais que contribuem para a criação da ideologia.* As crianças vivem imersas em muitos discursos explícitos e implícitos sobre os valores de sua sociedade. Eles são transmitidos por adultos, publicidade, televisão, brinquedos e por livros. E é fácil ver que muitas dessas mensagens são completamente contraditórias entre si. As histórias são apenas *uma* dessas vozes concorrentes das quais as crianças formam sua constelação de valores.

2. *A complexidade interna das mensagens.* Embora as histórias tenham como objetivo transmitir uma mensagem, certos elementos do livro podem estar dizendo o contrário. Os autores

e mediadores vivem imersos nos valores de seu tempo e é difícil para eles controlar conscientemente sua interpretação da realidade em todos os seus aspectos narrativos.

3. *A incógnita da interpretação.* Na leitura literária, a ideologia do leitor e a do próprio texto entram em contato, e nesse intercâmbio há aspectos ideológicos que adquirem brilho e outros que se tornam opacos. É possível que o texto *reafirme* a ideologia do leitor (seja porque é a mesma que a sua ou porque a rejeição que produz reafirma suas crenças) ou, ao contrário, pode levar o leitor a *questionar* sua posição inicial (educando seu olhar para contemplar outra perspectiva moral). E, muitas vezes, pode acontecer que eles não percebam as mensagens da obra, as distorçam ou as adaptem inconscientemente à sua própria perspectiva, *sem levar em conta* as discrepâncias entre os elementos da obra ou entre a obra e suas próprias crenças.

Assim, qualquer que seja a intenção da história, a atenção e a interpretação das crianças podem construir um significado diferente, ignorando completamente alguns elementos, como a mensagem didática, e lembrando outros, que são os que deixarão sua marca, como a vivacidade do personagem, a interação proporcionada pelo livro, a diversão dos padrões linguísticos ou o fascínio de suas imagens.

A evolução dos valores sociais

Em todos os momentos, os membros de uma sociedade estão imersos em um conjunto de discursos que são apresentados a eles como provas, como dogmas aos quais devem aderir. Estes são os lugares comuns de uma época, as ideias recebidas que formam a opinião pública, hábitos de pensamento, clichês e estereótipos que também podemos chamar de "ideologia dominante", preconceitos ou clichês. (Tzvetan Todorov, 2009)

Os valores compartilhados por uma comunidade em determinado tempo e lugar não são estáticos, muito menos eternos, mas se alteram à medida que a sociedade muda. É por isso que é muito mais fácil detectar a ideologia de histórias antigas, pois nos surpreendemos quando tropeçamos em pensamentos e ações que não são mais bem considerados. Por outro lado, é mais difícil detectar crenças e clichês nas histórias de hoje, pois nós mesmos estamos imersos nelas.

O silêncio é um poderoso instrumento ideológico, porque o que não existe parece não existir. Assim, quando há uma mudança nos modos de vida ou nos valores sociais, é comum que ele entre nas histórias de forma temática, ou seja, as histórias que deliberadamente querem lidar com esse assunto são exibidas. Isso aconteceu, por exemplo, com o aparecimento de histórias sobre o divórcio dos pais após sua legalização na Espanha, em 1981. Como muitas crianças passaram a viver nessa situação familiar, o assunto se normalizou e agora faz parte do pano de fundo da narrativa, sem ênfase especial. Isso também aconteceu com a demanda de personagens de diferentes etnias ou origens para aparecerem nas ilustrações e histórias infantis, com o crescente destaque das meninas, a aceitação do amor infantil, homossexualidade etc. Todo tema que provoca debate social acaba se refletindo nos livros infantis, e o faz ao ritmo da aceitação obtida nesses debates.

Quadro 6.3. A evolução da sensibilidade ao tratamento de animais.

Beleza negra, de Anna Sewell (1877)	*O touro Ferdinando*, de Munro Leaf (1938	*Um dia, um cão*, de Gabrielle Vincent (2004)
Escrita numa sociedade na qual os cavalos eram utilizados para mobilidade e tração agrícola, é narrada como a autobiografia de um cavalo e pretende sensibilizar para os múltiplos sofrimentos que os donos lhes infligem, por exemplo, obrigando-os a desfilar com passos não naturais.	Ferdinando prefere cheirar as flores a brigar na praça, por isso será devolvido ao pasto. Publicado em plena Guerra Civil espanhola, é um apelo contra a violência em todas as suas formas. Atualmente, sua interpretação não fica fora do debate sobre a legalidade das touradas.	Uma narrativa sem texto de um cão abandonado na estrada pelos donos pretende denunciar a crueldade e a irresponsabilidade dessa prática tão difundida hoje em alguns países ocidentais.

Quando surge a necessidade de adaptar a representação literária a novas formas de vida (novas formas familiares, por exemplo) ou a novas perspectivas morais (a aceitação da diversidade sexual, por exemplo), a produção de histórias utiliza diferentes recursos para fazê-lo. Veremos como o fez em uma das mudanças mais evidentes no mundo de hoje: o aumento da migração de pessoas de uma parte do mundo para outra. Esse fenômeno levou tanto ao imperativo de refletir nas histórias as novas sociedades multiculturais às quais ele dá origem quanto à necessidade de estabelecer a perspectiva moral a partir da qual negociar relações entre comunidades de diferentes tipos étnicos, culturais, religiosos etc.

Na raiz desse tema está o tratamento da diferença. Assim, livros infantis recentes têm se ligado a um dos "temas estrela" dos valores defendidos nos anos 1970 e 1980: a reivindicação do direito à própria personalidade (ser gordo, tímido, desleixado ou qualquer coisa que não estivesse de acordo com o ideal social de comportamento), algo que colocava a diferença no reino da *individualidade*. Mesmo quando as diferenças abrangiam aspectos sociais, como o gênero e a diferença racial, a reivindicação continuava sendo um direito individual. "A pessoa tem o direito de ser como é", conclui a história antissexista *A história de Júlia e sua sombra de menino*, de Christian Bruel e Anne Bozellec (1976).

Com o multiculturalismo, o direito à diferença amplia o significado da reivindicação ao aspecto *coletivo*, já que se trata de abordar os direitos e obrigações com respeito à língua, religião ou cultura dos muitos grupos diferentes que coexistem nas novas sociedades ocidentais.

Vale notar que, em todos os casos, seja entre indivíduos ou entre setores sociais, a mensagem moral das histórias aborda o tratamento da diferença no âmbito do consenso existente sobre a bondade da democracia como sistema social, assim como sobre a colaboração e o respeito como atitudes para lidar com os conflitos. Assim, a literatura infantil alinhou-se claramente com a defesa da construção de um novo "nós" que não implica um "não aos outros" (no jogo de palavras usado pelo filósofo Robert de Ventòs). Com base nessa premissa, a indústria editorial infantil respondeu ao novo fenômeno migratório com uma gama de recursos que correspondem ao desejo de: informar, provocar empatia e identificação, desdramatizar, oferecer recursos para melhoria pessoal ou fazer um impacto emocional em favor da aceitação e da convivência. Vejamos alguns exemplos disso.

Quadro 6.4. Recursos para abordar o tema da migração.

Reunir a experiência migratória para se identificar ou para causar empatia.	*Vamos ver o papai!*, de Lawrence Schimel. Relato em 1ª pessoa de uma menina que abandona seu país.	*Me llamo Yoon*, de Helen Recorvits. Relato em 1ª pessoa de uma menina recém-chegada a um novo país.
Explicar e denunciar as causas e processos de migrações.	*Longe do meu país*, de Pascale Francotte. Descrição da fuga de uma menina e sua família da guerra.	*Refugiada*, de Tessa Julia Dinares e Anna Gordillo. Descrição do deslocamento por guerra e do confinamento em um campo de refugiados.
Apresentar e avaliar possibilidades de ação de imigrantes e nativos.	*Mi miel, mi dulzura*, de Michel Piquemal. O desejo de uma menina de pertencer à nova cultura combinando as suas identidades.	*La isla*, de Armin Greder. A denúncia chocante do medo dos nativos diante do recém-chegado e sua tentativa de isolamento por meio de paredes.
Favorecer a abertura para a diferença e criar a representação de uma nova convivência.	*Madlenka*, de Peter Sís. O passeio de uma garota por seu ambiente urbano reflete a sociedade multicultural e as culturas de origem que agora a moldam.	*Tres monstruos*, de David McKee. A complexa negociação entre os habitantes locais e os recém-chegados de forma humorada e com um final que é parcialmente satisfatório.

(Continua)

Promover a autoestima dos imigrantes e mostrar seus países de origem para os locais.	*A África, meu pequeno Chaka*, de Marie Sellier. Narração e informação sobre a cultura africana.	Coleção El Minarete, da Editora La Galera. Histórias de diferentes países, escritas no idioma original e nativo.

Os esconderijos da ideologia

Alguns elementos narrativos são particularmente propensos a serem veículos de ideologia. Há aqueles que se relacionam com o *mundo contado*. A forma como esse mundo funciona, o tipo de personagens que aparecem, seu papel de heróis ou adversários, suas reações e comportamento, oferecem modelos para o que é aprovado ou sancionado no mundo real. Assim, as críticas feministas indicaram imediatamente o grande número de protagonistas masculinos como um elemento contra o valor da igualdade: o mundo pertencia a meninos e meninas que só podiam assistir (ou ler).

Mas há mais elementos estruturais da história, referentes à *forma como é contada*, que também têm muito que ver com a percepção do mundo transmitido:

A *voz narrativa* é um exemplo claro disso. Assim, em alguns livros, percebemos a voz do adulto que diz às crianças como elas devem se comportar, que comenta se os personagens estão agindo bem ou mal etc. Esse é um recurso limitado, se a história quiser se afastar de um simples sermão. Para serem mais sutis, as vozes educativas buscam formas mais indiretas de proceder, por exemplo, os narradores delegam aos comentários de um personagem a missão de sancionar moralmente o que acontece.

O *final* é outro elemento-chave, pois reforça a recompensa ou o fracasso de certas atitudes dos personagens. Na verdade, o final encerra dois tipos de desenvolvimentos narrativos: o da lógica da história e o da perspectiva moral da história. Em relação ao primeiro aspecto, o escritor Henry James ironizou dizendo que o final dos romances de seu tempo era "uma distribuição, finalmente, de prêmios, pensões, maridos, esposas, bebês, milhões de palavras, parágrafos acrescentados e frases felizes". A lógica da história é importante, uma vez que o autor deve criar uma tensão que conduza a um desenlace coerente. Portanto, jogos escolares nos quais os finais são alterados podem não ser apropriados se instalarem a ideia de que vale tudo, já que em boas obras *esse* final em particular se torna inexorável.

Mas o que nos interessa é o segundo aspecto dos fins, o da perspectiva moral. Em contos didáticos, o dilema era claro: a história terminou bem ou mal, dependendo de como o protagonista tinha se comportado. Nos contos de fadas de hoje, os finais incorporaram muito mais nuances:

- *Finais positivos assumindo o problema*. Se um personagem é confrontado com um dragão ou tem que encontrar uma planta mágica, o problema está localizado no espaço exterior e o protagonista pode resolvê-lo. Mas nos livros de hoje o conflito muitas vezes vem do próprio personagem, por exemplo, de seu ciúme, medo ou agressão; ou é causado por seu encontro com as adversidades da vida, por exemplo, deficiência ou morte. Nesses casos, é difícil pensar que haverá um resultado feliz para resolvê-lo. Isso leva à busca de uma nova versão de um final "positivo". O propósito moral nesses casos é ensinar às crianças que o conflito é parte inevitável da vida, e ajudá-las a encontrar maneiras de lidar com ele.

- *Finais abertos*. No exemplo anterior de *Tres monstruos*, o imigrante que chega acaba vivendo em uma ilha próxima e não integrado à comunidade dos outros dois monstros, embora a história termine com um final cheio de promessas de visitas mútuas. Esse tipo de desenlace tenta refletir a realidade de uma forma mais complexa do que antes, uma realidade na qual as coisas não são resolvidas completamente ou para sempre.

- *Finais negativos*. Esta escolha narrativa tem maior impacto no leitor, porque abala suas expectativas e o magoa intimamente através de sua identificação com personagens que não encontram uma saída para o conflito. Uma violação tão forte da norma só é utilizada quando o objetivo é produzir um efeito muito intenso, seja humorístico, o mais utilizado nos livros para as primeiras idades; ou dramático, por exemplo, em casos de questões sociais que procuram sensibilizar o leitor, como ocorre em *La isla*, obra mencionada anteriormente.

O que as crianças aprendem

Normalmente os valores reais são aqueles que o autor toma como garantidos e refletem a integração do autor em uma sociedade que os aceita sem pensar. Portanto, as crianças, se não forem ajudadas a perceber o que está na história, também os tomarão como garantidos.

(Peter Hollindale, 1988)

A educação literária dos leitores implica que eles ou elas tomem consciência de que os textos falam sobre o mundo e fornecem muitas informações sobre sentimentos humanos, crenças e formas de agir, assim como julgamentos morais sobre eles. Eles também podem aprender que esses julgamentos são sustentados pelo texto e pelas imagens, e que podem ser explícitos ou ter que ser buscados com profundidade para percebê-los.

E eles também podem notar que essas mensagens às vezes coincidem, e às vezes não, com sua opinião e a de seu entorno, algo que fica muito claro na leitura de textos que estão distantes no tempo ou pertencem a outras culturas. Entretanto, se formos mais longe, eles podem parar para pensar sobre as diferenças entre as crenças e os valores das pessoas e de setores sociais dentro de sua própria sociedade. E note a multiplicidade de discursos que transmitem opinião e as formas díspares com as quais eles o fazem. Um excelente exercício interpretativo oferecido pela literatura.

A leitura e a discussão coletiva de livros em toda a escola é o espaço ideal para todas essas análises de comportamentos e mensagens em histórias. Entretanto, atividades específicas também podem ser realizadas. Por exemplo, atividades destinadas a descobrir as maneiras pelas quais as histórias nos dizem o que pensar sobre as coisas (o que uma história argumenta sobre um tópico e como sabemos que o faz). Ou que nos permitam tomar consciência das diferentes maneiras de abordar um tema (comparar histórias de denúncia, paródia ou descrição, sobre o mesmo tema). Ou que nos permitam incentivar a reflexão pessoal e a leitura distante, por exemplo, reescrevendo fragmentos com certas mudanças (o gênero de um personagem, o final etc.) que os ajudam a entender como os valores transmitidos no original são alterados em consequência dessas mudanças.

Atividades de aprendizagem

1. **O alerta das mensagens determinadas.** Vamos analisar o equilíbrio entre os aspectos didáticos e artísticos das histórias. Escolha três contos e estabeleça uma progressão entre eles conforme sua mensagem didática, seja mais ou menos explícita.

2. **A matiz dos valores atuais.** Vamos verificar se as versões atuais de um conto popular estão impregnadas dos valores do nosso tempo. Procure mais versões de *Chapeuzinho Vermelho* ou outros contos de fadas (*Bela Adormecida*, *Branca de Neve*, entre outros) que se somam aos exemplos do quadro a seguir.

Ecologia	Igualdade de gênero	Interculturalidade	Crítica social
El último lobo y Caperucita, de José Luis García Sánchez e Miguel Ángel Pacheco.	"Chapeuzinho vermelho e o lobo", em *Historinhas em versos perversos*, de Roald Dahl. Il.: Quentin Blake.	*La pequeña Caperucita africana*, de Niki Daly.	*A menina de vermelho*, de Aaron Frisch e Roberto Innocenti.

(Continua)

Ecologia	Igualdade de gênero	Interculturalidade	Crítica social
Com preocupações ecológicas, o lobo tornou-se *o último de sua espécie* e provoca a empatia do leitor nesta versão.	A nova visão da mulher devolveu a iniciativa que a Chapeuzinho Vermelho tinha em muitas versões folclóricas. Aqui, ela acaba matando o lobo por causa de sua pele, de forma humoristicamente amoral.	Com o aumento das migrações, teremos versões com Chapeuzinhos negras ou imigrantes, para descentralizar a visão, abrindo caminho para os demais.	As sociedades de hoje geram novos conflitos (violência urbana, consumismo etc.) e esta reinterpretação da Chapeuzinho cumpre seu papel.

3. **O que fazemos com os valores que detectamos?** Vamos verificar se a preocupação com as mensagens educativas das histórias está presente em nosso ambiente e se os mediadores são guiados por elas ao selecionar, transmitir e censurar os livros. Faça, a três mediadores (pais, professores, bibliotecários...), as seguintes perguntas:

– Eles escolhem as histórias pelo tema com a ideia de educar as crianças sobre o assunto?

– Ao explicar um conto popular, eles procuram a versão original?

– Ao contar uma história, eles alteram os detalhes que parecem inapropriados (grosseiros, violentos, rudes etc.) e, em caso afirmativo, como o fazem (ignoram, inventam outras possibilidades etc.)?

– Ao contar as histórias, certificam-se de conversar com as crianças sobre os aspectos que consideram inadequados?

– Não estão preocupados com as mensagens educativas porque pensam que não afetarão de modo negativo as crianças?

4. **Bombardeados com mensagens ideológicas.** Vamos tomar consciência das mensagens implícitas que envolvem as crianças de procedência externa aos contos e, às vezes, em total contradição com os valores próprios do suposto consenso social. Por exemplo, as ideias que são transmitidas sobre como devem ser as mulheres. O objetivo é coletar e analisar anúncios destinados às crianças (catálogos de Natal de grandes lojas de departamento, publicidade audiovisual etc.) para verificar se são atribuídas conotações diferentes a meninos e meninas. Por exemplo: em um anúncio de motos e carrinhos aparecem muito mais meninos ao volante e, quando há meninas, elas ou estão sentadas ao lado do motorista ou dirigindo veículos cor-de-rosa.

   Naturalmente, também podemos fazer isso com histórias. O estudo das imagens dos livros ilustrados realizado pela associação A Favor de las Niñas, dirigida por Adela Turin nos anos 1990, revelou muitos detalhes sexistas na caracterização de figuras masculinas e femininas, como a frequência com que as mulheres aparecem olhando atrás de janelas, um símbolo da forma passiva que lhes é imposta de ver a vida passar por elas.

5. **Onde está a mensagem?** Vamos analisar algumas histórias para descobrir quais são os valores presentes e de que modo elas os promovem. Será mais fácil começar com histórias que se proponham deliberadamente a defender alguns valores atuais. Por exemplo, em que detalhes da imagem ou do texto ou em que elementos narrativos você pode ver isso:

- *Menina bonita do laço de fita*, de Ana Maria Machado e Claudius (Ática), é um livro sobre igualdade racial.
- *Artur e Clementina*, de Adela Turim e Nella Bósnia (Kalandraka), é uma história sobre a igualdade de gênero.
- *O menino perfeito*, de Bernat Cormand (Livros da Matriz), é uma história sobre a diversidade sexual.
- *La isla*, de Armin Greder (Lóguez), é uma história sobre antixenofobia.

Para realizar exercícios de detecção ideológica, pode ser útil brincar trocando alguns elementos que são particularmente propensos a conter a ideologia. Por exemplo, veja como a peça mudaria se o personagem fosse uma menina em vez de um menino, ou se acabasse mal em vez de acabar bem.

Para saber mais

Colomer, T. (2010): "Los libros-álbum y los nuevos valores en el cambio de siglo". In: Colomer, T.; Kümmerling, B.; Silva-Díaz, M. C. (eds.). *Cruce de miradas: nuevas aproximaciones al libro-álbum*. Banco del Libro, pp. 58-73.

Este capítulo fornece uma visão geral dos valores atuais nos livros infantis, relacionando-os às mudanças nas sociedades ocidentais pós-industriais.

Colomer, T. (2016): "¿Fueron felices comiendo perdices? El sentido del final en los libros para niños". *Cuadernos de Literatura Infantil y Juvenil (CLIJ)*, Barcelona, n. 269, pp. 7-14. [Disponível na Biblioteca Virtual Cervantes].

O artigo aprofunda os tipos de finais que destacamos no capítulo, exemplificando-os com livros para as idades iniciais.

Colomer, T. (1998): "Las voces que narran la historia". *Cuadernos de Literatura Infantil y Juvenil (CLIJ)*, Barcelona, n. 111, pp. 18-27. [Disponível na Biblioteca Virtual Cervantes].

Este artigo destaca a voz do narrador nas histórias infantis a fim de mostrar a evolução das histórias de acordo com o público ao qual são dirigidas (adultos ou crianças, ou ambos os públicos ao mesmo tempo) e a intenção educacional que isso implica.

Mata, J. (2014): "Ética, literatura infantil y formación literária". *Impossibilia*, n. 8, pp. 104-121. Disponível on-line.

O artigo examina de modo crítico a visão de que uma das principais funções dos livros infantis é transmitir valores, assim como a de que práticas pedagógicas que subestimam a possibilidade de obras de qualidade promovam respostas éticas através do diálogo e da escuta.

Turin, A. "¿Qué modelos transmiten los libros infantiles?" *Imaginaria*, n. 20. Disponível on-line.

A criadora da associação A Favor de las Niñas fala sobre a igualdade e os valores antissexistas que contêm os livros infantis.

7.
A herança de todos

Uma das funções mais evidentes da educação literária na escola é transmitir o legado literário. Mas também esse foi um de seus objetivos mais questionados desde meados do século passado, quando se enfatizou que as escolas deveriam criar competências leitoras através da leitura direta dos textos e não se limitar a mostrar fragmentos das grandes obras patrimoniais através de antologias. Mas utilizar textos que as crianças pudessem ler abriu o caminho para a literatura infantil, e para os seus clássicos. Um bom exemplo disso é a opinião da Adriana, uma menina de 11 anos que fala com propriedade e entusiasmo sobre as obras clássicas infantis:

> Para mim, o [livro] que me marcou foi Tom Sawyer, sobretudo porque ele não era um personagem fantástico de um mundo, sei lá, extraordinário ou que não poderia existir na realidade. Eu acho que os clássicos no fundo se baseiam em coisas do cotidiano. Por exemplo, em Peter Pan, o autor criou seu próprio mundo com as crianças perdidas e os piratas, mas, no fundo, todo mundo pensou que não quer crescer, que quer continuar

assim. E em Tom Sawyer, bem, ele é um menino revoltado e levado que, bem, isso não é nada de outro mundo, como acontece mesmo na vida.

Atualmente, defende-se a inter-relação dos objetivos de desenvolver competências e de se familiarizar com o patrimônio literário, recordando a responsabilidade escolar em oferecer às crianças o acesso a uma tradição cultural compartilhada pela sociedade. Como diz a escritora brasileira Ana Maria Machado:

> Cada um de nós tem o direito de conhecer – ou pelo menos saber que existem – as grandes obras literárias do patrimônio universal (...). Muitos desses contatos são estabelecidos pela primeira vez na infância e na juventude, abrindo caminhos que podem ser percorridos depois novamente ou não, mas já funcionam como uma sinalização e um aviso: "Esta história existe... Está ao meu alcance. Se eu quiser, sei aonde ir para procurá-la".
>
> A leitura da literatura é uma forma de acesso a esse patrimônio, confirma que está sendo reconhecido e respeitado o direito de cada cidadão a esta herança, revela que não estamos permitindo sermos roubados. E nos insere em uma família de leitores, com os quais podemos trocar ideias e experiências e nos projetarmos para o futuro. (2002:37-38)

O que são os clássicos?

O adjetivo *clássico* se aplica frequentemente a uma grande variedade de produções artísticas (livros, filmes, músicas etc.) sem que remetam a uma antiguidade consistente ou se acredite realmente que continuarão a ser consideradas assim dentro de alguns séculos. Apesar desse mau uso atual do termo, a ideia por trás do *clássico* indica que existe algo ali que é considerado de suma importância, mesmo que "seja complicado definir esse *algo*", como afirma Shutherland (2011:22) antes de nos oferecer o seguinte exemplo do uso impreciso do termo:

Pergunta: O que as obras a seguir têm em comum?

- A obra clássica de ficção científica *Fahrenheit 451* (Ray Bradbury).

- O clássico do oeste *The Red Prairie Riders* (Zane Grey).

- O romance clássico *Rebeca* (Daphne Du Maurier e a sua versão audiovisual de Alfred Hitckock).

- O clássico policial *O misterioso caso de Styles* (Agatha Christie).

- O clássico thriller *Os trinta e nove degraus* (John Buchan).

Resposta: A única coisa que esses clássicos têm em comum é que todos eles sobreviveram a seus autores, ainda são todos lidos e são o arquétipo pelo qual outras obras do mesmo gênero são julgadas.

Há certo consenso ao dizer que o que define uma obra clássica é sua capacidade de ser antiga e moderna ao mesmo tempo. Os clássicos literários referem-se a aspectos da experiência humana e permitem diferentes interpretações, mas são sempre interessantes para cada nova geração que os incorpora à sua leitura. Caso contrário, tendemos a chamá-las de *obras históricas*, aclamadas ou famosas em seu tempo, mas que agora se encontram apenas nas mãos de especialistas. Assim, à sua qualidade *persistente*, os clássicos também somam a característica de serem *compartilhados*. Toda sociedade preserva suas referências literárias e visuais em sua memória coletiva através do tempo. É assim que as obras literárias se tornam um material de primeira importância na construção do imaginário social, permitindo que haja a consciência de uma cultura comum.

Sem dúvida, a existência de um conjunto de clássicos validados socialmente é muito tranquilizador para a escola, quando ela escolhe quais referências os alunos devem possuir, já que o valor dessas obras é indiscutível. Mas não podemos ignorar os problemas que se escondem por trás da existência reconhecida de alguns "clássicos". Por exemplo, o paradoxo de que se busca estabilidade e coerência cultural em alguns elementos – as obras artísticas de qualidade – que se caracterizam precisamente por sua vontade de transformar o anterior e por criar regras artísticas novas.

Por isso, em primeiro lugar, é necessário mudar a imagem de uma foto fixa, única e hierarquizada das obras pela ideia de uma sociedade articulada ao redor de diferentes sistemas artísticos e cânones que convivem, fluem, relacionam-se entre si e penetram uns nos outros. Vale a pena especificar o seguinte:

1. O cânone muda com o passar do tempo. A evolução histórica faz constantemente que novas obras sejam adicionadas à lista (ou renegadas) e cada obra introduzida não seja inserida simplesmente no fim da lista, mas reordenando o conjunto anterior. Com o passar do tempo, as obras competem por seu lugar ao sol em um cânone que continua a ser abrangente. As obras infantis têm apenas dois séculos de vida, muito menos no caso das obras para as idades iniciais, e só agora começaram o seu ciclo na ficção digital, por isso ainda não temos a certeza do que acontecerá a muitos dos títulos que podem ser considerados realmente clássicos neste momento.

2. O cânone é um lugar de disputa entre a hierarquia do tipo de obras admitidas. Durante o século XX, essas tensões foram solucionadas com uma grande penetração de formas populares e de culturas periféricas nas fronteiras do núcleo cultural central (algo evidente se pensamos, por exemplo, na *pop art* ou nos grafites presentes agora em museus). No caso da literatura infantil, os contos populares são considerados clássicos na atualidade, mas em outras épocas esses contos eram considerados rudimentares e grosseiros, ou seja, nada canônicos.

3. O cânone obedece à autoridade da crítica para destacar determinadas obras. Certamente, se não há um aparato crítico que as ampare, as obras deixam progressivamente de ser publicadas e submergem no esquecimento. A escola é uma instituição de primeira ordem para fixar os clássicos infantis, já que, desde que existe a escolaridade obrigatória, os contos ouvidos ou lidos nos anos iniciais são as referências mais compartilhadas pelos indivíduos de qualquer sociedade. Foi o caso, por exemplo, do romance escolar *Coração*, de Edmundo de Amicis, na Itália, no final do século XIX, e em seu especial impacto na leitura na Argentina, para onde viajou nas malas de muitos imigrantes. Da mesma forma, a instituição escolar também tem um grande papel na perpetuação das obras literárias patrimoniais, como o Quixote ou Tirant lo Blanc, especialmente no Ensino Médio.

4. Quando se seleciona um conjunto de obras canônicas, isso é feito em razão de um objetivo. No caso da escola, a meta é escolher entre todas as obras de referência patrimonial aquelas que são mais eficientes para a aprendizagem literária das novas gerações. Nas etapas da Educação Infantil

e do Ensino Fundamental, a criação de um horizonte das leituras "clássicas" passa pela familiarização de um conjunto de obras formado por:

- contos populares e outras obras de tradição oral (mitos, lendas etc.);
- as obras históricas infantis que continuam se conectando com os leitores (como *As aventuras de Tom Sawyer* e *Peter Pan*, mencionadas anteriormente por Adriana);
- o contato com obras patrimoniais não infantis. Mesmo que não tenham sido escritas para crianças, muitas delas são, sem dúvida, acessíveis também ao público infantil. Ou que, embora não sejam acessíveis às crianças em sua leitura individual e completa, podem ser de seu interesse através de uma grande variedade de formas de mediação: obras narradas ou lidas pelos professores, fragmentos introduzidos como uma simples degustação, obras de leitura livre, no contexto de projetos de trabalho, obras lidas diretamente pelas crianças em adaptações cuidadosas e, inclusive, em muitos casos, com uma primeira familiarização através de versões audiovisuais.

Clássicos da literatura infantil

Como mencionamos, a literatura escrita especificamente para crianças desenvolve-se a partir do século XIX, quando a nova escolaridade obrigatória necessita de leituras acessíveis para as aulas, ao mesmo tempo que a escola viabiliza um amplo público infantil alfabetizado. A partir de então, nascem narrativas que sobrevivem ao tempo, como a inglesa *Alice no País das Maravilhas*, os contos dinamarqueses de Hans Christian Andersen, o italiano *As aventuras de Pinóquio* ou a suíça *Heidi*, e aquelas que chegam no século XX, como a sueca *Píppi Meialonga* ou as obras inglesas de Roald Dahl.

Ainda que a maioria dessas obras tenham sido publicadas com ilustrações, foi um pouco mais tarde que teve início a publicação de narrativas mais breves e com grande domínio da ilustração dedicada às crianças de menos idade. Por exemplo, a série francesa do elefante Babar nos anos 1930. O desenvolvimento de livros modernos para os primeiros leitores foi especialmente intenso na segunda metade do século XX, com obras como as de Arnold Lobel ou Janosch. O uso cada vez maior das imagens nessas décadas derivou o que hoje em dia chamamos "livro ilustrado", e nos legou uma longa lista de obras clássicas em que o texto e a ilustração trabalham juntos, como as obras de Maurice Sendak, Tomi Ungerer, Leo Lionni etc.

Ao longo do século XX estendeu-se a produção de livros de qualidade para crianças ainda menores. Ainda que talvez seja muito cedo para pensar em clássicos, existem obras pioneiras que já marcaram a pauta do século XX e que continuam desfrutando de reconhecimento geral, como as obras de Bruni Munari, Dick Bruna, Hellen Oxenbury, entre outros. Nestes últimos tempos, também estão criando o seu futuro lugar de sucesso os mais recentes livros ilustrados e os livros-jogos que estenderam sua oferta a um público desde os bebês até qualquer idade.

Com eles estão sendo desenvolvidas agora novas formas de ficção e de arte da literatura infantil digital, por mais que ainda seja arriscado apontar títulos com vocação de permanência, sobretudo pela instabilidade que causa o rápido desenvolvimento dos recursos artísticos ou os suportes de leitura dessas obras.

Quadro 7.1. Alguns dados sobre a leitura de livros infantis.

Títulos com mais de 50 milhões de cópias vendidas (excluindo as coleções)	Livros ilustrados para a primeira infância com mais de 10 milhões de cópias vendidas
• *O pequeno príncipe*, de Antoine de Saint-Exupéry.	• *Uma lagarta muito comilona*, de Eric Carle.
• *Harry Potter e a pedra filosofal* (e outros títulos da série), de J. K. Rowling.	• *Boa noite, lua*, de Margaret Wise Brown.
• *O Leão, a feiticeira e o guarda-roupa*, de C. S. Lewis.	• *Adivinha quanto eu te amo*, de Sam McBratney.
• *Heidi*, de Johanna Spiry.	• *Onde vivem os monstros*, de Maurice Sendak.
• *Beleza negra*, de Anna Sewell.	• *Miffy*, de Dick Bruna.
• *Anne de Green Gables*, de Lucy Maud Montgomery.	
• *A teia de Charlotte*, de E. B. White e Garth Williams.	

Por que prestar atenção nos clássicos?

Os clássicos têm a fama a seu favor, portanto, é bem possível que pais e mediadores escolham as obras que eles mesmos leram, ou que consideram boas. Mas eles têm contra suas escolhas o sabor antiquado diante das incessantes novidades editoriais que os levam a pensar que as obras modernas serão mais adequadas aos leitores de hoje. Na tentação de se desapegar dos clássicos, contam as possíveis dissonâncias de costumes, contextos ou valores ultrapassados de seus textos, bem como formas narrativas mais extensas, maior peso descritivo ou formas de linguagem pouco utilizadas na atualidade. Portanto, é realmente nos objetivos educacionais e nas possibilidades de mediação da escola que os clássicos encontram sua melhor oportunidade de se conectar com os novos leitores.

Tecendo sociedades: um elo

> Alguém diz que ele ou ela viveu uma verdadeira odisseia ou que essa pessoa tem a síndrome de Peter Pan ou o complexo de Édipo; o anúncio televisivo de um perfume usa as imagens de uma menina vestida de vermelho e um lobo sedutor; os livros infantis usam repetidamente o cinza das ilustrações para representar a falta de vida e imaginação; as pombas são lançadas em demonstrações de paz, enquanto o preto, assim como certas músicas, são a expressão do luto. Toda sociedade está imersa em um enorme repertório de alusões e representações simbólicas, muitas das quais vêm da arte e especialmente da literatura.

O primeiro motivo para prestar atenção aos clássicos diz respeito à *conexão entre os leitores*. As pessoas narram de formas predeterminadas, evocam personagens, brincam com referências literárias ou transpõem registros e convenções do discurso em cada conversa. Isso se torna necessário para dominar a comunicação social. Nós nos movimentamos confortavelmente nessa espessa teia simbólica e nossa linguagem e nossas ações estão impregnadas de referências. Ter a certeza de que todos compartilham esse conhecimento é o que nos permite usá-lo para nos explicarmos aos outros, para surpreender com uma frase perspicaz ou para entender melhor o que nos é comunicado. Quando nos transportamos para outra cultura, uma das conquistas necessárias é justamente ter acesso ao imaginário coletivo dessa cultura, suas marcas de identidade.

Um fenômeno atual torna especialmente necessário recorrer aos clássicos na formação dos leitores: a atual aceleração do consumo cultural faz com que os títulos desapareçam cada vez mais rápido das prateleiras e da memória coletiva. Poucas crianças acabam lendo os mesmos livros. A dimensão socializadora da leitura fica então seriamente comprometida e a necessidade comunicativa de compartilhar referências é coberta por outros tipos de conhecimento comum, como a televisão ou a publicidade. Isso é um problema? Sim, na medida em que estas novas referências não têm a força intelectual, emocional e estética, nem a persistência e a eficácia cultural coesas demonstradas pelo folclore e pelos clássicos literários.

Entendendo o mundo: um instrumento

> *Motivos como a ocultação do herói durante sua infância (como na lenda do Rei Arthur ou na história de Moisés), a cor das velas como sinal antecipado de vitória ou derrota (como no mito de Teseu), a exceção de um ponto corporal na invulnerabilidade de um personagem (como no calcanhar de Aquiles ou no ponto nas costas de Siegfried), e tantos outros, constituem elementos vistos centenas de vezes, tanto na tradição oral como em sua incessante reutilização na literatura escrita ou na ficção audiovisual atual.*

A principal vantagem de se familiarizar com histórias e narrativas clássicas é que elas já demonstraram ser as melhores. A literatura explorou a realidade e a traduziu em formas inteligíveis de compreendê-la, por exemplo, através de representações literárias, tópicos e motivos literários que causam impacto profundo em quem os vê, escuta ou lê, fazendo que os autores usem esses recursos repetidamente. Essa repetição vem *conectando as obras ao longo dos séculos.*

As pessoas também usam essas imagens, cenas, personagens ou mitos para melhorar a forma como verbalizam e moldam seus próprios sonhos, sentimentos e percepções do mundo. Elas precisam fazer isso, e a força educativa da literatura reside precisamente em facilitar formas e materiais para a compreensão da realidade, distanciando-se ficcionalmente e artisticamente dela. Conhecer as formas mais eficazes, os personagens mais inesquecíveis, as perspectivas alheias ou as imagens mais potentes oferecem instrumentos rentáveis às novas gerações para tornar compreensíveis o mundo e a si próprio.

Consideremos, por exemplo, a reflexão humana sobre o mal concretizada por suas representações artísticas. Pode-se dizer que, a partir do momento em que os pais começam a ensinar os recém-nascidos, existem comportamentos considerados positivos, merecedores de reconhecimento e afeto, enquanto outras ações são consideradas más, merecedoras de castigo e reprovação, os seres humanos aprendem a reprimir uma parte de seus desejos. Mas aprender a governar os aspectos *negativos* não significa que esses impulsos deixem de existir, e a literatura criou formas artísticas de falar sobre a dualidade que as pessoas sentem dentro de si. Por exemplo, a escritora Ursula K. Le Guin escolheu a narrativa da fantasia para fazê-lo e justifica isso dizendo: "O fantástico é a linguagem apropriada para contar a jornada espiritual e a luta entre o bem e o mal que acontece na alma" (1982).

Assim, a literatura criou representações do mal através de motivos onipresentes, como a luta entre opostos ou a tensão de uma ameaça externa. E com motivos mais modernos, como a atração pelo mal e seu impulso interior através da imagem da metamorfose, do mal como o contrário do bem, ou da inquietude sobre realidades paralelas com a simultaneidade de existência do bem e do mal. Muitas dessas representações estão presentes nas histórias infantis.

Quadro 7.2. A representação literária do mal.

A luta entre o bem e o mal	*A ameaça externa do mal*
A representação mais óbvia de um "combate" de contrários, como denomina Le Guin, é estabelecer os lados irredutíveis entre o bem e o mal. É algo muito adequado à tendência de a mente humana criar dualidades opostas. A divisão entre anjos e demônios ou a luta fratricida entre Caim e Abel na Bíblia se encontram entre suas primeiras imagens literárias e não deixaram de oferecer inúmeras representações ficcionais até hoje. A fantasia épica juvenil, por exemplo, situa-se habitualmente nesse campo de representação de mundos opostos e que se enfrentam.	As personificações externas do mal constituem toda uma galeria de personagens malvados ou perigosos, como bruxas, ogros, lobos, demônios etc. As suas histórias desbloquearam medos humanos, ao mesmo tempo que os tranquilizam da sua derrota final. Na medida em que a literatura abordou novos conflitos, criaram-se e potencializaram-se novas representações, como monstros, uma figura difusa que se ajusta melhor aos problemas psicológicos ou aos "homens cinzentos" (em *Momo*, de Michael Ende), que trazem a imagem de alienação pós-industrial.
A ameaça externa do mal... está próxima	*O mal como pulsão interna*
Indo um pouco além, pode muito bem ser que o mal, mesmo que seja externo, esteja perturbadoramente próximo de nós. Na ficção adulta moderna, a abordagem do mal levou ao triunfo de figuras maléficas camufladas, como os psicopatas, ou ainda mais inesperada em sua suposta inocência, como em figuras infantis. Agora já é um estereótipo comercial, mas é uma abordagem desenvolvida ao longo do século XX, com *A outra volta do parafuso*, de Henry James, como uma de suas obras fundadoras. Algumas obras infantis também brincam com esse medo do que está próximo, mas normalmente o fazem de uma forma humorística e o medo resulta, então, infundado.	Um mal tão próximo pode tornar-se interno. Contudo, anjos e demônios eram da mesma natureza, e Caim e Abel eram irmãos. Que o mal faça parte de nós e não parte de outras pessoas, outros grupos ou outros países é difícil de aceitar. Mas, desde o século XIX, a literatura passou a explorar o mal como um desejo interno. Pode ocorrer apenas em determinados períodos e de forma involuntária, como no caso dos licantropos na lua cheia. Ou pode ser uma opção deliberada, como na experiência do Dr. Jekyll, na obra de R. L. Stevenson. Mas a pretensão de controlá-lo tende a se evaporar e o mal assume o personagem aos olhos do leitor.

(Continua)

O mal como o oposto do bem	A questão da dualidade e de realidades paralelas
Os anjos atravessaram uma linha que os transformou em demônios, já antecipava uma das representações mais abundantes da atualidade: o trânsito de uma pulsão a outra, o bem e o mal como dois lados da mesma moeda. Assim, Bastian, em *A história sem fim*, de Michael Ende, *Harry Potter*, de J. K. Rowling, ou heróis dos quadrinhos e audiovisual, como Luke Skywalker ou Super-Homem, são heróis modernos que tiveram que aceitar que o mal poderia transformá-los em sua contrafigura, e fazê--los emergir "do outro lado" da dualidade.	A transição entre as duas naturezas pode ser vista como um desdobramento e pode levar à representação de realidades paralelas. O tema da dualidade surge no Romantismo alemão e é uma figura perturbadora que atenta contra a ideia de que cada indivíduo é único. O motivo se estende literalmente à sombra, ao reflexo ou ao quadro enquanto as realidades paralelas se estendem para além do tema do mal, com a abundância atual de todos os tipos de mundos em contato, com fissuras e portas.

Em todo caso, os recursos narrativos são frequentemente gerados para proteger o leitor de seu possível impacto emocional. Deve-se ter em mente que a moralidade é estabelecida nas crianças por meio da estruturação de opostos, de um mundo e condutas maniqueístas que permitem delimitar fronteiras, assimilar normas e se sentir seguro. Questionar os limites e dar a garantia de que estamos do lado certo, como fez a literatura moderna, não parece ser um bom caminho para os livros infantis. Assim, os autores têm buscado maneiras de proteger as crianças do tratamento do mal dentro delas e formas de simplificar a complexidade de expressá-lo, a fim de trazer suas obras para a exploração atual desses temas. Realizaram isso com os seguintes recursos:

- *O deslocamento*, por exemplo, uma figura bem explorada pela psicanálise oferece uma saída: não é você que se porta mal, mas sua sombra, o ursinho de pelúcia, o monstro que vive lá, e assim por diante. Antes, a psicanálise já havia percebido nas madrastas a transcrição dos sentimentos negativos da criança em relação à figura materna.

- *O jogo humorístico e intertextual* permite conhecer os personagens positivos sem diminuir a distância segura entre os planos morais. Isso é o que acontece no livro *Chapeuzinho Vermelho*, de Roald Dahl, quando a menina supostamente inocente mata e esfola o lobo para ter um casaco de pele. Os leitores conhecem o referente reconfortante e podem rir desse jogo de desvio de direção como uma transgressão maliciosa da norma.

É claro, se alguém se sente tão furioso que se torna um monstro ou explode o mundo, mas apenas por um tempo, e pode se reconciliar depois, segue com os pés firmes no chão. Ou se a mãe grita até nos desmembrar, mas pede perdão, o mundo continua em ordem. Assim, os protagonistas de *Onde vivem os monstros*, *Ferdinando Furioso*, *Quando a mãe grita* e tantos outros personagens infantis nos livros atuais asseguram às crianças que é normal que o mal esteja dentro de nós, mas que há maneiras de mantê-lo sob controle. O fim é então o que tranquiliza diante da quebra momentânea dos limites.

Conceder um senso de perspectiva: um mapa

Quando uma criança escreve em seu diário de leitura que no ano passado leu todos os livros da saga Geronimo Stilton e todos os livros do O Clube do Tênis Vermelho de Punset, enquanto outra escreve em seu diário que leu uma versão da Odisseia, A evolução de Calpurnia Tate, *de Kelly,* Peter Pan *e dois livros de Geronimo Stilton, elas estão mostrando universos de leitura compostos de diferentes tipos de menus. O primeiro é uniforme, enquanto o segundo corresponde a uma dieta equilibrada com textos de diferentes procedências, momentos históricos e níveis estéticos que podem desempenhar funções diversas em sua vida leitora.*

Um terceiro motivo para prestar atenção nas obras tradicionais diz respeito à *ligação entre os níveis culturais.* Essa é a capacidade dos clássicos de *destacar* nossa representação mental da cultura diante do nível *plano* promovido pelo consumo indiscriminado ou compulsivo. Por um lado, eles dão um sentido de hierarquia, pois mostram que existem diferentes níveis de elaboração e significado nos produtos culturais. Um clássico não é a mesma coisa que uma série de consumo, ou um aplicativo construído como uma obra de arte, como uma obra de entretenimento. Por outro lado, eles contribuem para o sentido histórico da cultura, pois familiarizam o leitor com um tipo de leitura que deve considerar os parâmetros do período em que as obras foram produzidas.

Embora durante a infância as crianças só entrem na ideia de que a cultura é um sistema histórico e complexo implicitamente, através dos clássicos elas começam a vislumbrar um mapa por meio do qual perceberão que nem toda ficção tem a mesma função de elaboração e leitura, e que a compreensão dos traços do período no livro (seus valores desencadeantes em relação aos atuais, por exemplo) faz parte da interpretação.

O que as crianças aprendem

Ao longo deste capítulo, já apontamos o aprendizado subjacente que faz parte da familiarização com os clássicos. É sua oferta de aprendizagem implícita para o leitor infantil que permite afirmar que vale a pena prestar atenção neles na escola. Assim, seguindo os três tipos de argumentos destacados na seção "Por que prestar atenção nos clássicos?" (p. 216), podemos dizer que:

- Os clássicos permitem que as crianças se entrelacem com sua cultura, com a satisfação de se tornarem parte de um conhecimento claramente intergeracional e de adquirir consciência de sua presença socialmente compartilhada. Essa descoberta deve incluir textos de diferentes culturas para, por um lado, comprovar os múltiplos contatos artísticos que existem entre textos muito distantes, como a literatura de tradição oral de diferentes países, e, por outro lado, aprender a valorizar o enriquecimento que advém do conhecimento dessas diferentes formas. Uma atitude de "soma e maravilha" diante do que é estrangeiro, que é enormemente positivo e favorece o diálogo intercultural em nossas sociedades cada vez mais plurais.

- Com os clássicos, as crianças têm acesso a obras seguras que provaram sua qualidade ao longo do tempo, obras que lhes permitem saber o que um bom texto literário pode oferecer. Como esses textos são poderosos em suas camadas de sentido, isso favorece sua aprendizagem interpretativa, como veremos no capítulo 9, dedicado à interpretação. Além disso, por se tratar de obras e material literário que estão na base das elaborações e reelaborações culturais atuais, isso lhes fornece uma ferramenta necessária para seu entendimento artístico, como veremos no capítulo 8, dedicado à intertextualidade.

- A recepção oral, escrita ou audiovisual de obras clássicas também leva as crianças a se iniciarem em certo funcionamento consciente do sistema cultural, formado por diferentes níveis artísticos, com suas próprias regras e elaboração mais ou menos exigente, assim como por certos processos de circulação dos quais os clássicos são precisamente o melhor exemplo (traduções, adaptações, versões etc., como vimos no capítulo 3). E, finalmente, inicia certa consciência progressiva da distância temporal entre os contextos de produção e recepção, que podem ser utilizados em sua leitura.

Atividades de aprendizagem

1. **O quebra-cabeça dos clássicos.** De quando são os títulos que consideramos clássicos? Vamos evocar algumas dessas obras e estar cientes de sua distância no tempo. A ideia é construir um quebra-cabeça cronológico da seguinte forma:

   – Procure na internet a imagem de capa das obras que se encontram na lista a seguir. Elabore uma tabela dividida em 30 espaços (se for digital, será mais atraente) e coloque a imagem e o título de cada obra em um espaço na ordem cronológica que lhe pareça mais provável. Procure a data de surgimento de cada uma e verifique seus acertos e descobertas.

Cepillo. Pere Calders. Il: Carme Solé Vendrell.	*Miffy*. Dick Bruna.
O jardim secreto. Frances H. Burnett.	*O pequeno Nicolau*. René Goscinny.
O pequeno príncipe. Antoine de Saint-Exupéry.	*Heidi*. Johanna Spiry.
A família Mumin. Tove Jansson.	*A fantástica fábrica de chocolate*. Roald Dahl.

(Continua)

João Felpudo. Heinrich Hoffman.	*Peter Pan.* James M. Barrie.
Píppi Meialonga. Astrid Lindgren.	*Alice no País das Maravilhas.* Lewis Carroll.
As aventuras de Tom Sawyer. Mark Twain.	*Ursinho Pooh.* A. A. Milne.
Jim Botón y Lucas el maquinista. Michael Ende.	*Konrad ou o menino que saiu de uma lata de conservas.* Christine Nostlinger.
Onde vivem os monstros. Maurice Sendak.	*Shola e os leões.* Bernardo Atxaga.
Da pequena toupeira que queria saber quem tinha feito cocô na cabeça dela. Wernwe Holzwarth e Wolf Erlbuch.	*O carteiro chegou.* Allan y Janet Ahlberg.
A história de Babar. Jean de Brunhoff.	*Frederico.* Leo Lionni.
Os três bandidos. Tomi Ungerer.	*Histórias de ratinhos.* Arnold Lobel.
Uma lagarta muito comilona. Eric Carle.	*Contos de Grimm.* Jacob y William Grimm.
O balãozinho vermelho. Iela Mari.	*Años difíciles.* Juan Farias.

2. **Concursos de adivinhação.** Temos dito que os clássicos são referências compartilhadas. Vamos provar isso verificando que somos capazes de adivinhar as obras às quais alguns de seus elementos pertencem:

– Faça um *quiz* montando um cartaz com cópias ou um blogue com imagens de ilustrações de personagens famosos de obras clássicas. Coloque um número em cada ilustração e veja quantas pessoas conseguem adivinhar.

– Crie um museu de objetos representativos de contos populares (a roca de fiar da Bela Adormecida, a maçã da Branca de Neve, as tranças da Rapunzel etc.). Coloque um número em cada objeto e veja quantas pessoas conseguem relacionar o objeto ao conto de fadas correto.

3. **Dando voz a personagens clássicos.** Uma atividade de escrita pode nos levar a olhar para os personagens clássicos e ver o quanto eles estão internalizados. O objetivo é nos colocarmos no lugar deles para descrevê-los. O livro de Teresa Durán e Marta Luna (2002) nos oferece uma centena de exemplos, como os dois que traduzimos e reproduzimos parcialmente aqui. Faça descrições neste estilo e brinque de adivinhar os personagens:

Quem sou eu?	*Quem sou eu?*	*Quem sou eu?*
Pequeno e esguio, com olhos verdes brilhantes e cabelos pretos lisos que estão sempre desgrenhados. Eu uso óculos redondos e na minha testa tenho uma cicatriz na forma de um raio que chama muito a atenção dos meus colegas de turma.	Mais do que pela vassoura que me trouxeram por acaso, você vai me reconhecer pela fita da minha cauda. Também por minhas orelhas, que emolduram um ouvido muito fino e seletivo.	

4. **Um jogo de espelhos: a reutilização e variação dos símbolos.** Os motivos literários se repetem nas obras, muitas vezes

A herança de todos | 227

adicionando nuances e camadas de sentido. Vamos brincar com isso nas seguintes atividades:

– Coloque os seguintes títulos na caixa apropriada, de acordo com a função cumprida pelos espelhos que aparecem, como mostrado no exemplo. Você também pode acrescentar outros exemplos (ou substituir alguns destes) de histórias infantis ou outros tipos de histórias: o mito grego de Narciso, *Branca de Neve, Harry Potter e a Pedra Filosofal*, de J. K. Rowling (Rocco), *Boca do Lobo*, de Fabián Negrín (Thule), *Espelho*, de Suzy Lee (Companhia das Letras) etc.

Basta refletir a realidade	*Refletindo uma realidade distante e não o que está em frente do espelho*	*Refletindo uma realidade oculta por trás da aparência da pessoa que está em frente do espelho*
Refletir uma realidade psíquica (por exemplo, os desejos de quem vê)	*Refletindo uma realidade* paralela *(outros mundos)*	*Refletindo uma realidade* fragmentada
		Exemplo: *El guardián del olvido*, de Joan Manuel Gisbert, ilustrado por Alfonso Ruano.

– A história das cores nos diz que branco, preto e vermelho são as três cores dominantes nos símbolos da maioria das culturas (Pastoreau, 2006). Na Europa, foi somente entre os séculos XII e XIV que o verde, o azul e o amarelo foram acrescentados. E, apesar da descrição do espectro cromático realizada pela ciência, a representação mental das cores básicas feita pelas pessoas continua sendo ainda hoje a representação dessas seis cores. Talvez devido a essa história cultural de cores, a tríade branco, vermelho e preto está muito presente no folclore e na ilustração. Por exemplo:

a) Em *Branca de Neve e os sete anões*, temos a imagem de gotas de sangue na neve enquanto ela borda usando um bastidor preto, mas também uma bruxa/madrasta vestida de preto oferece uma maçã vermelha a uma jovem muito branca.

b) Em *Chapeuzinho Vermelho*, uma menina de vermelho carrega um pote branco para uma avó vestida de preto, ou, ainda, enfrenta um lobo preto em um bosque escuro.

c) Na fábula de La Fontaine, um corvo preto perde um queijo branco para uma raposa vermelha.

– Procure livros ilustrados atuais em que predominem essas três cores. Procure também outros em que as cores, em geral (cinza, verde etc.), tenham significados simbólicos associados a elas.

5. **Livros geracionais.** Cada geração de leitores compartilha certas leituras como um elemento de sua experiência de vida comum (assim como cantigas, jogos, costumes, programas de televisão, conhecimentos escolares, valores sociais etc.).

– Divida as seguintes obras nestes dois quadros e procure as imagens de suas capas na internet. Você pode consultar a geração de seus pais e avós para isso.

Obras dos leitores dos anos 1950 e 1960	Obras dos leitores da década de 1980

- *Rastro de Dios*, de Montserrat del Amo. SM.
  A série O pesadelo, de R. L. Stin. Rocco.
- As obras de Júlio Verne.
- A série do Teo, de Violeta Denou. Europa-América.
- Os livros de Roald Dhal. Galera Junior.
- A coleção El Barco de Papel. SM.
- Contos com as versões dos filmes de Walt Disney.
- *Antoñita la fantástica*, de Borita Casas. Al-taya.
- Escolha a sua aventura. Ediouro.
- A série Aventura, de Enid Blyton. Relógio D'água.
- Antologias de contos populares.
- A série de Guillermo Brown, de Richmal Crompton. Molino.

- A série de O Pequeno Vampiro, de Angela Sommer-Bodenburg. Martins Fontes.

– Construa uma terceira tabela com as leituras que considerem ser mais compartilhadas por sua geração durante a infância. Você pode consultar listas de *best-sellers* nos relatórios anuais da Confederação Espanhola de Grêmios e Associações de Livreiros (Cegal), existente desde 2000, ou nos registros de empréstimos de bibliotecas públicas. Em seguida, discuta quais dessas leituras geracionais você considera que permanecerão clássicas e quais provavelmente terão sido apenas leituras de uma época.

Exemplos: livros mais emprestados nas bibliotecas públicas de Barcelona em 2017

- *Los fantasmas no llaman a la puerta*, de Eulàlia Canals e Rocío Bonilla. Algar.
- *Un libro*, de Hervé Tullet. Kókinos.
- *El monstruo de colores*, de Anna Llenas. Flamboyant.
- A série do Sr. Flat, de Jaume Copons. Combel.
- A série de Geronimo Stilton. Destino.
- A série de Diarios de Greg, de Jeff Kinney. Molino.

---

6. **Clube do livro.** A melhor coisa a se fazer com os clássicos é lê-los. Portanto, você pode organizar um clube do livro com base em uma lista, por exemplo, aquela fornecida na atividade do quebra-cabeça. Leia o máximo que puder e escolha os

dois de que você mais gostou. Você pode organizar um fórum onde possa defender suas duas escolhas. Ao final, você terá seu próprio *ranking* dos clássicos mais bem classificados.

Para saber mais

Colomer, T. (2005): "La biblioteca de la humanidade". *Cuadernos de Pedagogía*, n. 352, pp. 25-28.

O artigo enfatiza o tratamento dos clássicos em sala de aula e esclarece as funções que eles desempenham, os principais conteúdos que oferecem, bem como as estratégias a serem consideradas para incluí-los nos currículos escolares.

Durán, T. e Luna, M. (2002): *Un i un i un... fan cent. Cent personatges de la literatura infantil i juvenil*. La Galera.

O livro está organizado como um catálogo no qual os personagens das obras infantis tomam a palavra e se apresentam ao leitor na 1ª pessoa. É uma compilação amena com informações completas sobre as características de cada personagem, sobre sua função na obra em que aparecem e sobre suas relações com outras obras e outros personagens. Uma forma muito original de apresentar as obras habitadas pelos protagonistas dos clássicos de todos os tempos.

Garralón, A. (2017): *Historia portátil de la literatura infantil y juvenil*. Zaragoza: Prensas da Universidade de Zaragoza.

A obra é uma breve história da literatura infantil e juvenil, uma leitura fácil e altamente recomendável para iniciantes no campo da literatura infantil e para formar uma visão inicial dos principais autores e obras para crianças. Sua formatação em capítulos curtos, com informações essenciais e com estrutura narrativa, faz dela uma obra tanto para consulta como para leitura contínua.

Machado, A. M. (2004): *Clásicos, niños y jóvenes*. Norma.

O autor reivindica a presença dos clássicos nos trajetos de leitura pessoal e em salas de aula e oferece um passeio comentado pelos clássicos infantis e juvenis, com ênfase no significado e nas relações entre as obras. Uma grande parte do livro é dedicada a textos não escritos especificamente para crianças, como os clássicos gregos, romances de Cavalaria ou aventuras clássicas, a fim de justificar a necessidade de apreciá-los na versão original ou em boas adaptações, sem esquecer dos textos escritos e destinados ao público infantil.

8.
O diálogo entre as obras: a intertextualidade

"Um viajante alcança um cenário desconhecido e tem aventuras diferentes em cada um deles até chegar ao seu destino." Esta é uma estrutura narrativa perfeita para unir sequências em uma história. Já a encontramos na *Odisseia*, um clássico tão revisitado da literatura universal que inclusive faz parte do uso da linguagem comum para denominar de "odisseia" as sucessivas dificuldades encontradas antes de atingir um objetivo. Hoje, a familiaridade com este esquema permite que a série *Star Trek*, por exemplo, adquira ressonâncias do mito grego, antecipando sua oferta de aventuras intergalácticas na introdução que precede cada um de seus capítulos:

> O espaço, a fronteira final. Estas são as viagens da nave estelar Enterprise em sua missão para a exploração de novos mundos, para pesquisar novas vidas, novas civilizações. Audaciosamente indo aonde nenhum homem jamais esteve.

O espectador que estiver pronto para a viagem já conhece os ingredientes dessa jornada, como o fascínio pelo desconhecido, a superação dos desafios por meio da inteligência ou o aprendizado da sabedoria adquirida. Além disso, ao mesmo tempo, a nostalgia do lar e o medo de se perder. Seja da ponte da Enterprise na velocidade da curvatura ou retornando a Ítaca na embarcação de Ulisses pelo Mediterrâneo, o eco da atração pela viagem e por novos episódios em ambientes inimagináveis continuam a ser oferecidos aos destinatários de todas as épocas.

Assim, as histórias e os contos reverberam ecos de obras anteriores. Os autores estão constantemente procurando, por meio de sua bagagem literária, encontrar recursos artísticos que provaram seu valor ao longo dos séculos, ou valores com os quais assumem que os leitores estão familiarizados. E então eles os reciclam de uma forma ou de outra em suas obras, para que as histórias anteriores estabeleçam uma trama firme de conexões com as novas histórias; uma teia de fios que seus leitores vão apreciar e compartilhar. Desse modo, eles produzem uma constante atualização e reinterpretação de temas, motivos, personagens ou enredos para os quais os integrantes de determinada cultura gostam de voltar repetidamente. Como afirma Sutherland:

> Devemos perceber que as obras literárias não são ilhas, mas estão conectadas a outras obras, de forma visível ou invisível. (2011:25)

Conforme observamos anteriormente, ao ligar a *Odisseia* a *Star Trek,* o diálogo não ocorre apenas entre os textos literários. A literatura sempre ultrapassou seus limites, impregnando a linguagem cotidiana com suas referências, preenchendo os quadros de temas mitológicos, emprestando-se a ser utilizada em alusões publicitárias ou transpondo as narrativas audiovisuais. E, em um movimento inverso, absorvendo em suas obras textos de todos os tipos, referências pictóricas, *slogans* publicitários ou personagens audiovisuais. O processo de convergência tecnológica das indústrias culturais e a concentração de recursos têm hoje generalizado uma alta densidade de tráfego nessas redes, com referências cruzadas entre literatura, cinema, *videogames* ou a internet. Assim, a literatura infantil não é estranha a esse movimento, mas, agora, tende a relações muito intensas e estendidas em todas as direções:

- *Julieta, Romeo y los ratones*, de Mariasún Landa, estabelece sua relação com a literatura culta logo a partir do título.

- *Caperucita roja, verde, amarilla, azul y blanca*, de Gianni Rodari, deixa clara sua relação com a literatura da tradição oral.

- *Tania Val de Lumbre*, de Maria Parr, apresenta no texto seu relacionamento com *Heidi*, por Joana Spiry, um clássico da literatura infantil.

- *El sueño interminable*, de Yvan Pommaux, não só se relaciona com a *Bela Adormecida*, mas também adota as formas dos quadrinhos para desenvolver, com base no esboço, clichês e imagens do romance policial e sua transferência para o cinema em meados do século XX.

- *El Bosco. La extraña historia de Hieronymus, el gorro, la mochila y la pelota*, de Thé Tjong-Khing, constrói a narrativa de seus filhos sobre ilustrações derivadas das pinturas deste pintor do século XV.

Como são as relações entre as obras?

Nenhum texto é escrito partindo do vazio. Ele pressupõe a pree-xistência de outros textos, de outras vozes anteriores às quais o novo texto é acoplado, imitado, divergido ou parodiado. O mecanismo discursivo que explica a relação que um texto mantém, de dentro de si, com outros textos é chamado *intertextualidade*. Ela pode operar com *ligações de diferentes tipos*, tão gerais como pertencentes a um gênero, ou tão específicas como uma alusão a uma frase famosa de outra obra. Assim, por exemplo, as obras podem compartilhar elementos diferentes:

- *As características gerais do que é uma história e como ela é contada.* Há um registro literário da língua, formas de contar histórias e uma enorme variedade de obras que mostram a gama de possibilidades exploradas até o momento. Assim, os autores constroem suas histórias da forma como apren-deram a fazê-lo, ouvindo, vendo ou lendo-as. Como afirma Colomer, "eles podem querer forçar as regras ou podem simplesmente querer usá-las da melhor maneira possível para contar sua própria história" (2002:170). Neste sentido, todos os textos estão relacionados porque os autores simplesmente não podem *brincar lá fora*.

- *Gêneros ou estruturas narrativas.* Por exemplo, a distribuição da narrativa heroica ou de aventura em três fases: a missão ou partida em que o desafio é colocado, as provas ou superação de obstáculos, e o retorno, uma vez cumprida a missão, com as consequências das mudanças produzidas pela viagem. Em outras palavras, uma partilha do tipo de jogo de tabuleiro, por exemplo, ao qual o leitor adentra.

- *Características do universo no qual o conflito é estabelecido.* Por exemplo, narrativas que recriam um universo de fantasia alternativo paralelo ao real, como *As crônicas de Nárnia*, *Alice no País das Maravilhas* ou *O mágico de Oz*. Em outras palavras, compartilhando o tipo de tabuleiro em que se joga o jogo.

- *Motivos ou símbolos*: a mesa da abundância, a chegada incógnita do herói, o bandido honrado ou o branco como a cor da inocência, entre outros. Em outras palavras, compartilhar o tipo de *jogada famosa* que, como no xadrez, todos conhecem e podem utilizar em seu jogo.

- *Algum personagem, elemento ou frase específica* que aludem diretamente a outras obras ou cita literalmente suas palavras. Ou seja, piscar para o leitor-jogador.

As relações podem ser *múltiplas*. Cada obra pode conter vários tipos dessas *ligações* e podem formar séries com outras obras por diferentes razões. Por exemplo, podemos conectar *Píppi Meialonga* a outros personagens femininos infantis ou juvenis, como a porquinha Olívia, Hermione da série Harry Potter, Calpúrnia Tate, Jo March de *Mulherzinhas* ou Katnis Everdin de *Jogos Vorazes*, por suas características de curiosidade, rebeldia e valorização da liberdade em um mundo repleto de convenções que as limitam (como o fato de ser mulher, é claro). Mas poderíamos também relacioná-la a Huckleberry Finn, por sua vida autônoma à margem de uma sociedade conservadora.

As relações podem ser *mais ou menos deliberadas*. O autor pode desconhecer as conexões em sua obra, especialmente se elas se referem a aspectos narrativos muito gerais. Mas, na maioria das vezes, o autor escolhe se referir especificamente a uma ou mais histórias anteriores, aludindo a elas de várias maneiras, como podemos ver no Quadro 8.1.

Quadro 8.1. Exemplos de alusões intertextuais.

Em *Olívia*, de Ian Falconer, podemos observar a alusão ao quadro *O ensaio*, do francês Edgar Degas, ou a um quadro do pintor Jackson Pollock, que inspira a porquinha a pintar as paredes de seu quarto.	Muitas obras constroem seus protagonistas com personagens desmistificados, como bruxas boas, lobos vegetarianos, fantasmas medrosos etc. O divertido é ler essas histórias sabendo como são esses personagens na tradição literária infantil.	Em *Rato do Sr. Maxwell*, de Frank Asch, o fraco acaba ganhando do forte, pela inteligência, como é tradicional em fábulas e contos populares.
Em *Madlenka* há muitas referências artísticas, cinematográficas e culturais, uma vez que o objetivo é apresentar elementos característicos das diferentes culturas dos vizinhos de uma menina. Uma reivindicação da diversidade cultural das grandes cidades atuais.	Em *Tania Val de Lumbre*, a protagonista não só lê a história de *Heidi*, de Johanna Spiry, mas recorre a ela para compreender sua própria situação. O referente antecipa alguns eventos da nova obra e faz transcender a anedota a uma categoria mais geral sobre as relações humanas.	*Años difíciles*, de Juan Farias, abre com uma citação de Bertolt Brecht: "A guerra que virá não é a primeira. Houve outras guerras". Isso pode implicar que o livro não se refira especificamente à Guerra Civil Espanhola. Ainda que evoque um autor republicano, supõe uma declaração de princípios.

O autor pode também decidir não apenas aludir a uma história anterior, mas escrever sua obra inteiramente ligada a ela, construindo-a como uma versão do original ou partindo de algum elemento dela:

Quadro 8.2. Formas de reescrever um livro completo.

Caminhos	Descrição	Exemplos
Reescrituras simples	Versões que não se destinam a alterar o significado e a trama da obra original. Limitam-se a situá-los em outros cenários, modernizando o ambiente com a ilustração, animalizando os personagens etc.	Roberto Innocenti situa *Cinderela* na década de 1920, na Grã-Bretanha, utilizando a ilustração.
Expansões	Nada é reescrito a partir do original, mas são narradas partes que não tinham sido ainda explicadas. Ou seja, dá-se atenção às elipses ou a algum aspecto da obra de referência como *spin-offs*: o que aconteceu com o tesouro deixado na ilha de Stevenson? Ou o que aconteceu com Silver depois de seu desaparecimento?	Em *La esposa del conejo blanco*, de Gilles Bachelet, conta-se a história da vida cotidiana da esposa do coelho em *Alice no País das Maravilhas*.
Modificações	Versões que alteram o sentido original. A trama, os personagens, a linguagem, o final, o narrador ou a perspectiva situam uma nova história que o leitor reconhece quase que pelo avesso.	Em *Caperucita Roja (tal como se la contaron a Jorge)*, de Luis Pescetti, o conto é narrado pelo personagem do pai e contrasta com a perspectiva do filho, a quem vemos imaginando o relato conforme as referências de uma criança atual.
Collages	Versões nas quais se misturam uma ou várias histórias fundindo elementos de umas com as outras.	A série "As trigêmeas" introduz três personagens infantis e atuais no cenário dos contos populares que *visitam*.

Baseado em: Díaz-Plaja, (2002).

O que a intertextualidade significa para o leitor?

Quanto mais previsíveis forem os acontecimentos, *mais fácil* será a leitura. Assim, em um sentido geral, a reiteração de padrões e a reutilização de elementos familiariza o leitor com a bagagem literária e o faz sentir-se mais à vontade no mundo ficcional e cultural.

Mas em um sentido mais concreto, a intertextualidade se apresenta como *um desafio* para o leitor, que é obrigado a descobrir a conexão. Se ele conseguir, será recompensado pelo prazer de notá-lo e de se sentir *especialista*. Margaret Meek (2004) chama isso de "descobrir velhos amigos em novos lugares". Como acontece quando uma criança aponta feliz o elefante Elmer entre os livros da prateleira de *Ahora no, Bernardo,* um piscar de olhos da auto-citação de David McKee, autor de ambos. Os autores tornam isso mais ou menos fácil para o leitor, pois os relacionamentos podem ser bastante claros e explícitos ou apenas sugeridos e implícitos. E, se forem descobertos, podem proporcionar prazer e significado extra, ou podem ser essenciais para entender a história de verdade.

Quadro 8.3. Os desafios intertextuais do leitor.

	Essencial	*Mais significado*
Implícito	Que o leitor tenha que inferir o referente sem qualquer pista e, se não o fizer, não entenderá a história, é algo quase inexistente nos livros infantis. Os autores não esperam que as crianças descubram tais significados escondidos.	*Frederick,* de Leo Lionni, é uma resposta para a mensagem da fábula de *A Cigarra e a Formiga,* atribuída a Esopo. Se o leitor não a conhecer, pode apreciar também a história, embora alguns detalhes importantes se percam.

(Continua)

	Essencial	*Mais significado*
Explícito	*Los cuentos entre bambalinas*, de Gilles Bachelet, situa os personagens famosos de acordo com suas características. Assim, encontramos Pinóquio em uma clínica de cirurgia estética ou o Wally em "objetos perdidos". Se não conhecer as histórias, não se entenderá sua graça.	A imagem do quadro *O grito*, de Edward Munch, em *Voces en el parque*, de Anthony Browne, é um detalhe que reforça e representa a desolação do personagem desempregado. Se o leitor não está familiarizado com o quadro, ele também pode apreciar a emoção que ele transmite.

Quando a intertextualidade se refere a elementos específicos de uma obra, o leitor detém sua leitura a fim de atender a essa conexão. Podemos pensar, então, que eles *desviam a atenção* para as margens da história que estão lendo. Mas esse exercício de evocação, longe de desorientá-lo, pode enriquecer sua leitura com efeitos humorísticos, estranhamentos ou reflexões culturais que oferecem uma experiência leitora particular. É também interessante notar que essa abordagem, que incentiva a descoberta de conexões e o diálogo sobre elas, na verdade, reproduz a maneira usual de leitura das crianças pequenas na companhia dos adultos.

Como vimos no Quadro 8.3, essas inter-relações pontuais geralmente também se relacionam com o sentido da obra. Por exemplo, a descoberta da imagem de Mary Poppins nas *Voces en el parque*, de Anthony Browne, pode ser interpretada como se evocasse o desejo de uma companheira por parte do personagem infantil, que se sente abandonado por sua mãe. E o fato é que a relação com o sentido é o propósito principal das obras construídas com especial atenção à intertextualidade. É o caso, por exemplo, das versões de contos, em que os autores querem que o leitor conheça a versão original para apreciar a graça de tê-la alterado. O leitor que lê ou ouve a história deve, então, pensar em *dois textos ao mesmo tempo*, o atual e o evocado, a fim de contrastar as semelhanças e diferenças que há entre eles. E é precisamente nesse ponto que o sentido acrescentado será encontrado.

Quadro 8.4. Versões que acrescentam significado.

Los tres lobitos y el cochino feroz, de Eugene Trivizas. Il.: Hellen Oxenbury.	Os porquinhos e o lobo do conto popular invertem os papéis, e o final é também alterado para transmitir uma mensagem de transformação, bondade e amizade entre todos.
Allumette, de Tomi Ungerer.	O conto *A pequena vendedora de fósforos*, de Andersen, assume uma dimensão crítica com relação à falta de solidariedade na sociedade atual na versão de Ungerer, enquanto o final introduz generosidade e solidariedade como uma possibilidade regeneradora, ao contrário do original.
Guji Guji, de Chih-Yuan Chen.	O "patinho feio" aqui é um crocodilo, criado e aceito por uma família de patos. Guji Guji escolhe ficar com eles e não sair com os crocodilos, definindo-se a si próprio como um "crocopato", em uma mensagem totalmente diferente sobre sua identidade pessoal.

Finalmente, quando a história obriga o leitor a olhar além do livro que está em suas mãos, favorece que ele entenda a realidade cultural como um conjunto no qual referências existentes e novas estão constantemente conversando entre si. A consciência das possibilidades de inter-relação entre as obras é, portanto, um ingrediente poderoso no aprendizado cultural em qualquer idade: a percepção de habitar um ecossistema forjado pelas representações artísticas da realidade que a humanidade vem produzindo.

A intertextualidade é adequada para crianças?

No trecho a seguir, de uma conversa literária, algumas crianças da escola primária identificam, com a ajuda do professor, o referente de um conto popular em dois livros do autor Mario Ramos que acabaram de ler:

> Javi: *Eu sou o mais bonito,* eu gostei porque ele coloca uma gravata e diz... ele diz a todos os personagens: quem é o mais bonito? Quem é o mais bonito?
>
> Professor: O que acabou de dizer te lembra alguma coisa, Javi?
>
> Ana: *Eu sou o mais forte.*
>
> Professor: Sim, esse é outro livro do autor, mas estou falando de quando ele diz para os outros "quem é o mais bonito?".
>
> Javi: Ah, não lembro, mas é como em um conto popular, eu acho.
>
> Maria: É como na Branca de Neve, "quem é a mais bonita?".

Entretanto, no campo da literatura infantil, a bagagem do leitor – o que tem sido chamado de *biblioteca de textos pessoais* (Devetach, 2008) ou o *intertexto do leitor* (Mendoza, 2001) – é necessariamente limitada. Os livros infantis têm muito pouco lugar para onde *levar* o leitor de volta, já que o leitor *ainda* não esteve com eles. Então, como os autores podem usar a intertextualidade de tal forma que as crianças possam estabelecer as conexões necessárias para ler com "dois textos em mente"? Os mecanismos mais utilizados para obter isso foram os seguintes:

1. *Usar histórias que se espera que sejam familiares* ao leitor infantil, especialmente contos folclóricos, mas também alguns clássicos infantis.

> *O carteiro simpático de Allan y Janet Ahlberg entrega cartas a personagens de contos de fadas populares, tais como a Cachinhos Dourados, o grande lobo mau ou a Cinderela. Tanto o conteúdo quanto o tipo de carta (um cartão-postal, um aviso legal, uma carta infantil, um catálogo comercial etc.) são desenhados de acordo com a história do personagem, e você tem que conhecer muito bem as histórias para entender a sua diversão.*

Às vezes, a intertextualidade alia-se a outras tendências modernas, como o jogo metaficcional, a fragmentação narrativa ou a sobreposição de gêneros, narrativas literárias na Educação Infantil e no Ensino Fundamental, e constrói obras experimentais, que expandem as formas convencionais de livros infantis. Um exemplo paradigmático disso é o livro ilustrado *El apestoso hombre queso y otros cuentos maravillosamente estúpidos*, de Lane Smith e Jon Scienszka. Essa obra opera em contos folclóricos para produzir um livro paródico, fazendo zombaria nos enredos, nas características dos personagens e na inversão de valores. Por exemplo, no caso do "patinho feio", as expectativas do leitor e as do personagem são frustradas, que tomam como certo que ele vai se tornar um cisne, como é metaliteralmente conhecido no conto original de Andersen, com um final em que, quando ele cresce, acaba se tornando *simplesmente feio*.

2. *Usar a ilustração para mostrar de forma óbvia as referências aludidas.* Eles podem se referir a outras obras (com personagens reconhecíveis, como Chapeuzinho Vermelho e o lobo que aparecem em *Delante de mi casa*, um livro para crianças

mais novas). Mas eles também podem ser estendidos fora da literatura, seja com alusões a cenários ou personagens reais (a Torre Eiffel, o rosto de Einstein etc.) ou com um aceno a outras manifestações artísticas, como pintura ou cinema (como as muitas referências a obras de arte moderna recriadas na coleção do lobo em *Célebres casos del detective John Chatterton*, de Yvan Pommaux).

> *Anthony Browne é um autor que costuma distribuir múltiplos "detalhes" nas imagens de seus livros, que reforçam e amplificam o significado da história. Assim, em* Voces en el parque, *além da já citada pintura de [Edward] Munch, podemos identificar a casa a partir de uma pintura de [Edward] Hopper, um chapéu de [René] Magritte, uma pintura da Mona Lisa, imagens de King Kong e Papai Noel, esculturas de Cupido e Netuno etc.*

3. *Usar paratextos.* Às vezes, as informações sobre a intertextualidade da obra limitam-se a prólogos ou epílogos que permitem ao leitor saber com quais outras histórias ela está relacionada, como no caso de *El perro negro*, de Levi Pinfold, em que a origem lendária da história é relatada na contracapa do livro.

4. *Avisar o leitor.* Quando o autor acredita que a alusão não vai ser compreendida e faz questão que seja, pode-se introduzir uma breve explicação sobre o assunto.

> *Elvira Lindo explicita a alusão ao cinema que está por trás do nome da praça "Árbol del ahorcado", em* Manolito Gafotas, *quando ela*

escreve: "a chamamos assim porque só há uma árvore, que parece muito boa para se enforcar, uma árvore do Oeste selvagem" (36).

É claro que também pode acontecer que os autores decidam não considerar a dificuldade de compreensão das crianças na escolha das referências. Talvez porque pensem que nem tudo deve ser compreendido, ao menos no momento daquela leitura, e que isso não diminui a familiarização cultural implícita que se obtém com as referências incluídas. Ou talvez porque escolham olhar acima de seu pequeno destinatário e piscar o olho para o adulto que está lendo a obra com eles – uma forma de distribuir o jogo a todos, a fim de que cada um encontre prazer em seu próprio nível de reconhecimento.

Quadro 8.5. Problemas e soluções na intertextualidade das obras infantis.

Alguns problemas	*Algumas soluções*
Em alguns casos, as crianças conhecem as versões antes mesmo de conhecerem as obras originais, de modo que é impossível que elas apreciem o efeito paródico ou, de outra forma, a reescrita.	Oferecer histórias tradicionais desde cedo para as crianças, uma vez que elas são a fonte de grande parte dos usos intertextuais da literatura infantil.
Às vezes, as crianças *só* conhecem as histórias por meio de suas versões cinematográficas, que são mais banalizadas e mais alheias à sua tradição cultural.	Disponibilizar também nas mãos (e especialmente para os ouvidos) das crianças as boas versões originais e de seu próprio folclore.
Algumas obras intertextuais dirigem-se a adultos, não em acenos isolados, mas de forma permanente de alusões culturais que fazem as crianças se sentirem deslocadas.	Essas obras não são para crianças, por isso podemos esquecê-las.

(Continua)

Alguns problemas	Algumas soluções
Algumas obras *arruinam* a força dos elementos transferidos ou utilizam inúmeras referências para ocultar o fato de não terem nada de novo a dizer, apenas para vender.	Essas histórias são inúteis.
Há obras que visam uma empatia *imediata* com o leitor, enchendo-as de referências da moda, televisão etc.	Essas obras envelhecem muito rapidamente e são impossíveis de compreender depois de um curto período. Não nos esqueçamos de as remover de nossa lista.

O que as crianças aprendem

Em uma conversa de alunos do 4º ano, podemos observar que eles utilizam uma referência familiar – uma espécie de "muleta" – para expressar sua avaliação da nova história.

> Berta: Esse personagem, eu não sei, é um pouco bobo.
>
> Professora: Bobo?
>
> Berta: Bem, é como aquele do Panamá, não é? (Referindo-se ao *¡Qué bonito es Panamá!*, de Janosch.)
>
> Marc: Ah, ele é incrédulo.
>
> Antônio: É um pouco ingênuo, como o do Panamá.

Quando as crianças falam sobre as histórias, muitas vezes fazem comparações entre as obras discutidas e os livros que leram anteriormente ou as narrativas audiovisuais a que assistiram, uma estratégia que se amplia espontaneamente à medida que acumulam leituras. Às vezes, elas apenas notam como são semelhantes, às vezes também indicam diferenças, às vezes conseguem generalizar e tirar conclusões e aplicá-las à interpretação (Sipe, 2008). Comparar e contrastar, colocando em jogo seus antecedentes de leitura, é, portanto, um importante caminho de progresso literário que leva diretamente a considerar a intertextualidade das obras.

Ao aludirmos à experiência de leitura que a intertextualidade oferece ao leitor, já indicamos, de fato, o que as crianças aprendem por meio de obras com usos intertextuais acentuados:

- O jogo intertextual oferece experiências de leitura que favorecem o prazer da exploração e do *reconhecimento*. O prazer das crianças é acentuado pela consciência de alcançar um segredo compartilhado coletivamente, a partir do qual elas se tornam parte da imaginação coletiva.

- A intertextualidade requer a capacidade de *ler contrastando* dois textos, durante todo o processo de leitura ou de forma pontual, como uma forma de obter significado. Esse modo de ler "em código" é uma das formas mais acessíveis de experimentar que há mais no texto do que se vê, algo fundamental para aprender a escrutinar um texto para que ele nos revele seus segredos.

- A gradação e a combinação de relações intertextuais explícitas e implícitas no texto, dispensáveis ou indispensáveis para a compreensão, cultivam a atenção do leitor e as *formas menos literais de interpretação*.

- Notar a intensidade intertextual das obras, em forma impressa, audiovisual e digital, assim como a permeabilidade dos referentes em relação a outros discursos sociais, possibilita ao leitor estar atento ao *funcionamento do sistema cultural*.

As crianças progridem de todas essas maneiras desde muito pequenas se a escola lhes fornece livros que utilizam recursos intertextuais em diferentes níveis e se desenvolve atividades, como conversas, que os tornam explícitos, como:

- Discutir as relações intertextuais é uma excelente atividade para trazer grande número de obras e referências culturais para a sala de aula e para maravilhar-se com suas múltiplas manifestações sociais e artísticas no meio.

- É também uma forma de saber de que são compostos os textos. Como a intertextualidade pode ocorrer em um personagem, uma imagem, um enredo, um gênero etc., a conversa vai se concentrar nesses elementos narrativos e aumentará o conhecimento literário das crianças, especialmente se as obras mesclam intertextualidade e metaficção, como no exemplo observado em *El apestoso hombre queso y otros cuentos maravillosamente estúpidos* ou *Los tres cerditos*, de David Wiesner, em que o Lobo mau sopra tão forte que faz os porquinhos saírem voando da história; o texto escapa e os porquinhos passeiam por outras histórias ou olham diretamente ao leitor.

- O jogo intertextual fornece excelentes fórmulas de reescrita que podem ser colocadas em prática na sala de aula.

- A intertextualidade nos livros infantis é amplamente utilizada para efeitos de humor e paródia. Divertir-se com essas obras não é um objetivo menor na educação literária.

Em suma, então, e como afirma Fittipaldi em referência à tarefa escolar, programar ao longo dos cursos e ciclos a construção de itinerários ou caminhos de leitura com base em critérios diversificados favorecerá a interpretação de alguns textos (ou de certos aspectos dos mesmos) à luz de outros e permitirá às crianças compreender que a literatura é construída no diálogo incessante de textos entre si e de pessoas com sua cultura. (2013:425)

Atividades de aprendizagem

1. **O dominó da intertextualidade**. Vamos agora, com o jogo a seguir, testar as múltiplas relações que existem entre as obras:

– Entregue cinco livros infantis a cada jogador e coloque qualquer livro em cima da mesa de jogo.

– O primeiro jogador deve tentar colocar um de seus livros ao lado do primeiro justificando a ligação com base em algum elemento compartilhado entre as duas obras (o gênero, o tipo de personagem, o mundo da fantasia, o objeto mágico, a autoria do ilustrador etc.).

– Então, cada jogador, por sua vez, tentará combinar um de seus livros com o último que estiver sobre a mesa.

– Se um jogador não conseguir ligar algum de seus livros, ele passa a vez.

– O jogo termina quando um dos jogadores ficar sem livros.

2. **Obras vinculadas.** Vamos verificar o itinerário constante da reutilização de certas características das obras. Como na série de personagens femininas rebeldes indicadas neste capítulo, escolha um dos seguintes fios e acrescente obras dessa série. Se quiser, pode usar livros infantis, livros para adultos ou

produtos audiovisuais. Uma vez formado o conjunto, exposições virtuais ou físicas também podem ser feitas com eles:

- Obras em que o protagonista não se encaixa no mundo, como *O patinho feio*, de Hans Christian Andersen.

- Obras que narram as relações entre as crianças e seus animais de estimação ou outros objetos queridos, como em *Uma noite na praia*, de Elena Ferrante.

- Obras nas quais há uma viagem de aventura e o retorno para casa, como em *Los piratas del mar helado*, de Frida Nilsson.

- Obras nas quais o personagem infantil, com sua bondade e inocência, muda o coração ou as crenças de um adulto. Por exemplo, *Cómo curé a papá de su miedo a los extraños*, de Rafik Schami, ou *O pequeno príncipe*, de Antoine de Saint-Exupéry.

- Obras metaficcionais, como *Sin título*, de Hervé Tullet, ou *Mal día en Río Seco*, de Chris Van Allsburg.

3. **O detector de referências.** Vamos verificar o uso de referências conhecidas em livros atuais. Para isso, assinale os elementos intertextuais que aparecem nos seguintes livros:

Livros ilustrados	Quais elementos de obras conhecidas podem ser reconhecidos nestas histórias?
Shreck!, de William Steig. Libros del Zorro Rojo.	
Ricitos de oso, de Stéphane Servant y Laetitia Le Saux. Juventud.	
Célebres casos del detective John Chatterton, de Yvan Pommeaux. Ekaré.	
El túnel, de Anthony Browne. Ekaré.	

4. **A razão para a mudança.** Como se exemplificou no Quadro 8.4. com as obras *Los tres lobitos y el cochino feroz*, *Guyi Guyi* e *Allumette*, muitas obras atuais retomam contos populares para criar, com base neles, novas histórias que modificam o significado do original. Indique o que muda entre as versões e as histórias clássicas nas quais elas se baseiam:

   – *Frederick*, de Leo Lionni (Kalandraka), baseado na fábula de Esopo *A Cigarra e a Formiga*.

   – *El soldadito de plomo*, de Jörg Müller (Lóguez), baseado no conto de mesmo título de Hans Christian Andersen.

   – *Dos ratones, una rata y un queso*, de Claudia Rueda (Océano Travesía), baseado na fábula de Esopo *Las dos ratas y el mono*.

Para saber mais

Colomer, T. (2002): "Entrar en el ágora de la tradición literária". *Siete llaves para valorar las historias infantiles*. Fundação Germán Sánchez Ruipérez, pp. 156-176.

Obra citada na introdução deste livro como uma das leituras que o completam. O capítulo se debruça sobre o funcionamento da intertextualidade nos livros infantis.

Machado, A. M. (2010): "Presencia de intertextualidades en la literatura infantil y juvenil contemporánea". In: Mendoza, A.; Romea, C. (coords.). *El lector ante la obra hipertextual*. Horsori, pp. 9-13.

Texto de uma palestra da especialista e escritora brasileira na qual ela reflete, como autora de livros infantis, sobre a intertextualidade e, por meio de exemplos de obras do repertório infantil clássico e contemporâneo, mostra as relações que são estabelecidas entre os textos.

Mendoza Fillola, A. (1999): "Función de la literatura infantil y juvenil en la formación de la competencia literária". In: Cerrillo, P. e García, J. Padrino (coords.). *Literatura infantil e sua didáctica.* Universidade de Castilla-La Mancha, pp. 11-53. [Disponível na Biblioteca Virtual de Cervantes].

Artigo que define e expõe os conceitos relacionados à intertextualidade e a sua presença em obras de crianças. Para fundamentar o assunto e ver novos exemplos.

9.
A interpretação das obras

O interesse pela recepção dos leitores surgiu nos estudos literários na segunda metade do século XX. Seus avanços convergem com a pesquisa sobre o papel do leitor em qualquer ato de leitura realizado por outras disciplinas, como a psicologia cognitiva, na mesma época. Sabemos que as obras literárias são deliberadamente concebidas para produzir certos efeitos no leitor (intriga, emoção, prazer estético, projeção etc.) e que o autor estabelece seu significado orquestrando um cuidadoso equilíbrio de dados e lacunas de informação que o leitor deve inferir e relacionar. Como formulado por Umberto Eco (1979):

> (...) o texto está cheio de espaços em branco, de interstícios a serem preenchidos; quem o emitiu previu que eles seriam preenchidos e os deixou em branco por dois motivos. Em primeiro lugar, porque um texto é um mecanismo preguiçoso (ou econômico) que vive do valor excedente de significado que o destinatário introduz nele (...). Em segundo lugar, porque (...) um texto quer deixar a iniciativa interpretativa

para o leitor, embora normalmente queira ser interpretado com uma margem suficiente de univocidade. Um texto quer que alguém o ajude a funcionar.

É por isso que aprender a ler literatura é a melhor maneira de tomar consciência das intenções e dos significados de qualquer outro tipo de texto. Agora, como em qualquer ato de interpretação – em uma situação, uma conversa, diante de uma pintura, ouvindo ou tocando música etc. – o leitor relaciona os dados com sua maneira de perceber, sentir e pensar. Se o leitor importa, se ele é "o intérprete", isso significa que a obra não será recebida por outra pessoa da mesma maneira. Assim, os textos são necessariamente polissêmicos: eles podem produzir efeitos diferentes, admitem variações interpretativas e apresentam a possibilidade de obter maior ou menor elaboração do significado da obra.

Por exemplo, as obras clássicas acumulam significados, pois leitores e estudiosos oferecem novas nuances e interpretações partindo de seu próprio contexto social, tempo histórico ou capacidade de leitura. Essas interpretações são socializadas (discutidas no clube do livro, apresentadas em conferências, publicadas e lidas etc.), de modo que aqueles que então passam a ler essas obras o fazem tendo em mente o que se diz sobre elas. Essa é uma das razões pelas quais se diz que as boas obras literárias nunca esgotam seu significado. Embora, é claro, os leitores não possam inventar aleatoriamente, mas devem se ajustar aos sinais do texto para construir uma interpretação. Em outras palavras, para que essa interpretação seja sustentável, no mínimo, ela não deve violar os sinais oferecidos pela obra. E, quanto mais elementos e detalhes ela integrar, melhor será a interpretação.

Quadro 9.1. Possibilidades de interpretação.

As obras literárias tendem a oferecer níveis de interpretação mais superficiais ou mais profundos.	Pode-se tomar o copo de leite no final de Onde vivem os monstros como um dado ou ser considerado uma proposta de reconciliação pela mãe de Max.
Elas permitem estabelecer ou sobrepor diferentes interpretações, dependendo da perspectiva do leitor ao lê-las.	Frankenstein pode ser lido como uma obra de terror com um monstro, como ficção científica sobre os perigos do mau uso da ciência, como algo sobre a solidão da criatura e a necessidade de ser reconhecido por outros, e assim por diante. E também como tudo isso de uma só vez.
Elas variam em significado dependendo do período, do leitor particular ou do tempo de vida em que são lidas pela mesma pessoa.	Os adultos estão acostumados a notar características ideológicas nas leituras das crianças (sexismo, violência etc.) que eles não notaram quando eram leitores crianças.

A *recepção* é um tema-chave de pesquisa no campo da educação literária infantil, porque se um texto é interpretado com base nos esquemas mentais, emocionais ou experiência de vida e leitura de cada leitor, fica claro que não estamos interessados apenas nas obras, mas também na forma como as crianças confiam nelas para construir sentido em sua mente. E também as melhores formas de aprender a fazer isso. Por exemplo, discutindo as obras:

> Gostei especialmente das discussões do livro porque foi um momento em que pudemos conversar e refletir todos juntos, e graças aos colegas de turma chegamos a romances mais difíceis que agora fazem parte de nossas vidas... Ou, pelo menos, para mim. (Nicole, 10 anos)

Ao longo da formação de um leitor, sua capacidade de interpretar atinge níveis mais sofisticados, com contribuições mais precisas e relacionadas entre os diferentes elementos que compõem as obras. Por um lado, essa habilidade é adquirida de modo implícito, poderíamos dizer que é um "saber fazer" com os textos. Por outro lado, o leitor logo adquire certa consciência explícita dos elementos da obra, um "saber como se faz", que influencia sua capacidade de interpretar, melhorando-a.

Os mediadores facilitam essa jornada de desenvolvimento. Em primeiro lugar, promovendo o contato das crianças com os livros, porque eles "ensinam a ler" (Meek, 2004) implicitamente, pois são concebidos para que o leitor aprenda a seguir suas instruções. Por exemplo, as crianças pequenas aprendem algo tão simples como virar as páginas à medida que transcorre o tempo da história. É também porque as leituras realizadas reúnem muita informação que é usada para fazer novas leituras. Como veremos na próxima seção, as crianças percebem que um lobo bom ou uma raposa boa é um elemento que brinca de violar convenções porque as viram como personagens maus em histórias anteriores. Além disso, garantem a aquisição de conhecimentos literários. Por exemplo, o aprendizado de determinada metalinguagem (que chamamos de história, personagem, final etc.) facilita a compreensão de como as obras funcionam, bem como a capacidade de dialogar sobre elas. Louise Michelle Rosenblatt (2002) alude a esse duplo caminho de progresso quando afirma:

> O fato de a contribuição pessoal do leitor ser um elemento essencial de qualquer leitura vital de um texto literário justifica a exigência de que o professor crie um ambiente que permita ao aprendiz dar uma resposta espontânea à literatura. Mas (...)

isso representa apenas o primeiro passo, por mais essencial que seja. Uma vez que o aluno tenha respondido livremente, um processo de crescimento pode começar.

Ao planejar o progresso na escola, dois aspectos-chave devem ser levados em conta. Por um lado, que as obras lidas incluam *desafios apropriados* que estimulem, exijam e gratifiquem cada vez mais o leitor. Em outras palavras, as obras que mostram às crianças que o esforço da leitura vale a pena. Por outro, devem existir atividades para a *construção compartilhada de sentido*. Lidar com a interpretação das obras em diferentes momentos e em diferentes grupos escolares, com leitores de idades e origens distintas, ajuda cada leitor a progredir naturalmente dentro de uma *comunidade interpretativa*, conceito definido por Stanley Fish em sua obra de 1980 *Is There a Text in this Class?: The Authority of Interpretive Communities*, que compartilha cumplicidades e referências com as obras. Nesse tipo de comunidade, o leitor tem a oportunidade de expandir sua própria formulação, de experimentar a satisfação de encontrar significado – ou novo significado – no espaço seguro do grupo e de ver como as obras – e a maneira de falar sobre elas – se relacionam com o ambiente social e cultural. Essa é uma experiência que fala da dimensão social da ficção e da cultura.

Construção compartilhada

A primeira intervenção de Carlos em um debate literário concentra-se na caracterização do personagem de Roald Dahl:

> Carlos: Quero começar pelo *Superzorro* porque em todos os livros que lemos, bem, não em todos eles, mas na maioria deles, a raposa é a má. Mas, aqui, não.

Paula: Depende de como você olha para isso. Há histórias que explicam que os caçadores são bons porque querem matar a raposa e, em vez disso, quando, como o lobo...

Carlos: Sim, como em *Boca de lobo*, que era do ponto de vista do lobo, que o lobo não fez nada de errado. Foi o que ele disse.

Carlos o define partindo de sua bagagem de leitura, apelando para o arquétipo literário da raposa como um personagem antagonista, ao mesmo tempo em que denuncia sua consciência de pertencer a uma comunidade de leitores: "os livros que lemos". Adriana acrescenta a essa voz *especialista* sobre obras que brincam com a inversão dos antagonistas e estabelece uma conexão intertextual com outra obra, *Boca de lobo*, de Fabián Negrín, na qual a perspectiva do lobo é adotada para criar empatia e defender o fato de que ele não queria realmente devorar a Chapeuzinho Vermelho. O fragmento dessa conversa revela uma prática educativa escolar comprometida com a discussão literária e que gera nas crianças o desejo de problematizar e aprofundar as obras.

Um tempo e um espaço para compartilhar

Habitar um ambiente de leitura, como deve ser o escolar, implica a visão frequente de leitores que espontaneamente trocam opiniões sobre obras, seja entre alunos na mesma sala de aula, entre professores e crianças ou entre os próprios professores. Durante comentários e discussões das obras lidas, as crianças têm a oportunidade de expressar suas emoções, contrastar seus gostos, levantar dúvidas, relacionar as obras umas com as outras, aprofundar o significado da obra ou verificar até que ponto conseguiram interpretá-la.

As rotinas de leitura compartilhada podem ser de diferentes tipos: um tempo de discussão coletiva sobre um romance ou livro ilustrado, troca sobre as diferentes obras lidas individualmente durante a semana, comentário em duplas na sala de aula ou leitura entre crianças de diferentes idades, como na ampla atividade de "padrinhos de leitura" em que as crianças mais velhas vão ler com os alunos da escola infantil ou de anos iniciais do Ensino Fundamental. E a discussão também pode ser ampliada, seja por meio da rede, promovendo debates virtuais entre os leitores, seja participando ocasionalmente de atividades em livrarias e bibliotecas. Como exemplo de uma rotina, vejamos o esquema seguido por M. R. Gil (2011) para planejar uma atividade de leitura compartilhada de um livro semanal, durante uma hora, com alunos do 1º ano:

1. As crianças ficam em círculo, o livro é projetado na tela e o professor o lê em voz alta. O professor faz perguntas que antecipam o que vai acontecer e agradece os comentários espontâneos das crianças.

2. A interpretação do livro é discutida. A obra é revisitada em uma segunda ou mesmo terceira leitura, a fim de trocar interpretações e para ver a quais detalhes as crianças aludem para justificar as suas alegações.

3. A partir de certo número de encontros, as crianças são convidadas a não se levantar para apontar para a tela, assim, se esforçam para se expressar linguisticamente e para utilizar a metalinguagem que já conhecem ou que surge durante a atividade.

4. Os livros analisados são deixados na sala de aula para que as crianças possam lê-los mais tarde, de forma independente e voluntária.

5. É incentivado e observado o modo como os novos textos são gerados a partir dos livros lidos: recomendações, cartas, desenhos etc. Por exemplo, uma caixa de correspondência é criada na sala de aula com base na discussão de *El león que no sabía escribir*, de Martin Baltscheit, um livro ao qual já fizemos referência.

Um mediador consciente de si mesmo

O que se deve pedir primeiro aos professores que queiram debater com as crianças durante essas rotinas escolares é que eles saibam do que estão falando. Em outras palavras, eles devem ter lido os livros a fundo e ser capazes de dar apoio ou fazer perguntas específicas, dependendo das características composicionais de cada obra. Seus esforços visam incentivar as crianças a dar explicações que vão além do "eu gosto porque é divertido", que não se limitam a reproduzir o enredo ou que não estabelecem apenas relações anedóticas entre a obra e seu ambiente. Porque ficar lá seria uma perda de tempo. Portanto, o objetivo é tanto incentivar o uso de estratégias gerais de leitura (inferir, antecipar, avaliar a coerência, reler etc.) e revelar que os elementos específicos de uma obra (o tipo de narrador, a técnica ilustrativa, o tipo de final, as características da linguagem etc.) contribuem ativamente para seu significado, desde que tenham sido escolhidos livros de qualidade.

> Falar bem dos livros é uma atividade valiosa em si, mas é também o melhor treinamento que existe para falar bem de

outras coisas. Assim, ajudando as crianças a falar sobre sua leitura, nós as ajudamos a falar sobre tudo em suas vidas. Na era da conversa, o que poderia ser mais útil? (Chambers, 2007:12)

A intervenção do mediador é essencial no início do processo e parece determinar em grande parte a predominância de respostas literais ou inferenciais durante toda a discussão (Munita e Manresa, 2012). Esse é um aspecto que já foi notado em pesquisas educacionais sobre leitura, ao apontar a enorme abundância de perguntas literais feitas por professores do Ensino Fundamental em comparação com as perguntas inferenciais, o que não apoiaria o desenvolvimento da competência interpretativa das crianças (Fayol, 2009).

Muitos autores ofereceram uma variedade de procedimentos de intervenção comprovados, bem como perguntas específicas que apoiam os processos interpretativos. Aidan Chambers tem refletido particularmente sobre como falar de livros com crianças em obras com títulos expressivos como *Dime* (2007) ou *El ambiente de la lectura* (2007). Ele propõe dois tipos de perguntas com as quais o professor pode incentivar a discussão das obras:

- Questões básicas e gerais que se aplicariam à maioria dos textos: o que agradou, o que nos intrigou, o que nos faz lembrar de outros livros.

- Perguntas especiais: a) sobre o processo de leitura e o ambiente: expectativas antes e depois da leitura, momentos difíceis em que o leitor parou e teve que voltar, a conexão com a vida pessoal do leitor, hipóteses sobre o autor e suas intenções em fazer a obra desta forma, os possíveis parceiros a quem ele recomendou a história etc.; e b) sobre os elementos da obra: o tempo narrativo, os personagens e sua construção, os cenários, o narrador etc.

As observações de adultos lendo um livro com crianças pequenas têm mostrado que os bons mediadores usam bastante tempo com essa atividade. Eles se detêm em aspectos que atraem a atenção da criança, indicam elementos inadvertidos, encorajam a conversa, inventam jogos de ver e observar, e assim por diante. Uma obra atual, *El libro del oso*, de Kate Banks, reproduz essa situação: um livro, que trata da hibernação de um urso, "vive" em uma estante, pertence a uma criança e, quando chega a hora de dormir, ela o lê com sua mãe. Observamos, então, a conversa entre os dois personagens enquanto vemos o que acontece no livro, como se fôssemos um terceiro leitor. Também nos diz o que a mãe e a criança fazem, como mudam de posição, como vão buscar um copo de água ou como a criança adormece no final, justamente quando o urso acorda, e a mãe diz adeus a ele com a frase ritual que usaram com o urso durante toda a obra:

> Agora o menino dormiu. Sua mãe o aconchegou na cama.
> Ela fechou o livro e lhe deu um beijo de boa noite.
> — Dorme, meu filho – disse ela –, dorme.

A reprodução da rotina de "ler um livro juntos" nessa obra pode nos ajudar a ver as formas implícitas de aprendizagem da leitura que essas situações proporcionam:

1. *Sobre as práticas sociais de leitura*

Na obra vemos que os livros são colocados em prateleiras, que é comum compartilhá-los em uma situação afetiva (no colo da mãe) e em certos momentos do dia, que são usados abrindo a capa dura (na qual ainda não há história) e virando as páginas, mas que se pode voltar atrás, interromper a leitura e continuar, e se pode observar apenas as fotos (como a criança faz no início) ou ouvir a explicação da história em uma combinação de texto e imagem.

2. *Sobre os mecanismos inerentes da leitura de ficção*

A representação de modelos de leitura de livros de leitura materno-infantil:

a) Identificar e envolver (mãe e criança falam diretamente com o urso, a criança gostaria de patinar como as crianças da obra etc.).

b) Imaginar pela percepção ("a criança quase podia sentir" / "A neve está fria"; "Minha cama também está quente" etc.).

c) Fazer inferências e antecipar a ação (que o urso pega galhos porque uma cama macia está sendo preparada, que o barulho pode acordá-lo, mas não acorda, que ele terá fome quando acordar etc.).

d) Relacionar com sua vida ("eu gosto da neve"; "você vai patinar quando for mais velho" etc.); interagir, por exemplo, com repetições rituais (acrescentar "dorme urso, dorme" e "shh!" em voz alta) e estender a proposta com jogos próprios (procurar animais escondidos na foto, apontar cores etc.).

3. *Sobre a mediação de adultos*

O papel da mãe na situação de leitura mostra diferentes formas de mediação:

a) Ler: mostrando que o texto tem o poder da informação (a criança aponta e a mãe lê) e que as características da linguagem literária são particulares (diferentes das conversas orais habituais).

b) Modelar: suscitando inferências e antecipações ou prolongando as feitas pela criança ("e ele estará magro" quando acordar, além de estar com fome).

c) Dar informações: lexicais e sobre o mundo primário ("é chamado de hibernação").

Da mesma forma, os professores devem aprender a restringir sua habitual tendência invasora, dando às crianças tempo para pensar, controlando sutilmente o progresso da discussão e oferecendo informações que faltarem. Os professores não estão ali para "corrigir" o que as crianças dizem, mas para ensinar como ler e falar sobre livros (Tauveron, 2002). No trecho seguinte de uma conversa entre alunos do 2º ano sobre o poema *Avión de reacción*, de Lola Casas, a professora dá oportunidade de liderança às crianças, faz perguntas específicas que promovem a discussão, esclarece termos e compartilha brincadeiras entre as crianças, até que elas mesmas retificam seu mal-entendido inicial:

> Leo: Eu digo que não é um pássaro, é um avião.
>
> Professora: E como você sabe?
>
> Leo: Porque diz "pássaro grande falso" e foi construído.
>
> Professora: E por que você compara um avião a um pássaro?
>
> Unai: Porque os aviões podem voar e os pássaros podem voar, mas o que acontece é que os pássaros fazem assim (*move os braços*) e os aviões são duros.
>
> Imma: Quero dizer que notei que (*sic*) disse "reação" e é por isso que é em linha reta.
>
> Professora: Propulsão significa o movimento que a aeronave faz, não que ele seja reto.
>
> Sonia: Sim, propulsão é que sai disparado.

Professora: O que você diz, Iván?

Iván: Não entendi que era um avião.

Professora: É claro, já que ele diz que era um grande pássaro falso...

Iván: Sim, quando Leo explicou, eu percebi, mas pensei que era um pássaro.

Professora: Alguém mais pensou como Iván?

Diversos: Eu.

Martí: A poesia é difícil, você tem que pensar muito.

Professora: Sim, como quando diz: "O céu da manhã despertou penteado. Com uma faixa branca...". O céu pode ser penteado?

Sonia: Ah! À medida que o avião passa, ele deixa uma marca, é essa faixa em nossa cabeça.

Unai: Quando ele passa, deixa a fumaça e a penteia porque ele vai muito rápido. Sim, e ao passar equilibrado, ele o deixa penteado.

As vozes das crianças

> Gosto desta figura porque em meu país eles também usam jarras na cabeça.

> Clàudia, 8 anos de idade, senegalesa (Amat, 2009)

A principal forma que os leitores respondem a um texto é *projetando-se* nele como se fosse mais fácil para eles se apontarem no livro (Fittipaldi, 2008). Assim, as crianças formulam respostas emocionais – às vezes apenas com gestos –, sentem o desejo de comunicar as coincidências entre as histórias e suas próprias vidas, mostram empatia pelos personagens ou estabelecem relações entre a obra e suas próprias atitudes e sentimentos.

Quando se solicita a às crianças que expliquem o sentido de uma obra, elas começam a situar os personagens e identificar suas ações na história. Em outras palavras, elas descrevem o que está lá e contam o que parece estar acontecendo, enquanto se questionam sobre isso e respondem de forma especulativa. Às vezes, dão voz aos personagens para explicitar o que elas acham que pensam e sentem.

Deve-se notar neste ponto que a referência exclusivamente literal na leitura dos textos é praticamente inexistente e que não parece rentável estabelecer dualidade literal/inferencial na análise das respostas das crianças. Apesar disso, a formulação dos leitores oferece elementos para uma possível classificação gradual nesse contexto, como quando expressam suas hipóteses a partir de uma introdução do tipo "acho que...", que mostra a cautela que vem da consciência de estar em um terreno que já está longe das certezas referenciais do texto.

Assim, em resumo, a observação das respostas infantis revela que somente após criar uma estrutura *referencial* consistente sobre a história e sua relação com ela, as crianças se sentem capazes de dar um terceiro passo, interessando-se pela forma como a história é narrada ou ilustrada. Porque, de fato, compor um relato dos elementos construtivos é mais difícil, pois requer o distanciamento do texto, certo nível de abstração reflexiva e o uso de uma linguagem metaliterária que permita aos leitores explicarem e argumentarem sobre sua interpretação ou suas dúvidas. Assim, ao contrário das respostas pessoais e referenciais, os comentários composicionais não surgem espontaneamente, mas são geralmente induzidos pelo professor.

Entretanto, após a fase inicial, ao contrário do que se poderia pensar, os comentários *sobre os aspectos composicionais* da obra passam a ser mais frequentes, enquanto aqueles que se concentram simplesmente na ação descrescem. Isso porque encaixar os elementos construtivos em conjunto para encontrar significados mais satisfatórios é muito motivador. As crianças acham que olhar para a *forma* da narrativa leva a interpretações mais consistentes do que as que tinham construído inicialmente. Para isso, elas precisam se colocar em posição de pensar por si mesmas, o que as faz sentir que estão encarregadas de seu próprio progresso, enquanto a discussão compartilhada as encoraja a se engajarem em uma abordagem que produz o verdadeiro prazer intelectual.

Desde muito cedo, as crianças concentram sua atenção em uma grande variedade de elementos construtivos. Na primeira infância, as respostas cobrem aspectos tão diferentes como a apreciação da ação da trama, a relação entre sequências narrativas, a relação entre texto e imagem, o tema, o desenlace, as características dos personagens ou o título (Amat, 2009).

Além disso, parece que nos debates em torno dos elementos construtivos, as crianças administram melhor a discussão por conta própria. Ou seja, elas tomam a iniciativa oferecida pelo professor e se envolvem em uma abordagem completa do texto, procurando pistas para elucidar os diferentes elementos narrativos e sua contribuição para o todo. No exemplo a seguir (Amat, 2009), pode-se observar como crianças a partir de 8 anos de idade interpretam o papel da ilustração de *Dos hilos*, de Pep Molist e Emilio Urberuaga, como uma expressão do tempo narrativo, enquanto mostram como Paula, uma das meninas participantes, gradualmente molda sua opinião e ganha o assentimento do grupo:

> Paula: O que está muito bem desenhado é que, como eu estava dizendo, foi um pouco mais à tarde, que o céu é feito assim, com

> estas cores. Por outro lado, veja, quando ele sai... (*o protagonista de sua casa*) está tudo claro e como ele segue o seu caminho, por exemplo.
>
> Marc: Está ficando escuro.
>
> Paula: Olhe aqui... olhe aqui (*vira as páginas*), já está muito escuro, então passou o dia todo e ainda está correndo.
>
> Marc: Eu também gostei muito do que Paula disse, que pela manhã estava muito claro e, com o passar do dia, foi ficando escuro.

Finalmente, podemos ver que a conversa entre as crianças se baseia na comparação e na alusão a suas *referências* culturais e artísticas. Cinema, desenhos animados, livros lidos anteriormente, conhecimentos literários adquiridos etc. oferecem a elas ferramentas para pensar, contrastar e se explicar aos outros. Assim, no exemplo a seguir, quando a professora realiza uma atividade que envolve a narração de uma história de terror na 1ª pessoa, as crianças evocam uma série de desenhos animados por conta própria, enquanto, por outro lado, brincam usando a referência a um livro lido em sala de aula:

> Professora: [...] e eu percebi que uma fera enorme e peluda estava olhando para mim de cima do guarda-roupa.
>
> Crianças: (riem)
>
> Professora: Aquela fera tinha uns olhos...
>
> Manuel: Um *gato bonito* (alusão a *Looney Tunes*).
>
> Professora: Não é um *gato bonito*. Uma fera, estou dizendo.
>
> Maribel: Um besouro gigante!
>
> Crianças: (riem)
>
> Professora: Eu disse uma fera.
>
> Maribel: Uma praga de formigas!

Professora: Eu disse uma fera.

Manuel: Você deveria ter terminado de ler *Onde vivem os monstros*!

Crianças: (riem)

Leitura guiada

Figura 9.1. Browne, Anthony. *Voces en el parque*. Cidade do México: Fondo de Cultura Económica.

Esse texto e a descrição da imagem que o acompanha aparecem na primeira página do livro *Voces en el parque*, de Anthony Browne, sob o título "Primera Voz". A leitura guiada pelo professor pode trazer à tona a riqueza de informações oferecidas por essas poucas linhas, assim como sua consonância com a imagem, de maneira que podem não ser notadas pelos leitores inexperientes:

- Deduzimos que a narradora é a mulher da imagem, que anda ereta e bem-vestida, e que a casa ao fundo é dela.

- "Era hora" nos fala de uma vida regulada por regras fixas.

- Victoria é um nome solene para uma cadela (veremos mais tarde que os nomes dos cães são um aceno para os reis da época vitoriana na Grã-Bretanha, uma época caracterizada pelo bem-estar da classe privilegiada e por padrões rígidos de comportamento).

- A tipografia elegante e a disposição equilibrada das linhas do texto contribuem para a imagem de ordem convencional. O contraste com a tipografia das outras "vozes", que aparecem depois, demonstra ainda mais isso.

- O caráter de "puro-sangue" do cão é imediatamente enfatizado, o que também está de acordo com a altivez do personagem narrador.

- O possessivo "nosso" refere-se tanto ao cão quanto ao filho e revela a visão de mundo do personagem, que também fala no plural, como um "casal casado".

- A imagem de uma casa de estilo vitoriano, rica, solitária e egocêntrica corresponde a isso. Em uma característica intertextual, ela também evoca a obra de [Edward] Hopper, um grande pintor da solidão moderna.

- A posição dos personagens significa que a figura da mãe praticamente obscurece a do "nosso filho" Carlos, que também está vestido em tons desbotados.

- A narradora iguala o cão e a criança na necessidade de levá-los para passear, mas ela pensa primeiro no cão – do qual parece estar orgulhosa –, em vez da criança, que passa despercebida e que depois se torna a narradora da "Segunda Voz", em um texto que está quase diluído em sua tipografia.

A leitura guiada é o percurso que se faz em uma obra que visa modelar a leitura para que as crianças aprendam a interpretar os mecanismos da ficção. Esses ensinamentos permitem que elas desfrutem mais das obras e espera-se que elas as internalizem e consigam aplicá-las em leituras futuras. A leitura guiada visa, em particular, ajudar os alunos a ler sobrepondo uma forma de leitura mais distante, uma forma de ganhar perspectiva e abrir caminhos mais reflexivos de interpretação para construir sentido (Rouxel, 1996). Por exemplo, notamos que, se acharmos atraente o malvado Long John Silver de *La isla del tesoro*, de R. L. Stevenson, é porque a história é contada pelo jovem Jim Hawkins, que está tão fascinado pelo pirata que, mesmo desiludido por sua traição e crueldade, não pode deixar de admirá-lo.

As crianças tendem a ficar excitadas quando descobrem conexões entre os elementos da obra e, muitas vezes, vão em busca de símbolos e relacionamentos altamente improváveis. Ou têm tanto orgulho de seus conhecimentos "especializados" e de sua linguagem que consideram gratificante aplicá-los em novas leituras. No exemplo a seguir, os alunos do 5º ano discutem a temporalidade narrativa de *Los ratones de la señora Marlowe*, de Frank e Devin Asch; eles o fazem após uma leitura guiada do romance *Tobi Lolness*, de Timothée de Fombelle, durante a qual se deu especial destaque à construção temporal, então eles tentam aplicar o que aprenderam de modo que conseguem inventar um novo termo literário:

Karen: A Naiara disse que foi um pequeno *flashback* e eu digo que não, que é como uma pessoa que está observando, e então acontece porque ele descobriu, mas não é um pequeno *flashback*.

Antonio: Porque é como se fosse avisá-los de que algo estranho vai acontecer.

Professora: Tudo bem, vá em frente, dê um aviso, dê alguma marca de...

Arnau: Isso nos adverte de algo futuro em relação ao passado.

Professora: Muito bom, muito bem observado, vamos ver, Albert, explique novamente.

Arnau: É o oposto de um *flashback*, que explica coisas do passado, porque esse nos dá uma prévia do presente, do futuro.

Antonio: É como um pequeno segredo do que vai acontecer.

Dani: É um *flashnext*!

Professora: Um *flashnext*!

A leitura guiada se baseia em uma seleção de livros que apresentam temas específicos para a aprendizagem interpretativa. Para isso, os pontos de interesse das obras devem ser identificados e uma sequência de atividades deve ser estruturada, com o objetivo de colocar os elementos literários identificados pelas crianças para trabalhar em prol de uma melhor interpretação. Mesmo que haja outros elementos que pareçam interessantes para os professores ou que sejam discutidos durante a leitura, é aconselhável priorizar alguns poucos, nunca mais do que três, e neles se deve concentrar a atenção.

Os aspectos literários focalizados podem ser distribuídos ao longo dos diferentes ciclos, de acordo com sua complexidade para formar o quadro geral de conteúdo apropriado para os estágios da Educação Infantil e de anos iniciais do Ensino Fundamental. No Quadro 9.2. vemos uma proposta de tipos de humor que podem ser observados ou disseminados pelas diferentes séries de uma escola. Eles podem levar a atividades como as indicadas na tabela:

Quadro 9.2. Humor nas histórias.

Recursos para observar	Atividades possíveis
O humor está na *imagem*: por meio da humanização dos animais, as imagens incomuns, o uso de caricaturas, a proliferação delirante de objetos, gancho de cumplicidade do leitor etc.	Olhar as imagens ou imitá-las em alguns casos: identificar os sentimentos humanos nos animais; verbalizar o tipo de estranhamento no invulgar; analisar a técnica da caricatura; discriminar as imagens; localizar os ganchos e referências externas, se assim forem.
O humor está nas *situações*: por meio da acumulação, encadeamento e exagero das situações cotidianas, a alteração da lógica habitual mediante acontecimentos absurdos ou invulgares ou uma situação normal contemplada de um ponto de vista satírico etc.	Escrever coletivamente histórias baseadas em diferentes tipos de situações, com elaboração prévia de situações possíveis e lista de consequências.
O humor está nos *personagens*: por meio da perspectiva absurda ou irônica da sua caracterização; nas contradições entre o que se espera deles e a forma como se comportam etc.	Analisar os recursos de humor e as conotações das caracterizações, localizar e explicar as contradições, inventar personagens humorísticas, etc.
O humor está no *centro* da história: por meio do contraste entre texto e imagem; as estruturas exasperantemente repetitivas ou circulares; os desmentidos absurdos etc.	Procurar e classificar os elementos indicados, imitar alguns dos mecanismos de humor nas parcelas das suas próprias histórias.

(Continua)

Recursos para observar	Atividades possíveis
O humor está na *linguagem*: por meio da utilização de jogos de palavras, títulos ou nomes de personagens, significados literais de sentidos figurativos, imitações inadequadas de registos linguísticos etc.	Brincar com a linguagem (inventar títulos, nomes, jogos linguísticos com sons, associações surpreendentes ou duração inapropriada), analisar e imitar os registros.

(Adaptado de Colomer, 2010)

Frequentemente, a leitura guiada faz parte de projetos literários escolares, nos quais uma sequência de atividades é organizada com o objetivo de obter um produto, com destinatários e intenção comunicativa reais, como pode ser visto no Quadro 9.3. Por exemplo, a produção de uma revista cultural, um *booktrailer*, um catálogo on-line de algum tipo de obras, um e-mail para enviar ao autor...

Quadro 9.3. Exemplos de projetos literários.

Dramatizar ou verbalizar	– Uma história silenciosa. – Uma narração de diálogo. – Um texto teatral.
Escrever	– Compor antologias de textos imitando modelos de estrutura e estilo. – Escrever histórias partindo de livros que sirvam para inventar histórias. – Transferir uma obra de um gênero literário a outro.
Foco em um elemento narrativo	– Fazer um concurso dos personagens mais conhecidos, favoritos ou maus, com imagens e descrições escritas. – Ordenar livros com diferentes tipos de terminações e montar uma exposição. – Fazer uma coleção de áudios com vozes narrativas de estilos contrastantes.

(Continua)

Foco em uma obra	– Fazer um mural ou um blogue com uma história em quadrinhos do enredo. – Fazer um mapa do espaço ou um calendário do seu tempo. – Imitar o estilo da ilustração de uma forma plástica.
Foco em uma característica literária	– Combinar letras que incluam motivos literários (espelhos, serpentes falantes, marcas de nascimento do herói ou sinais em seu corpo) com obras que as contenham. – Seguir as sugestões de humor do Quadro 9.2.
Foco em um gênero ou estilo	– Classificar os livros na biblioteca da sala de aula de acordo com o gênero, estilo de imagens ou tipo de protagonistas. – Recolher referências de obras ou filmes do mesmo gênero.
Compartilhar a interpretação	– Escrever uma crítica: discutir a obra, fundir os argumentos, escrevê-la ou publicá-la no blogue da escola.
Compartilhar a multiculturalidade	– Montar um espetáculo baseado em contos folclóricos de diferentes culturas presentes na sala de aula. – Fazer um mapa colocando as obras no seu país de origem.

O que as crianças aprendem

Ao longo do capítulo, vimos diferentes exemplos de conversas entre meninos e meninas sobre os livros lidos em sala de aula. Sem dúvida, eles estavam aprendendo literatura. As obras se multiplicam a partir da ação de compartilhar e recomendar, se aprofundam em sua interpretação, se desdobram em suas conexões com outras obras e são vivenciadas com maior intensidade emocional. Interpretar é o trabalho do leitor, é o objetivo da educação literária, e a escola é o lugar onde se aprende a fazê-lo a partir da ação e da modelagem do professor, da segurança do grupo, ao sentir-se um leitor mais experiente e, portanto, mais interessado.

Vamos ver um exemplo desse progresso (Amat, 2009) por meio de dois textos de Txell, uma aluna do 2º ano do Ensino Fundamental. Txell leu *La luna de Juan*, de Carme Solé Vendrell, que conta a história de um menino que tem que ir ao fundo do mar para procurar a saúde do pai. A menina escreveu a avaliação com três argumentos solicitados pela professora. Mas depois ela discutiu o livro com os colegas de turma, consultou as diretrizes com sugestões genéricas de frases sobre diferentes aspectos (a imagem, os personagens etc.) penduradas na sala de aula e fez um novo texto de avaliação:

Quadro 9.4. Classificações do mesmo texto.

Primeiro texto	*Segundo texto*
Gostei muito e muito porque havia a Lua e porque havia uma árvore chamada pinheiro e porque a Lua a iluminou.	Gostei muito porque quando se buscava a saúde do pai, o mar estava muito calmo, e quando não a pegava, houve trovões e relâmpagos, as ondas estavam muito altas. Fez-me sentir bem e, no final, acaba bem.

Assim, a escola pode ajudar as crianças a desenvolverem suas habilidades interpretativas e permitir a elas descobrir que a leitura literária se estabelece em um terreno aberto, variável e polissêmico, embora sempre conforme o quadro de regras determinadas tanto pelo texto, visual ou linguístico, quanto pela atribuição de significado cultural acordado pela comunidade que o interpreta.

Atividades de aprendizagem

1. **Uma obra antes e depois.** Dissemos que a construção compartilhada de significado melhora a interpretação e seria apropriado testar isso. Discuta em um grupo uma obra ou um *aplicativo* de certa complexidade. Cada um de vocês deve, então, indicar quais opiniões dos outros enriqueceram sua primeira interpretação, se houve interpretações errôneas (que foram desmentidas pelo texto ou pela imagem) e se houve diferenças quanto ao interesse despertado ou ao significado dado aos diferentes elementos. Procure por resenhas e avaliações do livro na internet. Então, tome nota de quaisquer aspectos que não tenha notado, que sejam expressos ou com os quais não esteja de acordo. Os títulos a seguir podem ser úteis:

   - *El desván*, de Saki, ilustrado por Eduardo Ortiz. Yacaré.
   - *El coleccionista de momentos*, de Quint Buchholz. Lóguez.
   - *El guardián del olvido*, de Joan Manuel Gisbert y Alfonso Ruano. SM.
   - *El sombrero prodigioso y la barraca de los monstruos*, de Pere Calders y PepBoatella. Comanegra.
   - *Boum! de Les Inéditeurs.* Aplicativo da loja Apple.

2. **Criação: tempo sozinho com o livro.** É preciso tempo e reflexão para ampliar a recepção de uma obra. Leia individualmente um livro ilustrado ou uma narrativa escrita. Escolha um meio material para expandir e comunicar sua impressão sobre ela. Pode ser uma fotografia, uma montagem de música e imagem, uma escultura, uma performance, uma

argumentação etc. Apresente então os resultados. Se todos os participantes reagirem à mesma obra, será interessante conferir a variedade de opiniões. Os seguintes títulos podem ser úteis:

• *En casa de mis abuelos*, de Arianna Squilloni y Alba Marina Rivera. Ekaré.	• *Crictor*, de Tomy Ungerer. Kalandraka.
• *Concierto de piano*, de Akiko Myakoshi. Ekaré.	• *Un día diferente para el señor Amos*, de Philip C. Stead y Erin E. Stead. Océano.
• *Ernesto y Celestina han perdido a Simeón*, de Gabrielle Vincent. Kalandraka.	• *Flora y el flamenco*, de Molly Idle. Barbara Fiore.

3. **Ouça as vozes dos leitores.** Temos comentado que concentrar a discussão nos elementos do livro ajuda a aprofundar seu significado. Também temos apontado o papel de coordenação do professor na discussão. Analise o seguinte trecho de uma conversa de alunos do 5º ano sobre *Las lavanderas locas*, de John Yeoman e Quentin Blake. Faça uma lista dos vários temas em que ela se concentra. Observe também como a discussão se desenrola: observe como as opiniões estão ligadas, como o tema é alterado e como o professor intervém:

> Javi: Na página que Iván acaba de mostrar, ele faz um pouco como o de Pettson, que marca a passagem do tempo.
>
> Adrian: Sim!
>
> Professora: Muito bom, Javi, muito bem observado o assunto da passagem do tempo.

Javi: Aqui estão as quatro lavadeiras e aqui, quando a ...

Adrián: Aparece aqui quando estão fazendo isso e na mesma página quando estão saindo, daí o passo.

Darío: E esse humor também é criado a partir das ilustrações porque o texto explica o que está acontecendo e as coisas que eles estão fazendo, mas as coisas que eles estão fazendo, a ilustração explica mais; você pode visualizá-lo e é ainda mais engraçado dessa maneira.

Professora: Sim, e também um pouco dos...

Darío: Os rostos e tudo, como Roald Dahl os faz.

Professora: Não é Roald Dahl, é seu ilustrador, Quentin Blake.

Darío: Ah...

Constan: Sim, é verdade. Concordo com Darío porque, quando o humor começa... bem, o texto também ajuda, mas...

Professora: Sim, porque ele o caracteriza muito bem, mas o que ele faz? De uma ação que diz: "e... eles jogaram alguns lenços de bolso".

Adriana: Ele a exagera.

Professora: Exagera, amplia.

Constan: Porque quando eles jogam a pilha de roupas sobre o senhor, se não houvesse texto, também poderíamos olhar para a ilustração e saber o que acontece.

Javi: Sim, o texto o explica, mas a ilustração o exagera.

Professora: Sim, como uma extensão do texto, não só vemos o que ele diz, mas o vemos um pouco transformado, exagerado.

Leo: Sim, como em *Finn Herman,* que recomendei, em que o texto dizia uma coisa e a ilustração...

Darío: Mas não é exatamente a mesma coisa.

Professora: Não, porque, nesse caso, o texto dizia uma coisa, e a ilustração...

Adrián: Outra.

Professora: Sim, como uma contradição. Não há contradição aqui, mas sim aqui...

Adrián: Eles estão exagerando, tornando-o maior.

Javi: É como em *¿Por qué dicen que los lobos son malos?*, o que explica como eles se tornam...

Professora: O mecanismo do exagero. A ideia de exagerar um pouco.

Nicole: Sim, e eu notei que Roald Dahl sempre faz os livros com o mesmo ilustrador.

Adrián: Porque ele sempre faz o mesmo tipo de livros, engraçado e tudo isso, e como ele já sabe que o ilustrador que ele procurou faz os rostos assim e exagera muito, como ele gosta.

Max: Acho que não. Acho que ele faz assim para ser reconhecido.

Adrián: Não é por Roald Dahl aqui.

Professora: Não, porque ele também contrata outras pessoas, como Quentin Blake.

Max: Sim, mas foi por isso que, quando o vimos, pensamos que era de Roald Dahl.

4. **A característica que se destaca.** Dissemos que, para promover discussões ou para orientar a leitura, é necessário pensar antecipadamente nos principais pontos de interesse de uma obra. Estabeleça a ordem relevante de correspondências entre os títulos das obras a seguir e uma de suas características notáveis, sobre as quais poderíamos concentrar nossa atenção:

Obra	Característica
El libro del cementerio, de Neil Gaiman. Roca.	Humor
Buenas noches, Gorila, de Peggy Rathmann. Ekaré.	Metaficção
Los cuentos entre bambalinas. Trampantojo, de Gilles Bachelet. Thule.	Linguagem
Tres con Tango, de Justin Richardson, Peter Parnell y Henry Cole. RBA.	Final
¡Que llega el lobo!, de Émile Jadoul. Edelvives.	Localização
El contador de cuentos, de Saki y Alba Marina Rivera. Ekaré.	Interatividade
Pequeña en la jungla, de Marta Altés. Blackie Books.	Estrutura narrativa
¡Shhh! Tenemos un plan, de Chris Haughton. Milrazones.	Tema
Un libro, de Hervé Tullet. Kókinos.	Intertextualidade
Vamos a cazar un oso, de Michael Rosen y Helen Oxenbury. Ekaré.	Gênero
El papagayo de Monsieur Hulot, de David Merveille. Kalandraka.	Tempo narrativo
El jardín de medianoche, de Philippa Pearcer. Siruela.	Relação texto-imagem

5. **Saber onde atuar.** Para ajudar no desenvolvimento das crianças, precisamos saber o que elas sabem fazer. Dessa forma, podemos oferecer recursos de apoio e sugestões de

melhoria para que possam dar pequenos passos, como vimos no exemplo da Txell. A seguir, compare estas resenhas de três crianças sobre o romance *El mono del asesino*, de Jakob Wegelius, e ordene-as de acordo com as habilidades de interpretação e de escrita que elas revelam. Pense em uma única sugestão de melhoria para cada uma delas:

> Eu gostei muito deste livro. Uma das coisas que me surpreenderam é que a história é narrada pela macaca Sally Jones com uma máquina de escrever que lhe foi dada.
> Acho que ficou bom colocar os personagens no início da peça, para que você saiba quais personagens vão estar na peça.
>
> A história é sobre um marinheiro chamado Henry Koskela e sua macaca Sally Jones, que têm um problema com Alfonso Morro e depois tentam resolvê-lo.
> Acho que os próprios personagens são muito originais e muito acertados.
> As ilustrações são muito boas e significativas porque no início de cada capítulo há uma para imaginar um pouco do que vai acontecer, e eu gostei disso. O final me surpreendeu porque eu não esperava o que aconteceu, acho que haverá uma segunda parte porque o final é aberto.
>
> (Vanessa, 11 anos)

> Quero começar o diário com um de meus romances favoritos, *El mono del asesino*. É sobre o dono da macaca, El Jefe, que é acusado de ter matado Alfonso Morro, mas a macaca viu e não foi isso. Quando El Jefe é levado para a prisão, a macaca fica com

uma garota chamada Ana. Ana e a macaca procuram Alfonso Morro para tirar El Jefe da prisão, mas não vai ser tão fácil assim.

Há muitos personagens na história, mas os que mais gostei foram a macaca e Ana. A macaca porque é uma personagem muito corajosa e inteligente, e Ana porque ela é muito bondosa e gentil. Eu gostaria que houvesse muitas pessoas como ela neste mundo.

Acho que é um romance difícil, não só por causa do texto, mas também por causa dos temas que trata, alguns dos temas são morte, machismo, abuso de animais..., portanto não o recomendaria a pessoas fracas ou crianças pequenas.

O que eu mudaria neste romance é o final, porque a trama é muito boa, mas o final não é de modo algum surpreendente.

Penso que poderia haver uma mensagem neste romance de que não acusamos uma pessoa sem provas ou sem saber ao certo o que ela fez.

Quando peguei este romance, pensei que por ser tão grosso me custaria muito, mas as 616 páginas voaram, porque vicia tanto que não se pode parar de ler. Apesar do esforço, vale a pena.

(Alma, 11 anos)

Quero falar sobre o romance *El mono del asesino*. É sobre um homem chamado Henry Koskela que tem uma macaca chamada Sally Jones. O homem é acusado de assassinato porque Alfonso Morro cai na água e desaparece. É aqui que começa a história de como a macaca vai se safar sozinha.

Gostei deste romance por dois motivos, um pelo caráter e pela personalidade dos personagens e também pela história que achei muito interessante.

(Rocio, 11 anos)

Para saber mais

Bellorín, B. e Reyes, L. (2012): "Álbumes en marcha". In: Colomer, T. e Fittipaldi, M. (coords.). *La literatura que acoge: inmigración y lectura de álbumes*. Caracas: Banco del Libro, pp. 172-196.

Este capítulo apresenta, passo a passo e incorporando fragmentos de conversas de crianças, dois projetos didáticos sobre a discussão de livros ilustrados com crianças imigrantes nos anos iniciais do Ensino Fundamental, realizados com o objetivo de incentivar a elaboração pessoal de sua mudança para o novo país.

Chambers, A. (2009): *Dime: los niños, la lectura y la conversación*. Cidade do México: Fondo de Cultura Económica.

As obras de Aidan Chambers são essenciais para pensar como incentivar as crianças a falar sobre os livros. Suas reflexões e sugestões de ação, como no caso das questões citadas no capítulo, são muito úteis para os professores e mediadores em geral.

Colomer, T. (2012): "Las discusiones infantiles con albumes ilustrados". In: Colomer, T. e Fittipaldi, M. (coords.). *La literatura que acoge: inmigración y lectura de álbumes*. Caracas: Banco del Libro, pp. 87-118.

Este capítulo é parte do livro citado anteriormente, um projeto de pesquisa sobre como a literatura pode ajudar no processo de migração e na educação intercultural. Ele expande e aprofunda as ideias que temos apresentado acerca do tipo de respostas que as crianças costumam dar quando discutem o significado das obras literárias.

Tauveron, C. (2002): *Lire la littérature à l'école. Pourquoi et comment conduire cet apprentissage spécifique? De la GS au CM*. Paris: Hatier.

Os trabalhos de Catherine Tauveron são uma referência central para refletir sobre os objetivos da leitura escolar das crianças. Este livro contém textos e exemplos, mas, acima de tudo, uma exposição didática completa e detalhada sobre como influenciar a aprendizagem da interpretação.

10.
A seleção das obras na escola

Quando se trata de escolher histórias infantis, quem não se fez perguntas como: "Que tipos de livros devem compor uma biblioteca em sala de aula?", "Que histórias são adequadas para crianças pequenas?", "Todos os livros oferecidos na escola devem ser de boa qualidade?", "É melhor oferecer clássicos ou livros atuais?", "Como se pode levar em conta uma variedade de gostos?", "Que livros podem interessar a crianças que não gostam de ler?".

Tudo isso reflete como é complicado selecionar as histórias que farão parte da oferta de leitura da escola, já que existem diferentes aspectos que se referem à obtenção de um equilíbrio entre todas elas. Por exemplo, a escolha dos textos deve considerar tanto a formação literária das crianças quanto a construção de seus hábitos de leitura, que não necessariamente coincidem. Ou a escolha é dirigida não somente a crianças de diferentes idades, mas também de diferentes habilidades de leitura conforme cada faixa etária. Nas faixas etárias mais jovens, sua identidade de leitura ainda não está estabelecida e podemos agir com menos restrições, mas, nos anos finais do Ensino Fundamental e no Ensino Médio, elas podem já ter se tornado adeptas de alguns poucos gêneros, ou podem até ter decidido que não gostam de ler. Além disso, não há duas crianças iguais, portanto, como acontece com os leitores adultos, elas podem responder melhor a diferentes itinerários de leitura, mesmo com muitas crianças que iniciam a leitura com livros informativos, e não de ficção, mesmo que gostem de ouvir histórias e participar de discussões literárias.

Assim, não existe uma lista padrão universal de obras adequadas a todas as crianças ou que possam ser utilizadas em qualquer escola, e devemos escolher tendo em mente cada situação de leitura. Ana Maria Machado indica isso com estas palavras:

> Assim como não deve haver uma lista de livros proibidos, não deve haver uma lista única de livros selecionados. Cada pai ou professor, cada bibliotecário ou educador terá que fazer sua seleção pessoal. O importante é saber o que selecionou e por que o escolheu. (2002: 57-58)

Os professores não podem delegar passivamente essa tarefa a outros agentes, como a coleção antiga da biblioteca, as listas publicadas por especialistas ou um plano de leitura comercial de uma editora. Esse é o momento de começarmos a conhecer o que está disponível para criar nosso próprio conjunto de livros, aqueles documentos nos quais confiamos para seduzir nossos alunos e nos ajudar a formar leitores em cada contexto.

O mercado editorial produz um número tão grande de obras, mais de 10 mil por ano na Espanha, que os professores podem se sentir realmente sobrecarregados por ter que "pescar" alguns títulos nesse oceano de ofertas. Por outro lado, é muito reconfortante pensar que temos mais possibilidades disponíveis do que nunca, de modo que se pode atender bem a quase qualquer necessidade ou desejo de leitura. Há maneiras muito eficazes de diminuir o obstáculo de uma edição difícil: começando pelas listas bibliográficas oferecidas por especialistas confiáveis, prestando atenção aos prêmios institucionais que garantem a qualidade, lendo regularmente resenhas em revistas especializadas para incorporar novos títulos ou criando grupos de leitura para trocar recomendações entre professores e bibliotecários, como apontamos no capítulo 3.

A boa notícia é que as histórias que são *apropriada*s para os novos leitores infantis assim se mantêm por muitos anos, de modo que cada professor e cada bibliotecário escolar pode construir um corpus bastante estável de obras que considerem valiosas e com as quais se sintam confortáveis. Uma vez que esse esforço inicial tenha sido feito, o *corpus* construído poderá servir a sucessivas gerações de alunos naquela sala de aula ou escola. A partir dessa base, as adições e exclusões podem ser feitas à medida que novas obras surgirem, de modo que a seleção será feita de:

- um conjunto de livros clássicos;

- uma coleção de obras atuais;

- alguns lançamentos.

A seleção da escola é um *corpus* destinado a expandir os tipos de livro que as crianças provavelmente vão ler por conta própria, de modo que esses títulos só podem ocupar uma pequena parte de nossa biblioteca. É também um *corpus* destinado a ensinar a elas como o leitor questiona e gosta de textos literários mais desafiadores e gratificantes, porque, como Lerner lembra, "não se aprende a ler textos difíceis lendo apenas textos fáceis" (2001:108). E não vale a pena investir tanto esforço para ter apenas leitores de *best-sellers*.

Nos capítulos anteriores apontamos os objetivos literários que a escola quer alcançar ao familiarizar as crianças com as histórias e enfocar diferentes aspectos dos livros ao longo dos anos de escolaridade na Educação Infantil e nos anos iniciais do Ensino Fundamental. Mas com que obras vamos fazer isso? Porque uma parte importante do livro reside nas histórias que usamos para esse fim. Nas seções seguintes, destacamos os principais fatores envolvidos na tarefa de seleção: qualidade e diversidade literária, adequação ao leitor e as funções para as quais queremos mobilizar as obras.

Obras de qualidade

A qualidade das histórias infantis é o principal fator das seleções escolares. Os *corpora* literários nas salas de aula devem garantir que todas as crianças, e não apenas aquelas com histórico de leitura, adquiram uma bagagem de boa leitura, para saber que ler literatura vale a pena e formar seu paladar artístico. Como diz Chartier:

> Por isso é necessário que as leituras sejam compartilhadas e tornem-se memoráveis. A escola não pode se contentar com leituras efêmeras que não deixam nada para trás uma vez que a última página é fechada. Também não se pode satisfazer com lemas consumistas como "sempre o novo" ou "gosto não se discute". Os pedagogos sabem, assim como os pais, o prazer quase infinito das releituras que as crianças exigem. A ideia de

que as crianças "gostam de mudar" pode não ser nada além de uma fantasia dos adultos. (2004:168)

Nossas seleções devem evitar uma presença excessiva de livros "que não são nada", como Patte (1988) os rotulou, referindo-se àqueles livros que preenchem o tempo de leitura infantil com histórias comuns, personagens estereotipados, sentimentos clichês, motivações unívocas e lições de moral.

Como vimos no capítulo 4, avaliar a qualidade do texto literário envolve apreciar os diferentes fios que o tecem e se deleitar em compreender e sentir as qualidades específicas de cada obra. Também podemos olhar para ele de outra forma e detectar os pontos fracos pelos quais é possível considerar uma obra como insuficiente. A seguir, podemos conhecer alguns desses pontos fracos, classificados por Colomer e Silva Díaz (Colomer, 2002):

Quadro 10.1. Potenciais problemas narrativos das obras.

Problemas na organização da história
• A capa e o início não criam expectativas interessantes que incitem à leitura do livro.
• O que é explicado não vale a pena, são apenas fatos insignificantes ou descrições de sentimentos clichês.
• A história carece de ritmo e intriga, decai ou termina abruptamente.
• As complicações não são bem articuladas e podem fazer com que o leitor se perca.
• É apenas mais uma história do gênero, apenas segue um modelo e não contribui com nada.

(Continua)

- Parece que o autor não soube como terminar a história, o final não encerra o conflito, é um disparate ou uma fórmula do tipo "e foi um sonho". Ou, ao contrário, é tão previsível que não é interessante continuar lendo.

- O final negativo ou aberto é muito chocante ou desorientador para a idade do público-alvo.

- Em obras digitais, a obra propõe uma escolha de caminhos, mas muitos se revelam desinteressantes, de modo que o leitor se desconecta.

- Nas obras digitais, as escolhas feitas pelo autor levam a finais diferentes mas desequilibrados; isso cria a sensação de que alguns desses finais são verdadeiros e os outros configuram mera "enrolação".

Problemas nas vozes que contam a história

- Não há nada de especial na voz do narrador: ela não é irônica, próxima ou inusitada etc., e não vai manter o leitor em suspense, entretido ou horrorizado com a forma como a história é contada.

- Os personagens falam todos da mesma maneira, suas vozes não refletem quem são e não lhes dão uma identidade consistente.

- Em obras interativas, o leitor torna-se um personagem, mas seu papel não transcende, e o recurso é improdutivo.

- O narrador tenta se aproximar do leitor, com um tom coloquial e "colegial", mas acaba sendo um tédio e sem graça.

- O narrador dá um sermão sobre o assunto, julgando o comportamento dos personagens e nos indicando como deveríamos nos comportar. A história é moralizante.

Problemas na elaboração de texto e imagem

- A obra tem um enredo plano e uma linguagem pobre que carece de camadas de significado e não oferece riqueza interpretativa. "É isso e pronto": fácil de ler, mas um simples consumo de trama.

(Continua)

- O texto não é simples porque busca esse efeito estético, mas porque não é literatura. É um roteiro de filme: os personagens falam e o narrador explica o que estão fazendo.

- Não é que o livro use elipses, mas que não seja suficientemente elaborado, não oferece pistas suficientes para interpretar o que está acontecendo. Parece deixar todo o trabalho para o perplexo leitor.

- A imagem é estereotipada: os mesmos rostos, olhos, gestos, cores, etc., vistos muitas outras vezes, dependendo se os personagens são meninas, maus etc.

- Parece poético, mas apenas porque acumula tantas "coisas belas" no texto e na imagem.

- A versão de um conto bem conhecido perdeu a riqueza de detalhes simbólicos, a força no diálogo etc. Ela apenas explica sua trama ou a altera para pior.

- Formato, texto, imagem ou jogo de interatividade não funcionam em conjunto para acrescentar sentido ao livro, são repetitivos ou cada um segue seu próprio caminho.

- O livro é espetacular em termos de formato, imagem e interatividade, mas é como um fogo de artifício, sem uma história consistente.

Problemas nos personagens

- Os personagens são muito numerosos ou pouco atraentes para crianças desta idade.

- Os personagens estereotipados, logicamente a maioria na literatura infantil, foram desgastados pelo uso exagerado a ponto de se tornarem fórmulas batidas (como um velho rabugento que muda ao ter contato com o encantador protagonista infantil).

- Os personagens são estereótipos, enquanto a peça é realista e exigiria personalidades mais bem descritas.

(Continua)

- Os personagens perpetuam estereótipos sociais de comportamento, ou seja, espera-se que eles ajam como agem apenas por serem crianças, imigrantes, policiais, homens de negócios etc.

- Os personagens transmitem valores ultrapassados (tais como sexismo, racismo ou maus-tratos a animais) porque pertencem a obras clássicas e a peça deveria alertar os leitores para essa dimensão histórica.

Problemas nas informações incluídas

- A forma narrativa é apenas um pretexto para fornecer informações sobre um assunto, portanto, os leitores deveriam estar cientes de que não estão lidando com uma obra literária para não serem enganados.

- As informações sobre lugares, culturas, etc. descritas contêm erros ou são clichês.

- Narração e informação não são bem equilibradas, as crianças mais novas não entenderão a informação e as mais velhas ficarão entediadas com a história.

- Em obras digitais, as informações interrompem continuamente a história e atrapalham o leitor.

Entretanto, apesar de todos os critérios e diretrizes de análise, não existe uma fórmula que nos dê um resultado padrão sobre a qualidade literária de uma obra. Na verdade, o leitor avalia esses elementos implicitamente, contrastando a narrativa com aquelas que já leu, assim como alguém julga se uma música é boa ou não de acordo com sua experiência musical. O histórico de leitura dos educadores também fornece a competência necessária para avaliar outros aspectos mais reflexivos, tais como a originalidade ou o interesse de uma obra na estrutura geral da produção infantil.

Quadro 10.2. Para decidir sobre a qualidade de uma obra.

- Contrastar a leitura de livros infantis com o interesse e o prazer que eles nos deram, como bons leitores.

- Analisar cuidadosamente as qualidades específicas da obra a fim de determinar por que ela é boa, ou para decidir se é boa, porque ficamos em dúvida após a primeira leitura. Nesse ponto, é muito útil buscar a opinião de outros adultos interessados (em consultas on-line, clubes de livros etc.), pois eles podem nos indicar aspectos que não tínhamos notado, para que possamos reafirmar, qualificar ou mesmo mudar nossa impressão inicial.

- Atentar às reações das crianças a quem se destina a fim de ajustar nosso julgamento acerca do potencial da obra em relação aos diferentes públicos.

Pensando por exemplo na nutrição, ela nos orienta que os alimentos não só devem ser bons mas também variados. A questão agora é verificar se nosso conjunto de boas obras forma um "cardápio" suficientemente variado de tipos de livros, gêneros, estilos e temas. E é o conhecimento dos diferentes sabores das histórias literárias que permite a cada leitor definir posteriormente seus gostos. Não se quer o que não se conhece, então a liberdade do leitor para formar suas preferências está no conhecimento da enorme diversidade de que dispõe – que mostramos no capítulo 5, ao discutir os tipos de histórias infantis. Os mediadores são os responsáveis por apresentar essa diversidade, negociando também com os leitores a fim de tirá-los de sua *zona de conforto* e para que se abram a novas experiências. Para isso, diversificarmos os livros que utilizaremos considerando:

- As obras presentes na sala de aula ou na biblioteca.
- A narração oral ou a leitura em voz alta.

- As leituras orientadas coletivas.
- Os projetos literários programados durante os cursos.

O planejamento da paisagem de obras pelas quais as crianças vão circular, tanto em um ano escolar como ao longo das etapas educacionais, por exemplo, evitará que elas percebam a literatura como um único gênero baseado em obras de aventuras e aventuras infantis, sem terem mergulhado na base literária do folclore, dos mitos e das lendas. Ou, então, vai poupá-las de crescer tediosamente à mercê de temas da moda, como em uma avalanche repetitiva de livros sobre o direito às diferenças individuais ou sobre a atenção às emoções. Ou evitará que sua leitura seja excessivamente focada nas tendências do momento, por exemplo, em uma predominância excessiva de livros ilustrados em detrimento de narrativas orais e textuais impressas, algo que teria consequências em sua capacidade de ler textos sem suporte de imagem.

Quadro 10.3. Narrativa atual para leitores medianos.

- *Corazones de gofre*, de Maria Parr. Nórdica.
- *Cómo escribir realmente mal*, de Anne Fine. SM.
- *Matti y Sami y los tres errores más grandes del Universo*, de Salach Naoura. Lóguez.
- *Yo aquí solo soy el perro*, de Jutta Richter. Lóguez.
- *El señor Bello y el elixir azul*, de Paul Maar. Siruela.

Todas as obras devem ser de qualidade?

Embora a qualidade literária deva ser a base da coleção de contos da escola, alguns livros que podem ser descritos como medíocres ou estereotipados também devem ter espaço na vida leitora das crianças, pois eles podem ajudá-las a progredir em certas habilidades de leitura que demandam horas de treinamento, a formar sua autoimagem de leitura ou a se sentirem parte de uma comunidade de interesses. Também pode acontecer de uma obra aparentar ser muito repetitiva para os mediadores, mas ser uma descoberta para a nova criança leitora. Portanto, é necessário pensar nas vantagens desses livros em certos momentos do itinerário de formação ou para determinados leitores, como:

- Tornar possível ler mais, pois são mais fáceis de ler. Essas obras podem ajudar a familiarizar as crianças com a leitura e reforçar a sensação de ler mais livros ou livros maiores, produzindo a satisfação de sentir que elas são leitores maiores.

- Proporcionar a experiência de se sentirem em uma comunidade de leitores porque, muitas vezes, são livros altamente compartilhados na época e funcionam como um instrumento de socialização, assim como os *best-sellers* fazem com os adultos.

- Favorecer a experiência de habitar mundos já conhecidos, quando se trata de séries. É algo semelhante à interiorização das obras proporcionada pela releitura, um mecanismo muito necessário na formação do leitor.

- Satisfazer o desejo colecionador que se experimenta em certas idades por meio da leitura progressiva de uma série, ou proporcionar a sensação de ser um leitor experiente graças à aquisição de domínio sobre determinado gênero ou mundo fictício.

Nas salas de aula, esses livros podem aparecer até certo ponto em seleções para leitura independente e podem fazer parte de projetos ou sequências didáticas que exploram suas características, geralmente misturadas com outras referências de maior qualidade.

Clichês comuns na seleção

Às vezes, as seleções escolares evidenciam alguns clichês. Mostram, por exemplo, que os livros destinados a uma série de problemas psicológicos comuns a essa faixa etária têm sido altamente valorizados. Ou que há uma tendência a se afastar de livros mais experimentais com a ideia de que as crianças não entenderão essas obras, embora, às vezes, sejam os próprios professores que se sentem desconfortáveis diante delas. Portanto, vale a pena rever nossas atitudes de seleção para verificar se estamos livres de alguns dos clichês mais comuns. Um exemplo disso relacionado à Educação Infantil pode ser visto no Quadro 10.4.

Quadro 10.4. Dicas para a seleção na Educação Infantil.

Livros para ler muitas vezes	Há livros que se esgotam em uma leitura, uma vez que baseiam todo o seu efeito em uma surpresa no final ou na simples satisfação da curiosidade revelada. Por outro lado, outros se oferecem para ser explorados repetidamente, devido à multiplicidade de elementos que aparecem ou pelo eco do seu significado na mente do leitor.	Se quisermos ler novamente esse livro com a criança, ou se vemos que ela o escolhe repetidas vezes, está bem. Vamos procurar obras que sejam rentáveis em termos de quantidade e qualidade de leitura.

(Continua)

Com textos interessantes	A materialidade do livro e a imagem são fundamentais nessa fase. O texto está na voz do adulto que guia a exploração, na conversa com a criança. Mas é importante que o texto mostre que detém a informação e que o faça de uma forma especial.	"É sobre o quê?" é uma questão decisiva para querer ler. Textos curtos, mas muito bem escritos. Sem esquecer o folclore, que constrói o seu interesse na oralidade.
Cheios de humor	Felizmente, temos muitos livros que exploram o humor de múltiplas e variadas formas: no que acontece, nos detalhes a serem explorados, no tipo de imagem, no jogo das surpresas etc. Também na satisfação de se sentir superior àquele personagem infame ou desajeitado.	Divertir-se é uma grande razão para ler. Felizmente, os livros infantis sabem disso. Portanto, vamos amontoar histórias para rir juntos.
Sem muita ternura à flor da pele	Há obras que buscam estabelecer uma ligação afetiva e emocional com o leitor. Um mundo terno, cheio de sentimentos, de formas arredondadas, tons suaves e cores primárias que as crianças podem apreciar. A literatura infantil é cheia de grandes e bons exemplos.	Tenha cuidado com os livros que excedem nessa doçura e podem ser mais atraentes para adultos do que para as próprias crianças.

(Continua)

A seleção das obras na escola | **303**

Abertos à experimentação	Pode-se pensar que esses livros são muito estranhos para que as crianças os entendam, mas a verdade é que as crianças pequenas estão abertas à inovação, porque, no final, tudo é novo para elas.	Se a obra parece ser uma tentativa cuidadosa de ir além do habitual, e não se limita a parecer *incomum*, vamos nos arriscar a conhecê-la.
Sem caráter didático	O didatismo dos livros infantis continua a prevalecer. Coleções inteiras dedicam-se especificamente a mostrar como as crianças deveriam se comportar, sentir e pensar. Confiemos na literatura como um espaço de acolhimento, um reflexo e um espaço de reflexão sobre questões e comportamentos humanos.	Não vamos escolher por tema ou por mensagem óbvia. Vamos escolher livros que sejam bons do ponto de vista literário e depois as histórias podem fazer o seu trabalho.
Sem receitas médicas	Os livros não são como uma enfermaria para resolver problemas. Não pensemos que uma criança adotada ficará encantada com livros sobre o assunto. Não sabemos a forma como cada leitor reage, e a literatura funciona de forma muito indireta.	Podemos deixar esses livros ao seu alcance, mas não os damos diretamente às crianças, pois pode ser desconfortável para elas.

(Continua)

Sem estereótipos ideológicos	As histórias das crianças não são neutras, elas refletem os valores dos seus autores e do tempo e contexto em que foram escritas. É preciso considerar isso e ter atenção para não entender como garantida uma representação particular do mundo, mesmo que implicitamente.	Vamos parar e pensar se os livros contrariam os valores que queremos promover.
Com ressonâncias culturais	Os livros nos introduzem na tradição literária e plástica. Conhecemos as bruxas e os bandidos, os temas literários ou os contos folclóricos originais, além de alusões intertextuais dispersas em detalhes para conhecer e reconhecer.	Tiremos partido da carga cultural dos livros para familiarizar as crianças com o imaginário cultural.
Ancorada no ambiente	O designer Javier Mariscal resolveu fazer livros para sua filha quando percebeu que paisagens, animais, ambientes ou costumes sempre remetiam a outros contextos. A publicação multinacional atual pode tornar-se uma "edição de aeroporto" ou colonizar sua própria cultura.	A literatura ajuda-nos a conhecer outras culturas, mas também devemos oferecer às crianças a representação da sua própria realidade física, social e cultural.

Histórias para quem?

O tema comum dos três títulos a seguir é a falta de comunicação entre o protagonista e seu mundo, especialmente com os pais. Mas a forma como o fazem mostra que os autores têm em mente seu público-alvo, pois a dureza do assunto foi ajustada ao que a experiência social considera apropriado para diferentes idades.

¡Ahora, no Bernardo!, de David McKee, um livro ilustrado para leitores iniciantes.	O assunto, em princípio tão impróprio para crianças, pode ser abordado graças à distância estabelecida por sua abordagem humorística, sua fantasia e sua perspectiva narrativa externa.
Tristán encoge, de Florence H. Parry, um conto ilustrado por Edward Gorey para idades intermediárias.	A distância protetora construída pelo humor e a fantasia persiste. Mas a perspectiva narrativa em 3ª pessoa foi aproximada do protagonista e o tema se estendeu para uma visão geral do cotidiano da família, da escola e dos amigos.
Elvis Karlson, de Maria Gripe, uma narrativa juvenil.	Não há mais elementos de humor ou fantasia. São mantidas a vida completa do protagonista e a voz narrativa em terceira pessoa. No entanto, a perspectiva narrativa se aproximou tanto do protagonista que se constrói um tipo de monólogo interno que chega a ser angustiante. Então, são apresentadas novas vias de resolução: o apoio de algumas relações afetivas e o amadurecimento pessoal.

Como acabamos de ver, se o público-alvo está presente na produção literária, estará ainda mais na tarefa de selecionar obras para determinados contextos e leitores. A seleção escolar é adaptada ao leitor, escolhendo livros primeiro de acordo com os interesses do leitor e sua capacidade de leitura nas diferentes etapas educacionais. Alguns exemplos são oferecidos nos quadros 10.5 e 10.6.

Quadro 10.5. Livros de acordo com os interesses vitais da idade.

Os bebês gostam de obras que permitem uma forte identificação com seu ambiente e que se situam em seus rituais cotidianos	*No final da fase de infância, as crianças sentem-se capazes de para enfrentar aventuras mais distantes e personagens malvados*	*Livros sobre peripécias e aventuras, muitas vezes na forma de séries, são atraentes para crianças dos 9 aos 11 anos de idade*
Bom dia, de Jan Ormerod, descreve uma sequência de ações matinais.	*Os três bandidos*, de Tomi Ungerer, conta a história de aventura de protagonistas que, inicialmente, são malvados em um vasto leque.	As histórias e os quadrinhos de Los Mumin, de Tove Jansson, relacionam as sucessivas aventuras e experiências dos personagens de uma família de *trolls* que vivem juntos com outras criaturas fantásticas.

Quadro 10.6. Livros de acordo com o desenvolvimento da leitura: quantidade e organização da informação.

Agrupamentos de ações com um sentido de união não muito marcado	*Obras com pouco texto e uma unidade de significado*	*Agrupamentos de ações ou histórias curtas em um quadro*
Na série Olivia, de Ian Falconer, o protagonista segue um fio condutor geral, com múltiplas ações à sua volta, a maioria das quais não essencial.	Em *Ernesto e Celestina han perdido a Simeón*, de Gabrielle Vincent, toda a ação está ligada por causas e consequências até a resolução do conflito inicial.	Em *Osito*, de Else H. Minarik, as aventuras de Osito estão divididas em capítulos independentes uns dos outros (embora o último capítulo faça alusão aos acontecimentos dos capítulos anteriores, o que favorece a unidade do livro).

(Continua)

Histórias mais longas com um sentido unitário	Histórias longas divididas em capítulos de coesão crescente	Histórias longas com um enredo complexo em que a história se inter-relaciona com histórias secundárias
Em *El secuestro de la bibliotecaria*, por Margaret Mahy, as cenas estão divididas em pequenos capítulos, que se fundem por uma única história.	No livro *Píppi Meialonga*, de Astrid Lindgren, as travessuras de cada capítulo não são muito coesivas, a ponto de serem dispensáveis. Em *Las brujas*, de Roald Dahl, a aventura desenrola-se de forma linear e entrelaçada em cada capítulo.	Na série *Harry Potter*, de J. K. Rowling, cada livro contém várias linhas de ações secundárias, além de unir os livros em uma única história que abrange todos os sete volumes.

Mas, além de responder aos parâmetros gerais de determinada faixa etária, nossa sala de aula terá crianças específicas com diferentes perfis de leitura, diferentes experiências de vida, diferentes graus de habilidades de leitura e gostos pessoais próprios. Nossa seleção deve considerar esses aspectos, e não apenas conter livros que constituam uma espécie de "mínimo denominador comum" de gosto para todos, mas também incluir livros que atendam às expectativas derivadas de suas *diferenças* individuais:

Quadro 10.7. Livros de acordo com hábitos e perfis de leitura.

- Até o ciclo inicial do Ensino Fundamental – Anos Iniciais, a quantidade de leitura e as preferências das crianças dependem fundamentalmente do mediador, da frequência, da interatividade e da situação agradável de leitura. Entretanto, a qualidade dessa etapa e o sucesso na aprendizagem da leitura inicial começarão a marcar seus hábitos e preferências.

- Nos ciclos médio e superior do Ensino Fundamental – Anos Iniciais, encontramos crianças com baixa fluência de leitura e relutância para ler. É preciso oferecer-lhes livros curtos e fáceis de ler, mas no mesmo nível que sua idade mental, para que possam continuar a se sentir parte da mesma comunidade de leitura que as outras.

(Continua)

- Nos ciclos médio e superior do Ensino Fundamental – Anos Iniciais, encontramos crianças com gostos diversos, algumas com necessidade de leitura mais complexa do que a maioria na sala de aula e outras com gostos minoritários que precisam ser atendidos. Elas também podem ter sido classificadas para um tipo de livro, por isso devemos convidá-las a experimentar novos gostos.

Exemplo de livros para leitores relutantes: "Eu não gosto de (não sei como) ler".

- Livros com pouco texto ou capítulos curtos, mas apropriados a essa faixa etária.

- Livros que combinam texto e imagem, como boas histórias em quadrinhos infantis ou alguns livros ilustrados complexos.

- Livros interativos com os quais as crianças podem brincar e compartilhar.

- Livros que misturam informação e narrativa e permitem uma leitura mais fragmentada, e não apenas narrativa.

- Livros que permitem um amplo envolvimento na leitura, como algumas séries ou sagas.

- Livros da moda lidos por seus pares para que as crianças possam fazer parte da comunidade de leitores que pensam da mesma maneira, sem se sentirem discriminadas.

Histórias para quê?

Na escola, coexistem diferentes espaços e situações de leitura programada, portanto, muitas vezes escolhemos obras para serem *utilizadas de diferentes maneiras*: livros para leitura independente e empréstimos, obras para comentários e atividades escolares, livros e audiovisuais para ouvir, recitar ou ler em voz alta, livros e aplicativos para navegar e compartilhar ocasionalmente, livros, aplicativos e audiovisuais para ambientar a sala de aula aos conteúdos trabalhados em um determinado momento etc.

Quadro 10.8. Obras para diferentes usos.

Leitura ou narração oral pelo professor	• Textos que as crianças podem seguir sem terem o texto à sua frente, textos em que a imagem não é essencial, a menos que sejam projetadas numa tela. • Textos que sejam mais longos ou mais complexos do que elas próprias podem ler. • Textos com capítulos curtos a fim de poder dividir facilmente a narração ou a leitura em dias sucessivos, se for esse o caso.
Leitura autônoma na biblioteca da sala de aula	• Um conjunto de textos variados em gênero, complexidade, assunto e formato para atender a diferentes ritmos e gostos de leitura.
Conversação literária	• Textos que encorajam a reflexão sobre diferentes elementos. Livros para as idades iniciais prestam-se sempre a uma leitura partilhada. Os contos curtos, as obras digitais e os livros ilustrados podem ser lidos em conjunto, em pouco tempo, na sala de aula, permitindo a construção partilhada de significado.
Leitura guiada para analisar ou discutir aspectos específicos das narrativas	• Textos de leitura extensiva e progressiva que mostram o funcionamento da leitura literária e permitem a modelação de capacidades de leitura com antecipações, retrospectivas para ligar detalhes simbólicos, análise da passagem do tempo ou das ramificações da estrutura, entre outros.
Projetos de livro literário e suas consequências educativas	• Textos escolhidos porque demonstram efetivamente o funcionamento de um determinado elemento narrativo. • Textos que estão relacionados entre si para compreender as características dos gêneros e os seus tipos, tipos de caracteres, motivos ou intertextualidade, entre outros.

Mas os nossos objetivos podem ser ainda mais concretos do que a procura de livros adequados para diferentes rotinas escolares. Por exemplo, podemos precisar de livros para uma exposição de histórias sobre as cores na primeira infância, ou para promover uma atividade de escrita no ensino básico. Há títulos que se prestam a usos específicos e vale a pena anotá-los assim que os descobrimos, para nos lembrarmos de que serão nossos aliados perfeitos em casos específicos. Por exemplo, quando pensamos que precisamos de "um livro para...":

Quero um livro para...	São bons exemplos dele
Inventar histórias em uma atividade de narração oral ou de escrita na aula	*El arenque rojo*, de Gonzalo Moure e Alicia Varela, já mencionado nas atividades do capítulo 5, mostra um parque repleto de visitantes, entre os quais são dadas pistas para inventar várias histórias.
Selecione histórias que sirvam de cenário para o tema que está sendo debatido na aula	Por exemplo, *¿Cuándo se irán estos?*, de Ute Krause, *Uma família salvaje*, de Laurent Moreau, ou *Esperando a Timoun*, de Geneviève Casterman, seriam boas obras para acompanhar o tratamento dos conteúdos sobre a família na escola.
Criar um canto de leitura compartilhada no tempo livre	*Enigmas. Desafia tu mente con 25 historias de misterio*, de Anna Gallo e Víctor Escandell, oferece a oportunidade de descobrir mistérios de detetives pela observação de imagens e outros meios de comunicação. Em *Elsa y Max de paseo por Paris*, de Barbara McClintock, o leitor pode seguir um itinerário detalhado pela capital francesa pelas mãos das duas crianças protagonistas.

(Continua)

Quero um livro para...	São bons exemplos dele
Incentivar o intercâmbio epistolar entre duas salas de aula	*El día que los crayones regresaron a casa*, de Drew Daywalt e Oliver Jeffers, *Cartas de la ardilla, de la hormiga, del elefante, del oso*, de Toon Tellegen e Axel Scheffler, ou a série *Dragonero*, de Josh Lacey e Garry Parsons, podem criar o cenário e fornecer modelos para as crianças escreverem postais, cartas ou mensagens eletrônicas.
Recitar e representar na sala de aula	*La aventura formidable del hombrecillo indomable*, de Hans Traxler, *!Vamos a cazar un oso!*, de Michael Rosen e Helen Oxenbury, ou *!Julieta, estate quieta!*, de Rosemary Wells, são histórias rimadas que podem ser recitadas, lidas em voz alta ou representadas coletivamente.
Realizar um projeto para trabalhar os elementos construtivos da narrativa	Livros metaficcionais como *Johanna on the Train*, de Kathrin Schärero, *The Stinking Cheese Man and Other Wonderfully Stupid Stories*, de Jon Scieska e Lane Smith, e outros como *Vozes no parque*, de Anthony Browne, expõem diferentes mecanismos de ficção.

A revisão da seleção

Portanto, em resumo, *qualidade*, *adequação* e *variedade* são três critérios gerais que se traduzem em escolhas concretas na configuração de uma seleção. Mas a escolha de um *corpus* não se baseia apenas no fato de cada livro ser valioso para alguém ou algo. O equilíbrio entre eles também é importante. Consequentemente, é necessário afastar-se do livro para olhar para a estante e ver que as obras oferecem tanto uma *escada* para subir a competência literária quanto uma *gama* de possibilidades. Podemos utilizar um guia deste tipo (Colomer, 2015) para analisar de forma ordenada o conjunto de obras montadas:

Quadro 10.9. Critérios para a revisão de uma seleção de livros.

• *Sobre a qualidades das obras*: Será que a grande maioria são livros de qualidade em termos de texto, imagem e história? Será que eles não foram escolhidos por serem livros didáticos que "vão ao cerne da questão"? Quais os livros que incluímos sem considerá-los de alta qualidade e por que pensamos que também nos ajudarão a desenvolver os leitores?

• *Sobre a adequação para o público-alvo*: Os livros são apropriados para a suposta competência de leitura da série? São livros que provavelmente interessam a crianças desta idade e contribuem para o desenvolvimento de suas habilidades cognitivas, emocionais etc.?

• *Na incorporação à tradição*: Existem livros de tradição oral? Escolhemos boas versões ou traduções?

• *Sobre os clássicos da literatura infantil*: Existem títulos clássicos da literatura infantil que ajudarão as crianças a se conectar com a memória coletiva e a apreciar o jogo intertextual da literatura?

• *Sobre a variedade de obras*: Existem diferentes gêneros narrativos e livros que se prestam a ser lidos em voz alta ou dramatizados? Existe uma variedade de estilos de texto e de ilustração? Foram incluídos autores e ilustradores que consideramos valer a pena apresentá-los para as crianças em algum momento?

• *Sobre a variedade de temas*: Foram incluídos temas diferentes? Há muita intriga e o humor, uma vez que são dois poderosos estímulos à leitura? Os estereótipos de gênero foram evitados? Algum dos títulos inclui literatura infantil de outras culturas de origem que compõem o grupo?

• *Sobre a variedade de públicos-alvo*: Incluímos alguns livros para oferecer aos leitores mais exigentes? E para aqueles com menos competência de leitura, com livros que são fáceis de ler? Existem livros que não serão amplamente lidos, mas que agradarão a alguns leitores com gostos minoritários? E livros com os quais contamos para seduzir os leitores relutantes ou para resgatar alguns leitores de serem enquadrados num determinado gênero?

Atividades de aprendizagem

1. **Discussão sobre lançamentos.** Escolha cinco livros ao acaso entre os novos lançamentos, divida-os em grupos e avalie a qualidade de todos os títulos. Você pode usar a lista de pontos fracos incluída neste capítulo. Compartilhe sua avaliação e veja se ela concorda com a dos outros grupos. Caso contrário, discuta seus argumentos.

2. **Cardápio familiar.** Prepare um guia (impresso ou virtual) com uma seleção de quinze livros para oferecer aos pais de um grupo de crianças do 1º ano do Ensino Fundamental (6-7 anos) em uma escola. O principal objetivo da seleção é, além de bons livros, a inclusão de diferentes tipos de obras. Para garantir que a seleção seja variada, consulte o capítulo 5 sobre os tipos de histórias infantis. Inclua algumas linhas de texto para esclarecer que tipo de livro o título representa na seleção.

3. **Tabela das leituras em voz alta para a mesma turma.** Neste capítulo, referimo-nos às funções que os textos podem cumprir em diferentes situações de leitura. Vamos selecionar livros de acordo com uma delas: a leitura em voz alta de capítulos pelo professor. Faça um itinerário de três leituras por ano durante os anos iniciais do Ensino Fundamental (6-11 anos) para a mesma turma. Trata-se de prever qual rota de leitura os mesmos leitores vão escutar, portanto sua proposta deve levar em conta que devem ser obras adequadas para serem lidas oralmente (algo que deixe de lado os livros ilustrados) e de forma mais ou menos extensa, que são

interessantes para o curso em que as coloca e que, vistos na totalidade, ofereçam uma boa visão geral das diversas experiências de leitura.

4. **Nosso site confiável.** Para se familiarizar com a ajuda que você pode encontrar on-line para escolher livros infantis, compare as recomendações para determinada faixa etária em três sites especializados e justifique sua preferência por um deles (facilidade de navegação, críticas úteis e bem fundamentadas etc.). Ou você também pode comparar alguns sites de autores e ilustradores, pois quase todos eles publicam seus livros on-line.

Para saber mais

Colomer, T. (2008): La constitución de acervos. Bonilla, E.; Goldin, E.; Salaberría, R (coords.). *Bibliotecas y escuelas. Retos y posibilidades en la sociedad del conocimiento*. Cidade do México: Océano, pp. 378-405.

Este texto amplia as ideias expostas no capítulo e enquadra-as no contexto da biblioteca da escola. Para leitura adicional sobre os critérios para corporações escolares.

Manresa, M. (coord.) e Equipe Gretel: *Triar llibres per a infants i joves*. Proyecto Miniops. Institut Obert de Catalunya. Web.

Curso curto e ágil, on-line e aberto, em que são apresentados critérios para a seleção de livros infantis por meio de textos, imagens e vídeos. Contém também uma proposta de atividades a serem realizadas.

Seleções e recomendações de livros na internet:

- "Recomendados LIJ" e "Recomendados LIJ digital" no portal Gretel. Web.

  Portal da equipe da universidade Gretel. Seleções de livros recomendados, pesquisáveis por autor, título e idade. Um dos únicos lugares para encontrar seleções atualizadas de literatura infantil digital.

- *Club Kiriko*. Web.

  Portal de livrarias associadas à CEGAL com recomendações de livros infantis e guias temáticos.

- *Canal lector*. Web.

  Portal da Fundação Germán Sánchez Ruipérez, com recomendações de livros para crianças e uma ampla gama de informações sobre leitura e literatura infantil.

- *Bienvenidos a la fiesta. Cuaderno de notas y diccionario de literatura infantil y juvenil*. Web.

  O blogue de Luis Daniel González. Uma seleção de longa data, com muitos livros revisados e muito bem classificados, que podem ser pesquisados pelos critérios habituais (autor, título, idade) e muitos outros (como autores por país, ano da primeira edição etc.). Também oferece artigos sobre temas muito específicos como "Contos para crianças de 9 anos", "Romances de aventura com protagonistas animais" etc.

BIBLIOGRAFIA

Principais referências

As referências às obras infantis citadas ao longo deste livro são apresentadas em grupos indicativos de acordo com a aptidão para leitura na fase infantil e nos diferentes anos do Ensino Fundamental, a fim de oferecer aos leitores deste livro uma utilidade extra. Como são obras utilizadas para exemplificar aspectos específicos, as listas não têm o valor de seleções específicas e equilibradas de recomendações, mas fez-se um esforço para garantir que todos os livros utilizados fossem adequados para inclusão na lista correspondente.

Obras para a Educação Infantil

Altés, M. *Pequeña en la jungla*. Barcelona: Blackie Books.

Bauer, J. *La reina de los colores*. Salamanca: Lóguez.

Berner, R. S. *El libro de otoño*. Madri: Anaya.

Berner, R. S. *El libro de primavera*. Madri: Anaya.

Berner, R. S. *El libro de verano*. Madri: Anaya.

Berner, R. S. *El libro del invierno*. Madri: Anaya.

Brown, M. W.; HURD, C. *Buenas noches, luna*. Barcelona: Corimbo.

Bruna, D. *Miffy*. Barcelona: Destino.

Capdevila, R.; Company, M. Colección Las Tres Mellizas. Lectio.

Carle, E. *La pequeña oruga glotona*. Madri: Kókinos.

Casterman, G. *Esperando a Timoun*. Flamboyant.

Chaud, B. *La canción del oso*. Zaragoza: Edelvives.

Cooper, H. *Hay un oso en el cuarto oscuro*. Barcelona: Juventud.

Corentin, Ph. *El ogro, el lobo, la niña y el pastel*. Barcelona: Corimbo.

Douzou, O. *Lobo*. Cidade do México: Fondo de Cultura Económica.

Dubuc, M. *Delante de mi casa*. Barcelona: Juventud.

Ellwand, D. *Bebés maravillosos*. Barcelona: Corimbo.

Grejniec, M. *¿A qué sabe la luna?* Pontevedra: Kalandraka.

Haughton, C. *¡Shhh! Tenemos un plan*. Milrazones.

Haughton, C. *Un poco perdido*. Milrazones.

Haughton, C. *¡Oh no, Lucas!* Milrazones.

Idle, M. *Flora y el flamenco*. Barcelona: Barbara Fiore.

Jadoul, E. *¡Que llega el lobo!* Saragoza: Edelvives.

Kerr, J. *El tigre que vino a tomar el té*. Pontevedra: Kalandraka.

Krahn, F. *La familia Numerozzi*. Caracas: Ekaré.

Krauss, R.; Sendak, M. *Osos*. Pontevedra: Kalandraka.

Krauss, R.; Sendak, M. *Un hoyo es para escarbar*. Pontevedra: Kalandraka.

Laval, A. *La caja de cuentos. Crea tus propias historias*. Mtm Editores.

Lee, S. *La ola*. Barcelona: Barbara Fiore.

Lionni, L. *Pequeño azul y pequeño amarillo*. Pontevedra: Kalandraka.

Mari, I. *El globito rojo*. Pontevedra: Kalandraka.

Maudet, M. *¡Voy!* Océano Travesía.

McBratney, S. *Adivina cuánto te quiero*. Madri: Kókinos.

McKee, D. *Dos monstruos*. Caracas: Ekaré.

McKee, D. *Elmer*. Beascoa.

Moriconi, R. *Bárbaro*. Cidade do México: Fondo de Cultura Económica.

Moure, G.; Varela, A. *El arenque rojo*. Madri: SM.

Novak, B. J. *El libro sin dibujos*. Timun Mas.

Ormerod, J. *Buenos días*. Serres.

Oxenbury, H. *Los libros del Chiquitín*. Barcelona: Juventud.

Pacovska, K. *Colores, colores*. Madri: Kókinos.

Pittau, F.; Gervais, B. *Los contrarios*. Blume.

Ponti, C. *El álbum de Adela*. Lata de Sal.

Ramadier, C. *¡Que viene el lobo!* Salamanca: Lóguez.

Rathmann, P. *Faltan 10 minutos para dormir*. Caracas: Ekaré.

Rathmann, P. *Buenas noches, Gorila*. Caracas: Ekaré.

Reviejo, C.; Aramburu, J. *Abezoo*. Madri: SM.

Richardson, J.; Parnell, P. *Tres con Tango*. RBA.

Rodríguez, B. *El ladrón de gallinas*. Barcelona: Libros del Zorro Rojo.

Rosen, M.; Oxenbury, H. *¡Vamos a cazar un oso!* Caracas: Ekaré.

Ruiller, J. *Por cuatro esquinitas de nada*. Barcelona: Juventud.

Schubert, D. *Monky*. Caracas: Ekaré.

Tison, A.; Taylor, T. *Barbapapá*. Beascoa.

Tullet, H. *¡Oh! Un libro que habla*. Madri: SM.

Tullet, H. *Un libro*. Madri: Kókinos.

Vicent, G. *Ernesto y Celestina han perdido a Simeón*. Pontevedra: Kalandraka.

Vidal, M.; Villamuza, N. *Cancionero infantil*. Barcelona: La Galera.

Wells, R. *¡Julieta, estate quieta!* Madri: Alfaguara.

Young, E. *Siete ratones ciegos*. Caracas: Ekaré.

Obras web:

Niemann, C. *Mini Zoo*. Fox & Sheep. Aplicativo da Apple Store.

Smith, P. *Metamorphabet*. Vector Park. Aplicativo da Apple Store.

Obras para o Ensino Fundamental – Anos Iniciais (ciclo inicial – dos 6 aos 8 anos)

Ahlberg, A.; Ahlberg, J. *El cartero simpático*. Barcelona: Destino.

Bachelet, G. *Los cuentos entre bambalinas*. Barcelona: Thule.

Bachelet, G. *Mi gatito es el más bestia*. Molino.

Baltscheit, M. *El león que no sabía escribir*. Salamanca: Lóguez.

Banks, K.; Hallensleben, G. *El libro del oso*. Barcelona: Juventud.

Bataille, M. *ABCD*. Madri: Kókinos.

Bauer, J. *Madrechillona*. Salamanca: Lóguez.

Becker, A. *Imagina*. Kokora.

Bredon, W. von; Kuhl, A. *Lola se embala y otros cuentos horripilantes*. Takatuka.

Brunhoff, J. de. *Historia de Babar el pequeño elefante*. Nandibú.

Burningham, J. *¿Qué prefieres?* Madri: Kókinos.

Chen, Chih Yuan. *Guyi Guyi*. Barcelona: Thule.

Daywalt, D.; Jeffers, O. *El día que los crayones renunciaron*. FCE.

Daywalt, D.; Jeffers, O. *El día que los crayones regresaron a casa*. FCE.

Dreser, E.; Fernández, M. *Manuela color canela*. Caracas: Ekaré.

Falconer, I. *Olivia*. FCE.

Fancotte, P. *Lejos de mi país*. Barcelona: La Galera.

Fortier, N.; Rubio, E. *Me encanta*. Madri: Kókinos.

García Sánchez, J. L.; Pacheco, M. Á. *El último lobo y Caperucita*. Madri: Altea.

Genechten, G. Van. *El pequeño pez blanco*. V&R Editoras.

Grant, J.; Curtis, N. *Gato y Pez. ¿Dónde van las olas?* Barcelona: Libros del Zorro Rojo.

Holzwarth, W.; Erlbruch, W. *El topo que quería saber quién se había hecho aquello en su cabeza*. Beascoa.

Janosch. *¡Qué bonito es Panamá!* Pontevedra: Kalandraka.

Klassen, J. *Yo quiero mi gorro*. Milrazones.

Klassen, J. *Este no es mi bombín*. Milrazones.

Krause, U. *¿Cuándo se irán estos?* Barcelona: Juventud.

Lasserre, H.; Botnoaux, G. *Maravillosos vecinos*. Birabiro.

Leten, M. *Finn Herman*. Barcelona: Libros del Zorro Rojo.

Lionni, L. *Frederick*. Pontevedra: Kalandraka.

Lionni, L. *Nadarín*. Pontevedra: Kalandraka.

Lobel, A. *Búho en casa*. Caracas: Ekaré.

Lobel, A. *Historias de ratones*. Pontevedra: Kalandraka.

Lööf, J. *La manzana roja*. Pontevedra: Kalandraka.

Mac Closkey, R. *Arándanos para Sal*. Barcelona: Corimbo.

Machado, A. M.; Faria, R. *Niña bonita*. Caracas: Ekaré.

Main, B. *Lil Red*. Brian Main.

McClintock, B. *Elsa y Max de paseo por París*. Molino.

McKee, D. *Ahora no, Bernardo*. Loqueleo.

McKee, D. *Tres monstruos*. Caracas: Ekaré.

Merveille, D. *El papagayo de Monsieur Hulot*. Pontevedra: Kalandraka.

Minarik, E. H.; Sendak, M. *Osito*. Pontevedra: Kalandraka.

Miyakoshi, A. *Concierto de piano*. Caracas: Ekaré.

Molist, P.; Urberuaga, E. *Dos hilos*. Barcelona: La Galera.

Moreau, L. *Una familia salvaj*e. Barcelona: Libros del Zorro Rojo.

Newell, P. *El libro inclinado*. Barcelona: Thule.

Novak, B. J. *El libro sin dibujos*. Timun Mas.

Oram, H.; Kitamura, S. *Fernando furioso*. Caracas: Ekaré.

Pinfold, L. *El perro negro*. Nubeocho.

Recorvits, H.; Swiatkowska, G. *Me llamo Yoon*. Barcelona: Juventud.

Ross, T. *La culpa es de Óscar / Oscar Gets the Blame*. Madri: Anaya.

Rueda, C. *Dos ratones, una rata y un queso*. Cidade do México: Océano.

Schami, R.; Konnecke, O. *Cómo curé a papá de su miedo a los extraños*. RqueR.

Schärer, K. *Johanna en el tren*. Cidade do México: Océano.

Sendak, M. *Donde viven los monstruos*. Pontevedra: Kalandraka.

Sendak, M. *El letrero secreto de Rosie*. Pontevedra: Kalandraka.

Servant, S.; Le Saux, L. *Ricitos de oso*. Barcelona: Juventud.

Solé Vendrell, C. *La luna de Juan*. Pontevedra: Kalandraka.

Squilloni, A.; Rivera, A. M. *En casa de mis abuelos*. Caracas: Ekaré.

Stead, P.C.; Stead, E. E. *Un día diferente para el señor Amos*. Cidade do México: Océano.

Traxler, H. *La aventura formidable del hombrecillo indomable*. Madri: Anaya.

Trivizas, E.; Oxenbury, H. *Los tres lobitos y el cochino feroz*. Caracas: Ekaré.

Tullet, H. *Sin título*. Madri: Kókinos.

Ungerer, T. *Allumette*. Pontevedra: Kalandraka.

Ungerer, T. *Crictor*. Pontevedra: Kalandraka.

Ungerer, T. *Los tres bandidos*. Pontevedra: Kalandraka.

Wiesner, D. *Sr. Minino*. Cidade do México: Océano.

Yeoman, J.; Blake, Q. *Las lavanderas locas*. Cidade do México: Océano.

Obra web:

El viaje de Alvin. Meikme. Aplicativo da Apple Store.

Série/coleção:

Colección Minarete. Barcelona: La Galera.

Obras para o Ensino Fundamental – Anos Iniciais (ciclo médio – 9 e 10 anos)

Allsburg, C. van. *Jumanji*. Cidade do México: FCE.

Asch, F.; Asch, E. *El ratón del Sr. Maxwell*. Barcelona: Juventud.

Asch, F.; Asch, E. *Los ratones de la señora Marlowe*. Barcelona: Juventud.

Atxaga, B. *Shola y los leones*. Il.: M. Valverde. Madri: SM.

Banyai, I. *El otro lado*. Cidade do México: FCE.

Browne, A. *El túnel*. Caracas: Ekaré.

Calders, P.; Solé Vendrell, C. *Cepillo*. Pontevedra: Kalandraka.

Cardeñoso, C. *El libro de las fábulas*. Il.: E. Urberuaga. Combel.

Carlain, N.; Duffaut, N. *¿Qué leen los animales antes de dormir?* Barcelona: Juventud.

Dahl, R. *Superzorro*. Il.: Q. Blake. Loqueleo.

Daly, N. *La pequeña Caperucita africana*. Intermón-Oxfam.

Dautremer, R. *El pequeño teatro de Rebecca*. Zaragoza: Edelvives.

Dinares, T. J.; Gordillo, A. *Refugiada*. Barcelona: La Galera.

Elbruch, W. *El pato y la muerte*. Barcelona: Barbara Fiore.

Ferrada, M. J.; Pang, M. *El árbol de las cosas*. A Buen Paso.

Ferrante, E.; Cerri, M. *La muñeca olvidada*. Lumen.

Fine, A. *Cómo escribir realmente mal*. Madri: SM.

Fogliano, J.; Stead, E. *Si quieres ver una ballena*. Cidade do México: Océano.

Gallo, A.; Escandell, V. *Enigmas. Desafía tu mente con 25 historias de misterio*. Zahorí.

Gorey, E. *Los pequeños macabros*. Barcelona: Libros del Zorro Rojo.

Hole, S. *El final del verano*. Madri: Kókinos.

Jansson, T. *La familia Mumin*. Noguer y Caralt.

Landa, M. *Julieta, Romeo y los ratones*. Il.: A. Balzola. Madri: SM.

Leaf, M. *Ferdinando el toro*. Salamanca: Lóguez.

Lee. S. *Espejo*. Barcelona: Barbara Fiore.

Lee. S. *Sombras*. Barcelona: Barbara Fiore.

Lindgren, A. *Pippi Calzaslargas*. Barcelona: Juventud.

Maar, P. *El señor Bello y el exilir azul*. Il.: U. Krause. Siruela.

Mahy, M. *El secuestro de la bibliotecaria*. Il.: Q. Blake. Loqueleo.

Minhós Martins, I. *¡De aquí no pasa nadie!* Takatuka.

Munari, B.; Agostinelli, E. *Caperucita roja, verde, amarilla, azul y blanca*. Madri: Anaya.

Naoura, S. *Matti y Sami y los tres errores del Universo*. Salamanca: Lóguez.

Negrín, F. *Boca de lobo*. Barcelona: Thule.

Nesquens, D.; París, R. *Un perro en casa*. Caracas: Ekaré.

Parr, M. *Corazones de gofres*. Nórdica.

Parry, F. H.; Gorey, E. *Tristán encoge*. Blackie Books.

Perrault, C.; Innocenti, R. *La Cenicienta*. Lumen.

Pescetti, L. *Caperucita Roja (tal como se la contaron a Jorge)*. Loqueleo.

Piquemal, M.; Nouhen, É. *Mi miel, mi dulzura*. Zaragoza: Edelvives.

Pommaux, Y. *Célebres casos del detective John Chatterton*. Caracas: Ekaré.

Pommaux, Y. *El sueño interminable*. Caracas: Ekaré.

Richter, J. *Yo aquí solo soy el perro*. Il.: H. Müller. Salamanca: Lóguez.

Rodríguez, A. O.; Hénaff, C. *Concierto para escalera y orquesta*. Caracas: Ekaré.

Saki; Rivera, A. M. *El contador de cuentos*. Caracas: Ekaré.

Saki. *El desván*. Il.: E. Ortiz. Yacaré.

Sanna, A. *Pinocho antes de Pinocho*. Barcelona: Libros del Zorro Rojo.

Schimel, L.; Rivera, A. M. *¡Vamos a ver a papá!* Caracas: Ekaré.

Scieska, J.; Smith, L. *El apestoso hombre queso y otros cuentos maravillosamente estúpidos*. Barcelona: Thule.

Sellier, M. *África, pequeño Chaka*. Saragoza: Edelvives.

Sís, P. *Madlenka*. Lumen.

Steig, W. *Shreck*. Barcelona: Libros del Zorro Rojo.

Strady, S.; Martin, J-F. *La memoria del elefante. O un viaje inolvidable por la memoria de Marcel*. Barcelona: Barbara Fiore.

Tashlin, F. *El oso que no lo era*. Loqueleo.

Tellegen, T.; Scheffler, A. *Cartas de la ardilla, de la hormiga, del elefante, del oso*. Barcelona: Destino.

Tjong-Khing, T. *El Bosco. La extraña historia de Hieronymus, el gorro, la mochila y la pelota*. Caracas: Ekaré.

Turin, A.; Bosnia, N. *Arturo y Clementina*. Pontevedra: Kalandraka.

Vincent, G. *Un día, un perro*. Zendrera Zariquiey.

Wiesner, D. *Los tres cerditos*. Barcelona: Juventud.

Wild, M.; Brooks, R. *Zorro*. Caracas: Ekaré.

Wölfel, U. *29 historias disparatadas*. Il.: N. Bruguera. Pontevedra: Kalandraka.

Obra web:

Goldilocks. *Nosy Crow*. Aplicativo da Apple Store.

Séries e/ou coleções:

Jansson, T. Los Mumin. Siruela.

Lacey, J. Colección Dragonero. Il.: G. Parsons. Caracas: Ekaré.

Obras para o Ensino Fundamental – Anos Iniciais (ciclo superior – 11 e 12 anos)

Allsburg, C. V. *Mal día en Río Seco*. Cidade do México: FCE.

Andersen, H. C. "El patito feo". *Cuentos de Andersen*. Il.: Arthur Rackham. Barcelona: Juventud.

Andersen, H. C. "La sirenita". *Cuentos de Andersen*. Il.: Arthur Rackham. Barcelona: Juventud.

Atwater, R.; F. *Los pingüinos de Mr. Popper*. Siruela.

Bachelet, G. *La esposa del conejo blanco*. Pípala.

Barrie, J. M. *Peter Pan y Wendy*. Il.: M. L. Attwell. Barcelona: Juventud.

Browne, A. *Voces en el parque*. Cidade do México: FCE.

Bruel, C.; Bozellec, A. *Julia, la niña que tenía sombra de chico*. Jinete Azul.

Buchholz, Q. *El coleccionista de momentos*. Salamanca: Lóguez.

Burnett, F. H. *El Jardín secreto*. Siruela.

Calders, P.; Boatella, P. *El sombrero prodigioso y la barraca de los monstruos*. Comanegra.

Collodi, C. *Las aventuras de Pinocho. Historia de un muñeco*. Il.: P. Montserrat. Combel.

Cormand, B. *El niño perfecto*. SD-Edicions.

Dahl, R. *Charlie y la fábrica de chocolate*. Il.: Q. Blake. Loqueleo.

Dahl, R. *Cuentos en verso para niños perversos*. Il.: Q. Blake. Loqueleo.

Dahl, R. *Las brujas*. Il.: Q. Blake. Loqueleo.

Ende, M. *Jim Botón y Lucas el maquinista*. Il.: J. F. Tripp. Noguer.

Frish, A.; Innocenti, R. *La niña de rojo*. Pontevedra: Kalandraka.

Gaiman, N. *El libro del cementerio*. Roca.

Gisbert, J. M.; Ruano, A. *El guardián del olvido*. Madri: SM.

Goscinny, R. *El pequeño Nicolás*. Il.: Sempé. Loqueleo.

Grassa Toro, C.; Moreno, C. *Ya. Nunca*. A Buen Paso.

Greder, A. *La isla*. Salamanca: Lóguez.

Grimm, J.; Grimm, W. *Cuentos de Grimm*. Il.: A. Rackham. Barcelona: Juventud.

Hoffman, H. *Pedro Melenas y compañía*. Impedimenta.

Jansson, T. *El libro del verano*. Siruela.

Juan, A. *Snowhite*. Zaragoza: Edelvives.

Käestner, E. *Emilio y los detectives*. Il.: W. Trier. Barcelona: Juventud.

Lavie, O.; Elbruch, W. *El oso que no estaba*. Barcelona: Barbara Fiore.

Lemieux, M. *Noche de Tormenta*. Salamanca: Lóguez.

Lindo, E. *Manolito Gafotas*. Il.: E. Urberuaga. Loqueleo.

Milne, A. A. *Historias de Winny de Puh*. Il.: E. Shepard. Valdemar.

Moritz, K. P.; Elbruch, W. *El nuevo libro del abecedario*. Barcelona: Barbara Fiore.

Nilsson, F. *Los piratas del mar helado*. Il.: A. Jansson. Barcelona: Thule.

Nostlinger, C. *Konrad o el niño que salió de una lata de conservas*. Loqueleo.

Parr, M. *Tania Val de Lumbre*. Il.: Z. Celej. Nórdica.

Pearcer, P. *El jardín de medianoche*. Siruela.

Poe, E. A. *Cuentos macabros*. Il.: B. Lacombe. Zaragoza: Edelvives.

Press, H. J. *Aventuras de la mano negra*. Planeta.

Reviejo, C.; Moreno, A. *Abecedario del arte*. Madri: SM.

Saez-Castán, J. *El armario chino*. Caracas: Ekaré.

Saint-Exupéry, A. *El principito*. Salamandra.

Sommer-Bodenburg, A. *El pequeño vampiro*. Il.: A. Glienke. Loqueleo.

Spiry, J. *Heidi*. Nórdica.

Steinhöfel, A. *Rico y Óscar y el secuestrador del súper*. Il.: Peter Schössow. Bruño.

Tan, S. *La cosa perdida*. Barcelona: Barbara Fiore.

Twain, M. *Consejos para niñas pequeñas*. Il.: V. Radunsky. Sexto Piso.

Twain, M. *Las aventuras de Tom Sawyer*. Madri: Anaya.

Wegelius, J. *El mono del asesino*. Sushi Books.

White, E. B. *La telaraña de Carlota*. Il.: W. Garth. Noguer.

Obras web:

Goodbrey, Daniel Merlin. *A duck has an adventure*. E-merl.

Moving Tales. *El visitante incómodo*. Aplicativo da Apple Store.

Little Red Riding Hood. Nosy Crow. Aplicativo da Apple Store.

Pullinger, K. y C. J. *Inanimate Alice*. The Bradfield Company. Web.

Wiesner, D. *David Wiesner's Spot*. Houghton Mifflin Harcourt. Aplicativo da Apple Store.

Obras para leitores em idades avançadas

Carroll, L. *Alicia en el país de las maravillas*. Il.: Tenniel.

Córdova, A. *El dragón blanco y otros personajes olvidado*s. Cidade do México: FCE.

Ende, M. *La historia interminable*. Loqueleo.

Ende, M. *Momo*. Loqueleo.

Farias, J. *Años difíciles*. Miñón.

Gripe, M. *Elvis Karlsson*. Loqueleo.

Kelly, J. *La evolución de Calpurnia Tate*. Roca.

Lagerlöf, S. *El maravilloso viaje de Nils Holgersson*. Zaragoza: Edelvives.

Sewell, A. *Belleza negra*. Il.: W. Geldart. Madri: SM.

Stevenson, R. L. *El extraño caso de Dr. Jekyll y Mr. Hyde*. Alba.

Stevenson, R. L. *La isla del tesoro*. Penguin Random House.

Twain, M. *Las aventuras de Huckleberry Finn*. Il.: P. Auladell. Sexto Piso.

Série/coleção:

Rowling, J. K. Harry Potter. Salamandra.

Referências secundárias

As referências que aparecem nas seções "Para saber mais" não estão incluídas.

Amat, V. (2009): *L'aprenentatge metaliterari a través d'una intervenció didàctica amb* àlbums *illustrats*. Trabalho de pesquisa dirigido por Teresa Colomer. Universidade Autônoma de Barcelona.

Arizpe, E.; Styles, M. (2006): *Lectura de imágenes*. Cidade do México: Fondo de Cultura Económica.

Auden, W. H. (1962): *The Dyer's Hand and other Essays*. Faber and Faber.

Barómetro de hábitos de lectura y compra de libros 2017 (2018): Associación Colegial de Escritores de España.

Bettelheim, B. (2010): *Psicoanálisis de los cuentos de hadas*. Crítica.

Britton, J. N. (1977): "Response to Literature". In: (eds.). *The Cool Web: The Pattern of Children's reading*. Macmillan.

Cassany, D. (2006): *Tras las líneas*. Anagrama.

Castagnoli, A. (2016): *Manuale dell'illustratore: come pubblicare album per bambini*. Editrice Bibliografica.

Ceballos Viro, I. (2016): *Iniciación literaria en educación infantil*. Universidad de La Rioja.

Chambers, A. (2007): *Dime: los niños, la lectura y la conversación*. Cidade do México: Fondo de Cultura Económica.

Chambers, A. (2007): *El ambiente de la lectura*. Fondo de Cultura Económica.

Chartier, A. M. (2004): *Enseñar a leer y escribir: una aproximación histórica*. Cidade do México: Fondo de Cultura Económica.

Colomer, T. (dir.) (2002): *Siete llaves para valorar las historias infantiles*. Fundación Germán Sánchez Ruipérez. Disponível on-line.

Colomer, T. (2005): *Andar entre libros*. Cidade do México: Fondo de Cultura Económica.

Colomer, T. (2010): *Introducción a la literatura infantil y juvenil actual*. Síntesis.

Colomer, T. (2015): "La literatura infantil y juvenil". In: J. Mata, M. P. Núñez y Rienda, J. (coord. e ed.). *Didáctica de la lengua y la literatura*. Pirámide, pp. 203-225.

Devetach, L. (2008): *La construcción del camino lector*. Comunicarte.

Díaz Armas, J. (2006): "El contrato de lectura en el álbum: paratextos y desbordamiento narrativo". *Primeras Noticias. Revista de Literatura*, 222: 33-40.

Díaz-Plaja, A. (2002): "Les reescriptures a la literatura infantil i juvenil dels últims anys". In: T. Colomer (coord.). *La literatura infantil i juvenil catalana: un segle de canvis*. Universidade Autônoma de Barcelona – ICE, pp. 161-170.

Duran, T.; Luna, M. (2002): *Un i un i un... fan cent*: cent personatges de la literatura infantil i juvenil. Barcelona: La Galera.

Eco, U. (1979): *Lector in fabula. La cooperación interpretativa en el texto*. Lumen.

Fayol, M. (2009): "Ensinar a ler e a comprender os textos". In: Congresso Internacional de Promoção da Leitura; Formar Leitores para Ler o Mundo. Fundação Calouste Gubelkian.

Fish, S. E. (1980): *Is there a Text in this Class?: the Authority of Interpretive Communities*. Cambridge: Harvard University Press.

Fittipaldi, M. (2008): *Travesías textuales: inmigración y lectura de imágenes*. Trabalho de pesquisa dirigido por T. Colomer. Universidade Autônoma de Barcelona.

FITTIPALDI, M. (2013): *¿Qué han de saber los niños sobre literatura? Conocimientos literários y tipos de actuaciones que permiten progresar en la competencia literaria*. Orientadora: Teresa Colomer. Tese (doutorado). 482 p. Departamento de Didática da Língua e Literatura e Ciências Sociais. Universidade Autônoma de Barcelona. Disponível on-line em: https://ddd.uab.cat/pub/tesis/2014/hdl_10803_131306/mf1de1.pdf. Acesso em: nov. 2023.

Gil, M. R. (2011): "L'àlbum illustrat: gaudi literari o recurs impres- cindible per a l'aprenentatge lector?" *Articles de didàctica de la llengua i la literatura*, 55: 42-52.

Hollindale, P. (1988): "Ideology and the Children's Book". *Signal*, 55: 3-22.

Joly, M. (2017): *Introducción al análisis de la imagen*. La Marca.

Kermode, F. (2009): *El sentido de un final*. Gedisa.

Lartitegui. A. (2016): "Cuerpo a cuerpo". *Fuera [de] Margen: observa- torio del álbum y de las literaturas gráficas*, 19: 4.

Leguin, U. K. (1975): "The Child and the Shadow". *The Quarterly Journal of the Library of Congress*, 32(2): 139-148.

Lerner, D. (2001): *Leer y escribir en la escuela: lo real, lo posible y lo necesario*. Cidade do México: Fondo de Cultura Económica.

Lluch, G. (2003): *Análisis de narrativas infantiles y juveniles*. Ediciones de la Universidad de Castilla-La Mancha.

Lluch, G. (2009): *Textos y paratextos en los libros infantiles*. Biblioteca Virtual Miguel de Cervantes. Web.

Lluch, G. (2013): "Més enllà de les paraules: Greg, Penjada, Stilton..." *Faristol. Revista del llibre infantil i juvenil*, 76: 7-9.

Lodge, D. (1999): *El arte de la ficción*. Península.

Machado, A. M. (2002): *Lectura, escuela y creación literaria*. Madri: Anaya.

Manresa, M. (2013): *L'univers lector dels adolescents: dels hàbits de lectura a la intervenció educativa*. Rosa Sensat.

Martín Garzo, G. (2001): *El hilo azul*. Fundación Germán Sánchez Ruipérez.

Meek, M. (2004): *En torno a la cultura escrita*. Cidade do México: Fondo de Cultura Económica.

Melgarejo, X. (2013): *Gracias, Finlandia*. Plataforma Editorial.

Mendoza Fillola, A. (2001): *Textos entre textos: las conexiones textuales en la formación del lector literario*. Ediciones de la Universidad de Castilla-La Mancha.

Munita, F. (2013): "Creencias y saberes de futuros maestros (lectores y no lectores) en torno a la educación literária". *Ocnos*, 9: 69-87.

Munita, F.; Manresa, M. (2012): "La mediación en la discusión literária". In: T. Colomer y M. Fittipaldi (coords.). *La literatura que acoge: inmigración y lectura de álbumes ilustrados*. Banco del Libro, pp. 119-143.

Nájera Trujillo, C. (2008): *... Pero no imposible*. Cidade do México: Océano.

Pastoreau, M. (2006): *Breve historia de los colores*. Paidós.

Patte, G. (1988): *¡Dejadles leer!* Barcelona: Pirene.

Pennac, D. (1993): *Como una novela*. Anagrama.

Privat, J. M. (2001): "Socio-lógicas de las didácticas de la lectura: Lulú Coquete". *Revista de Didáctica de la Lengua y la Literatura*, 1: 47-63.

Propp, V. (1977): *Morfología del cuento*. Akal.

Ramada Prieto, L. (2017): *Esto no va de libros: literatura infantil y juvenil digital y educación literaria*. Orientadora: Mireia Manresa. Tese (doutorado). 532 p. Universidade Autônoma de Barcelona.

Reyes-López, L. (2015): "Lectura, educación literaria y plan de lectura y escritura en infantil y en primaria". *Textos de Didáctica de la Lengua y de la Literatura*, 68: 47-56.

REYES LÓPEZ, L. (2015). *La formació literària a primària. Impacte d'una intervenció educativa en l'evolució de respostes lectores*. Orientadora: Mireia Manresa. Tese (doutorado). 582 p. Universidade Autônoma de Barcelona. Disponível on-line em: https://ddd.uab.cat/record/137897. Acesso em: nov. 2023.

Rodari, G. (2002): *Gramática de la fantasía*. Barcelona: Del Bronce.

Rodríguez Almodóvar, A. (1989): *Los cuentos populares o la tentativa de un texto infinito*. Universidad de Murcia.

Rosenblatt, L. M. (2002): *La literatura como exploración*. Cidade do México: Fondo de Cultura Económica.

Rouxel, A. (1996): *Enseigner la lecture littéraire*. Presses Universitaires de Rennes.

Sánchez Miguel, E. (2010): *La lectura en el aula: qué se hace, qué se debe hacer y qué se puede hacer*. Barcelona: Graó.

Sipe, L. (2008): *Young children's literary understanding in the classroom*. Teachers College: Columbia University.

Stam, R. (2005): *Literature through Film: Realism, Magic and the Art of Adaptation*. Blackwell Publishing.

Sutherland, J. (2011): *50 cosas que hay que saber sobre literatura*. Ariel.

Tauveron, C. (2002): *Lire la littérature à l'école: pourquoi et comment conduire cet apprentissage spécifique?* De la GS au CM. Hatier.

Todorov, T. (2009): *La literatura en peligro*. Galaxia Gutemberg-Círculo de lectores.

Tolchinsky, L. (1993): *Aprendizaje del lenguaje escrito: procesos evolutivos e implicaciones didácticas*. Anthropos.

Van der Linden, S. (2015): *Álbum[es]*. Caracas: Ekaré.

SOBRE OS AUTORES

Teresa Colomer é licenciada em Filologia Hispânica e Catalã, doutora em Ciências da Educação. Professora aposentada de Didática da Literatura (Universidade Autônoma de Barcelona). Fundou e dirigiu o grupo de investigação Gretel sobre Literatura Infantil e Educação Literária (1999-2019). Ministrou cursos de mestrado, grupos de investigação e cursos de formação de professores. É autora de mais de 250 publicações sobre esses temas, premiada na Espanha, nos EUA e no Brasil.

Mireia Manresa é licenciada em Filologia Catalã, doutora em Didática da Língua e Literatura. Também leciona na Universidade Autônoma de Barcelona (UAB), no Mestrado em Formação de Professores do Ensino Secundário da UAB e no Mestrado Interuniversitário em Biblioteca Escolar e Promoção da Leitura.

Lucas Ramada Prieto é doutor em Didática Literária pela UAB, especialista em formas digitais de ficção e sua relação com a educação literária e estética das crianças. Dedica-se principalmente à formação de professores e bibliotecários. Diretor de "Ficção em Jogo", programa pioneiro das bibliotecas públicas de Barcelona para a formação de bibliotecários.

Lara Reyes López é licenciada em Ensino, mestre em Biblioteca Escolar e Promoção da Leitura, mestre em Livro e Literatura Infantil e doutora em Didática da Língua e da Literatura. Suas linhas de investigação têm explorado o leitor literário no contexto escolar, bem como a educação literária no Ensino Fundamental. Atualmente, combina o ensino na escola com a formação contínua de professores.